AF345437

LE CHOLÉRA

LA PREMIÈRE ÉPIDÉMIE DU XIXe SIÈCLE

Étude collective présentée

PAR

Louis CHEVALIER

Professeur au Collège de France

BIBLIOTHÈQUE DE LA RÉVOLUTION DE 1848

TOME

XX

Titre original :

*Le Choléra
la première épidémie du XIX siècle*

© 2024 CH3 PRESS, France
pour la présente édition
ISBN 978-2-487404-10-6

Death the Strangler, The First Outbreak of Cholera at a Masked Ball in Paris, 1831

-Alfred Rethel (1816-1859)-

L'éditeur tient à exprimer sa profonde gratitude à **la Société d'histoire de la révolution de 1848 et des révolutions du XIXe siècle** pour avoir aimablement accepté la réédition de cette œuvre, initialement parue en 1958. Leur soutien précieux permet de faire revivre ce texte historique important, qui met en lumière l'impact des épidémies sur les relations humaines, en révélant comment ces crises sanitaires ont transformé les dynamiques sociales et politiques de l'époque.

INTRODUCTION GÉNÉRALE

L'étude du choléra de 1832 est pour nous l'occasion de restituer à la démographie, dans les recherches d'histoire sociale, une place équivalente à celle qu'elle occupe dans la description des sociétés contemporaines, de la mêler à l'histoire aussi intimement qu'elle l'est à la sociologie, non seulement pour cette sombre année où la mort exprime tout le reste, toutes les inégalités, toute une vieille misère accumulée, tous les conflits, toutes les haines, toutes les violences — l'anormal étant à la fois la conséquence et la mesure du normal —, mais aussi pour les époques les plus apparemment apaisées et pour lesquelles il ne semble pas nécessaire de descendre à de telles profondeurs.

LA DÉMOGRAPHIE EN MARGE DE L'HISTOIRE

Instrument privilégié pour l'étude des sociétés contemporaines, la démographie reste en marge de l'histoire, même et peut-être surtout lorsqu'elle est le plus communément utilisée par elle comme si, du présent au passé, ses vertus se perdaient, ou comme si les problèmes sociaux eux-mêmes changeaient de nature et se raccordaient mal.

Démographie et sociologie contemporaine.

Des rapports actuels entre la démographie et la sociologie, retenons surtout et résumons ce qui souligne ce contraste : essentiellement ce fait que, dans son effort pour créer une description continue, homogène et chiffrée des sociétés considérées sous tous leurs aspects, aussi bien matériels que moraux, la sociologie, dans la plupart des pays, mais en premier lieu en France, trouve dans la démographie son sujet, sa documentation, ses exemples, au point de se confondre avec elle et de s'effacer en elle avant que de retrouver, quelque jour encore lointain, son propre programme et son autonomie. Non qu'il faille confondre démographie et sociologie, exagérer les possibilités ou les prétentions de l'une, la faiblesse ou la résignation de l'autre. Mais parce que, dans l'état actuel de la recherche démographique et sociologique, une telle démarche est provisoirement nécessaire : esquissée déjà par Halbwachs qui découvrait dans la démographie « la couche géologique des terrains primaires, la substructure biologique de toute vie sociale » ; plus entièrement adoptée et développée par ses successeurs qui empruntent à une mesure désormais plus précise et plus complexe de l'évolution des hommes une première mesure des évolutions, semblables ou différentes, auxquelles ils s'attachent eux-mêmes par l'immédiate signification sociale des taux de mortalité, de nuptialité, de fécondité et des autres évaluations démographiques, mais aussi par les possibilités que ces chiffres apportent pour des recherches ultérieures et les plus étrangères à ces mécanismes fondamentaux. C'est vrai des évolutions sociales considérées en général. À plus forte raison considérées dans un cadre limité : celui d'une agglomération urbaine par exemple. Il est peu de problèmes sociologiques parisiens qui ne puissent trouver dans les recherches démographiques leurs données les plus sûres ou les plus indispensables à des analyses plus poussées : qu'il s'agisse de la délimitation des groupes sociaux, qu'il s'agisse de la description de leurs caractères propres ou des rapports qu'ils entretiennent entre eux. Sans doute les faits démographiques ne sont-ils qu'un élément entre autres éléments également importants d'une description sociale. Mais d'une description sociale achevée. En attendant qu'elle le soit et que ces autres éléments aient été rassemblés, les faits démographiques reconstituent à eux seuls cette description sociale : la préparent sans doute, mais provisoirement en tiennent lieu.

Démographie et histoire.

Le rappel, aux premières pages d'une étude d'histoire, de cette intimité entre une démographie et une sociologie qui, à bien des égards, se confondent, semblera peut-être insolite. Du moins permet-il, par comparaison, de souligner le caractère profondément différent des rapports qui, jusqu'à une époque récente, se sont établis entre une recherche démographique qui cependant est la même et une recherche historique dont il est également permis de penser qu'elle s'intéresse à des faits qui, bien que passés, sont de même nature que ceux auxquels s'attache la sociologie contemporaine. Sans doute existe-t-il, aux frontières de la démographie et de l'histoire et mordant davantage sur la première que sur la seconde, une recherche que l'on qualifie généralement de « démographie historique » et à laquelle collaborent, ou tout au moins participent, des démographes et des historiens. En fait, cette démographie historique est davantage de démographie que d'histoire. Elle l'est, à coup sûr, quand elle est maniée par des démographes : aventurés en histoire, et pour l'indéniable bénéfice de cette dernière, mais moins préoccupés d'elle que de découvrir par son intermédiaire l'origine et le développement d'évolutions strictement démographiques dont les caractères actuels les intéressent bien davantage, celle de la mortalité, mais plus sûrement encore celle de la fécondité. Mais elle l'est aussi, et en dépit des apparences, lorsqu'elle est maniée par des historiens : isolant de la même manière des faits qui seraient de démographie et d'autres qui seraient d'histoire, recherchant dans les premiers les conséquences des seconds — dans la mortalité, par exemple, les effets des épidémies, des mauvaises récoltes ou des guerres —, mettant la démographie au service de l'histoire, la distinguant d'elle, ne l'incorporant pas à elle, c'est-à-dire établissant entre l'une et l'autre des rapports très différents de ceux qui caractérisent la démographie et la sociologie à l'époque contemporaine, moins associées que confondues en une même description des évolutions humaines.

De cette imperméabilité de l'histoire à la démographie, les raisons sont évidentes. C'est, avant tout, ce fait que les recherches de démographie historique, tout au moins en une première phase, relèvent bien plus de la démographie que de l'histoire et n'ont de chances d'aboutir que si elles persistent quelques temps encore en cette sujétion parce qu'il n'y aurait jamais eu de démographie historique, ou des plus hasardeuses, si les démographes ne s'y étaient mis eux-mêmes, n'avaient forgé les premiers les techniques nécessaires et, avant que de les appliquer au passé, ne les avaient expérimentées dans le présent, parce que, d'autre part, de telles recherches supposent un matériel statistique considérable, qu'il faut rassembler, élaborer, interpréter conformément à des procédés plus familiers aux démographes qu'aux historiens, parce qu'elles exigent enfin de constantes références à des évolutions contemporaines qui, par définition, échappent au domaine de l'histoire. Sans doute ne s'agit-il ici que d'une situation provisoire et que bouleversent déjà des travaux de démographie historique de plus en plus nombreux, entrepris par des historiens et presque exclusivement d'ancien régime : complétant, corrigeant les reconstitutions des démographes, ne se contentant plus d'étudier les conséquences des événements historiques sur les phénomènes démographiques majeurs et essentiellement sur la mortalité, mais apercevant, en sens inverse, l'importance de ces phénomènes pour la description de faits qui, pour être d'histoire, ont jusqu'à ce jour échappé à l'emprise de l'histoire, l'évolution des mœurs par exemple que la mesure de la fécondité illumine, préparant en somme le moment où la démographie historique sera plus d'histoire que de démographie. Cependant, en dépit de ces travaux ou peut-être à cause d'eux, il est permis de considérer que, dans l'état actuel des choses, la démographie reste étrangère à l'histoire, conservant en l'histoire elle-même, ses documents, ses techniques, mais de manière plus évidente encore ses problèmes, la mesure de la fécondité, de la mortalité, des migrations : rubriques traditionnelles de la démographie et dont l'histoire ne se soucie pas de tirer davantage que ce qu'en tire la démographie elle- même, c'est-à-dire la mesure des transformations qui s'accomplissent au sein de cette abstraction, la population.

Si les recherches récentes des démographes et des historiens concernant le XVIIIᵉ siècle nous obligent à nuancer ce jugement, il n'en est pas de même pour le XIXᵉ siècle auquel s'applique entièrement cette analyse des rapports entre la démographie et l'histoire. Sans doute avons-nous, en un précédent ouvrage concernant l'évolution de la population parisienne, souligné l'importance de la démographie pour l'histoire. Insuffisamment et incomplètement cependant. En persistant à les distinguer l'une de l'autre, en montrant l'apport de la première à la seconde par l'identification des effectifs humains qui participent à l'évolution politique, économique et sociale, en relisant l'histoire à la lumière de la démographie, mais sans jamais aller au-delà, sans les confondre l'une l'autre, sans tirer de l'une des bénéfices supplémentaires pour l'autre : ces bénéfices que permet l'étude démographique de Paris, pendant la première moitié du XIXᵉ siècle.

LA DÉMOGRAPHIE DANS L'HISTOIRE

Une telle étude apporte, en effet à l'histoire de ces années, des bénéfices comparables à ceux que la sociologie contemporaine retire de la démographie. Bien plus, elle se confond avec le récit d'histoire, comme la démographie avec la sociologie du présent.

La documentation.

La première raison est de documentation. II ne s'agit plus, comme au XVIIIe siècle, d'un matériel statistique difficile à rassembler et à exploiter, ne concernant que les aspects les plus spécifiquement démographiques de l'évolution des populations, peu maniable pour les démographes et à plus forte raison pour les historiens. II s'agit d'une documentation complète, concernant la plupart des faits sociaux, physiques et moraux, qui peuvent être mesurés et présentant d'autre part un tel degré d'élaboration et d'interprétation que les premiers maîtres de l'école sociologique française puiseront un grand nombre de leurs exemples et de leurs conclusions en ces recherches qui préfigurent la sociologie quantitative telle que nous la concevons : on n'a pas assez montré les emprunts qui ont été faits par Durkheim, dans son grand livre sur le suicide, aux statistiques et aux monographies de la première moitié du XIXe siècle. Toute une sociologie est déjà là, c'est-à-dire une description continue, homogène, chiffrée des faits sociaux envisagés sous tous leurs aspects, et à ce point élaborée qu'elle prépare l'explication.

L'ampleur et la qualité de cette documentation quantitative et plus particulièrement démographique s'expliquent par l'état de la statistique à cette époque. C'est de jeunesse statistique qu'il faut parler, lorsque l'on désigne ces premières décades du XIXe siècle où s'implante en France la pratique des dénombrements en raison de leurs caractères et de ceux des travaux qui les utilisent ; en raison surtout des rapports et des échanges qui existent entre la statistique et l'opinion.

Il ne s'agit pas seulement pour les statisticiens de ce temps de réaliser, de publier et d'interpréter des dénombrements. II s'agit de faire aboutir, avec les moyens nouveaux et plus puissants qu'ils offrent, l'ambition des grands ancêtres du XVIIIe siècle d'introduire la mesure dans la description et la prévision de phénomènes humains, physiques et moraux : celle d'un Moheau dont « les Recherches et considérations sur la Population de la France » présentent déjà le programme, repris et jamais encore réalisé, de notre démographie quantitative ; celle d'un Buffon, écrivant un « Essai d'arithmétique morale » ; celle d'un Condorcet, affirmant que « les vérités des sciences sociales et politiques sont susceptibles de la même certitude que celles qui forment le système des sciences physiques » et définissant un ambitieux programme, dont il serait présomptueux d'affirmer qu'il ait trouvé, de nos jours même, une petite partie de son accomplissement. C'est ce programme dont les statisticiens de la première moitié du XIXe siècle, riches d'une documentation numérique nouvelle, veulent tenter la réalisation. Programme du XVIIIe siècle, assumé par des hommes qui se considèrent comme les successeurs des gens du XVIIIe siècle, comme les héritiers des vieilles et excessives ambitions et qui le sont véritablement, dans leurs techniques et dans leurs préoccupations.

De là cette intransigeance et cette curiosité multipliée dans l'incursion statistique, cette volonté de tout chiffrer, de tout mesurer, de tout savoir, mais à travers les nombres, cette faim encyclopédique, qui caractérise les créateurs du Bureau de Statistique Générale et qui marque les premières tentatives de dénombrement. Certes, à partir de la Restauration, cet effort s'assagira et se pliera aux consignes, plus raisonnables, de dénombrements réguliers et prudemment élaborés. Mais ce torrent statistique, même lorsqu'il se sera calmé et aura accepté de couler entre des rives bien tracées, charriera encore bien des débris des anciennes ambitions.

On s'en convaincra aisément, en relisant les diverses rubriques des premiers grands recensements : celles surtout de ces « Recherches statistiques sur la Ville de Paris », que commença de publier, en 1821, le Préfet Chabrol et qui servirent de modèles aux recherches statistiques entreprises dans l'ensemble de la France. On conçoit, à cette seule lecture, que cette documentation statistique nouvelle, et dont l'absence paralysait les recherches anciennes, ait permis de reprendre cette étude statistique des rapports entre les phénomènes démographiques et les phénomènes économiques et sociaux que les grands prédécesseurs du XVIIIe siècle avaient esquissée, mais qu'ils n'avaient pu mener à bien. Vocation nouvelle de la recherche statistique et d'autant plus irrésistible qu'elle allait dans le sens de phénomènes d'opinion que l'on n'a pas suffisamment décrits.

La statistique et l'opinion.

Là réside le fait le plus important : ces échanges entre la statistique et l'opinion dont l'état actuel des choses et la réciproque indifférence qui s'est établie de part et d'autre permettent mal de comprendre qu'ils aient jamais pu se produire. Pendant la première moitié du XIXe siècle, la recherche statistique à Paris répond à une préoccupation de la population et connaît, d'autre part, au sein de cette population, une surprenante diffusion. C'est l'opinion qui commande. Si l'on observe le rôle des auteurs des premiers travaux statistiques sur Paris — d'un Parent-Duchtelet ou d'un Villermé, pour ne citer que les plus connus —, l'on constate que leur tâche ne saurait être assimilée à une simple élaboration de statistiques. Le statisticien se voit imposer dans la cité, et par la désignation de tous, une responsabilité plus grande que semble justifier une connaissance plus sûre. Le statisticien ? Disons le démographe, promu par l'opinion publique à une sorte de magistrature du bien-être général qu'explique en partie l'inquiétude soudaine de la population devant les conséquences, récemment apparues, de son propre développement.

Mais l'opinion agit aussi d'une autre manière. Les dénombrements et les travaux qui les utilisent connaissent un immense retentissement, ainsi que des recherches arides qui, de nos jours, resteraient totalement inaperçues. Il n'est que de relire la presse de ces années pour observer la place qu'elle accorde aux différents tomes des « Recherches statistiques sur la Ville de Paris » que publient successivement les Préfets Chabrol, Rambuteau, Haussmann, ainsi qu'aux études statistiques que ces travaux provoquent. Dans « Le Journal des Débats » comme dans « Le Globe », les recherches sur Paris sont présentées, saluées, comme une véritable révélation de ces phénomènes que l'on soupçonnait, mais que l'on connaissait mal et auxquels le chiffre apporte, en quelque sorte, une forme nouvelle d'existence et une gravité supplémentaire : le développement

de la population urbaine, l'inégalité devant la mort, les divers aspects pathologiques de l'existence urbaine. À travers la mortalité générale et la mortalité épidémique, à travers les statistiques de fécondité et d'illégitimité, mais aussi de
suicide et de folie, grâce aux commentaires de plus en plus pessimistes qui en
sont donnés et qui assombrissent la chronique des faits divers elle-même et l'interprétation que l'on accorde aux multiples incidents ou aux petits drames quotidiens de Paris, le problème de l'expansion urbaine est désormais posé dans ses
termes les plus sérieux : deviné jusqu'alors, mais désormais connu, chiffré.

De cette influence de l'information statistique sur l'opinion, la littérature fournit
peut-être l'exemple le plus significatif. Comment ne pas observer le caractère
quantitatif de la plupart des descriptions de Paris, qui sont faites au cours de
ces années et qui peuvent être considérées comme exprimant l'opinion des gens
du temps sur leur ville et sur eux-mêmes ? La statistique encombre cette littérature qui poursuit, en de nombreux tableaux de mœurs, la tradition inaugurée
par Mercier, mais qui emprunte désormais à la certitude des chiffres la plupart
de ses effets et l'essentiel de ses affirmations. Il n'est pas jusqu'au « Diable à Paris » qui ne contienne un important chapitre de statistiques, dû à Legoyt. Mais
de toute évidence, c'est dans les principaux documents littéraires de ce temps
que ce souci de la précision statistique et cette qualité de la description quantitative sont le plus apparents. Balzac multiplie les évaluations. Hugo ne manque
jamais de citer ses preuves quantitatives. Statistiques criminelles et judiciaires,
mais aussi statistiques démographiques occupent, dans le récit de Sue, une
place privilégiée. Chez les uns et les autres, même lorsque les chiffres n'apparaissent pas, la description se conforme, dans ses affirmations et dans la mise
en place des faits, aux valeurs les plus certaines, s'attarde aux phénomènes sociaux les plus incontestables ou le plus souvent mesurés, reproduit, avec une
approximative exactitude, l'évolution que les recherches statistiques ultérieures
devaient permettre de reconnaître et de mesurer, mais dont les contemporains
possédaient, grâce à cette information statistique, une connaissance précise.
C'est de ce point de vue et pour cette raison que les grands romans de ce temps
peuvent être considérés comme d'importants documents d'histoire sociale : par
les traces qu'ils présentent d'une information qui n'appartient pas plus à leurs

auteurs qu'à la plupart de leurs contemporains et qui impose aux phénomènes sociaux, même dépouillés de leur support statistique, une apparence qu'aucune création littéraire ne peut se permettre de déformer. C'est également de ce point de vue et pour cette raison que ces remarques d'ordre littéraire trouvent place ici : elles nous permettent de résumer, sous leur forme extrême, ces rapports entre les statistiques et l'opinion qui mériteraient de plus longues analyses.

Les faits.

Si la statistique démographique apporte à l'histoire de Paris pendant la première moitié du XIXe siècle une documentation comparable à celle que la démographie apporte de nos jours à la sociologie, c'est qu'elle traduit elle-même l'importance des faits démographiques au cours de ces années, et bien plus considérable et d'une autre nature que celle que nous avons nous-mêmes analysée en un précédent ouvrage. Il ne suffit pas d'observer, ainsi qu'il nous fallait le faire en une introduction à ces recherches, que la statistique démographique restitue à l'histoire son sujet, la population dont le nombre et les caractères d'âge, de sexe et d'origine importent à la connaissance des évolutions politiques, économiques ou sociales. Il ne suffit pas d'observer non plus, ainsi qu'on l'a fait si souvent, que l'inégalité devant la mort est une conséquence de l'inégalité sociale et qu'elle exprime et mesure cette inégalité. C'est d'une toute autre manière que les faits démographiques interviennent en ces années : non en marge d'une histoire politique, économique et sociale dont ils subiraient et enregistreraient les effets, ni en annexe d'un haut récit qu'ils enrichiraient de précisions supplémentaires, mais au cœur même du drame, au premier rang de ses causes, de ses phases, de ses conséquences.

De cette importance des faits démographiques dans l'histoire générale de Paris pendant la Restauration et la Monarchie de Juillet nous ne saurions donner ici qu'un aperçu, nous réservant de consacrer une plus longue étude à la description de ce phénomène[1].

---

[1] CHEVALIER, L. : *Classes laborieuses et classes dangereuses à Paris pendant la première moitié du XIXe siècle.* Plon, 1958.

Les faits demographiques et l'etude des causes.

Les faits démographiques interviennent en premier lieu en tant que causes, en raison des pourcentages d'accroissement de la population et de la métamorphose de sa répartition par âge, par sexe, par origine. De ce premier point de vue, les pourcentages d'accroissement surtout importent : l'expansion de la population va bien au-delà de ce que peut justifier, supporter, absorber l'évolution générale de la ville, considérée au point de vue matériel — les maisons, les rues, les hôpitaux, les cimetières, les égouts — mais aussi et surtout au point de vue économique.

Les faits demographiques et l'etude de la condition ouvriere.

Il en résulte, en deuxième lieu, qu'une partie importante de la population ouvrière de la capitale — et que nous nous sommes efforcés par ailleurs d'évaluer — reste en marge de la cité, non seulement au point de vue économique, mais aussi et surtout au point de vue biologique, dans sa manière de naître, de vivre, de procréer, de souffrir, de mourir.

Constamment élevés, en effet, et parfois même s'accroissant en dépit d'une conjoncture économique favorable, sont les chiffres qui mesurent ces phénomènes en lesquels nous lisons l'aggravation des conditions d'existence d'un bout à l'autre de cette époque : la mortalité générale, mais plus fortement encore celle des quartiers les plus pauvres, ainsi que celle des enfants et des vieillards, la nuptialité, dont la progression largement inférieure à celle que permettraient d'attendre et l'expansion urbaine et une immigration principalement composée de jeunes travailleurs, décèlerait, si nous n'en avions d'autres preuves, une liberté des rapports sexuels et, au moindre mal, un concubinage ouvrier d'où résultent à leur tour, illégitimité, abandon d'enfants et forte mortalité infantile ; l'infanticide, pour l'étude duquel les travaux de la commission d'hygiène, ainsi que les rapports quotidiens des services d'égouts, de voiries ou le sinistre témoignage de la Seine, complètent la documentation quantitative ; le suicide dont les chiffres élevés et les identifications administratives attestent qu'il n'est pas seulement une mode bourgeois ; la folie, celle des pauvres et celle des

nouveaux immigrés ; la misère populaire, celle du plus grand nombre, éclatante
en tant de dénombrements officiels de la population indigente, mais aussi dans
les statistiques même de mortalité, de nuptialité, de fécondité, et qui, loin d'être
en contradiction avec l'incontestable réussite d'autres groupes sociaux, en est
peut-être la conséquence et en quelque sorte la rançon ; la criminalité enfin,
dont le développement est si peu lié à la conjoncture économique que les statisticiens de ce temps supposent qu'elle est en rapport constant avec un certain
chiffre de population, avec une certaine répartition par sexes et par âges, bien
plus qu'avec un état général de misère ou de prospérité. Sans doute, ces données
quantitatives, bien que s'accroissant de la deuxième moitié de la Restauration
aux premières années du Second Empire et dans les périodes les plus apparemment prospères elles-mêmes, se trouvent-elles écrasées par les reliefs puissants
des périodes de crise entre lesquelles elles s'inscrivent et qui les noient d'ombre.
Entre ces sommets de mortalité, de criminalité et d'inhumaine misère, elles apparaissent mal. Ne pouvant les nier, on choisit de les ignorer, ou pour le moins
d'en minimiser l'importance et la signification. Attitude insoutenable et qui le
paraîtra bien davantage, si l'on a la curiosité de se demander ce que représen-
teraient de tels chiffres par rapport à la population de nos villes d'Occident et,
plus particulièrement de Paris, à l'époque contemporaine. On dira peut-être que
les idées concernant la vie et la mort, et le prix plus ou moins élevé de l'une et
de l'autre en fonction des groupes sociaux, ont changé. Le raisonnement n'est
pas convaincant et la preuve de sa valeur reste à trouver. Il n'y a aucune raison
de penser que la mesure de la souffrance populaire n'a pas été toujours la
même : celle de la souffrance physique, mais celle aussi de la douleur morale.
C'est cette incontestable mesure que nous apportent, — en dépit du silence populaire et à l'encontre des descriptions historiques ultérieures — les pesantes
statistiques que nous venons de résumer. C'est aussi celles que nous apportent,
et pour les époques les plus apaisées — « ce temps de profonde paix royaliste »,
qu'évoque Hugo dans « Les Misérables », ou ce temps de grand bonheur bourgeois et de « sommeil sans rêve » qui suivra — de si nombreux documents qui,
parce que quotidiens et éphémères, ont échappé à une histoire préoccupée de
décrire les grands événements d'ordre économique ou politique Ville prospère

et calme, occupée de travail et d'épargne, acharnée à s'enrichir et y parvenant assez bien, soucieuse de réussite matérielle, mais aussi morale, cultivant dans le cadre de ses familles, de ses paroisses, de ses quartiers, un tranquille bonheur public et privé, éprise d'ordre en toutes choses, dans ses affaires, dans ses idées, dans ses mœurs, dans ses règlements, dans ses lois ? Certes, mais au niveau de l'histoire politique et économique, ou d'une histoire sociale qui ne va pas jusque-là. Combien différente est la ville qui, à un niveau beaucoup plus bas — au ras de la rue, de l'atelier, au contact des petits événements journaliers — se dégage de la documentation administrative ou policière, des rapports quotidiens de police ou de gendarmerie, mais aussi des faits divers des journaux et de cette immense rumeur qui naît de tant de documents qualitatifs : romans populaires de toute espèce et de toute valeur dont le témoignage prend un sens dès qu'une recherche quantitative s'efforce de l'interpréter. Ville brutale, ville inquiète, ville malsaine, ville malade : pour des raisons démographiques — cette inadaptation grandissante du milieu à sa population — et sous des formes diverses, mais qui trouvent dans les faits biologiques leur plus incontestable mesure.

LES FAITS DEMOGRAPHIQUES ET LA DESCRIPTION DES ATTITUDES ET DU COMPORTEMENT

En marge de la ville et différente du reste de la population de toutes les manières, mais avant tout physiquement, cette population présente des attitudes et un comportement qui correspondent à ces différences et pour la description desquels il est également nécessaire d'aller jusqu'à ces faits biologiques qui en soulignent et la violence et la continuité.

C'est le cas des attitudes, c'est-à-dire des dispositions, des individus, considérés isolément ou collectivement, à agir d'une certaine manière par rapport à un objet donné et à une situation donnée, par rapport à un autre individu ou à un groupe. Les aspects idéologiques en ont été souvent exposés. Non les aspects biologiques. Des expériences récentes nous aident à le faire. Bénéficiant de circonstances exceptionnellement favorables, — et avant tout de l'observation de grandes différences raciales et de la grande simplification des sentiments qui en résulte — les sociologues des États-Unis ont bien souligné que l'attitude est une disposition mentale, mais aussi nerveuse, mais aussi physique : qu'elle exprime une orientation de pensée, mais aussi une disposition du corps, c'est-à-dire des muscles, du langage, qu'elle est liée à des sensations et à des émotions, quelle est une tendance à l'action, l'amorce d'une action. Mais à quoi bon faire appel à des recherches sociologiques contemporaines et étrangères, quand nous disposons, pour l'époque qui nous occupe d'une abondante documentation et de conclusions du même ordre ? Jamais au même point qu'en ces années, médecins, moralistes, psychologues, n'ont ramené le moral au physique, l'esprit au corps et la vie sociale toute entière et sous tous ses aspects, même les plus élevés, à de simples réactions biologiques en raison d'une évolution des idées sans doute, mais en raison aussi d'expériences contemporaines — de l'hôpital ou de la rue — qui allaient toutes dans ce sens. Jamais au même point qu'en ces années, conditions démographiques de répartition par âge, sexe et origine et, intimement mêlées à elles, conditions biologiques de santé, de fatigue, de nourriture, de boisson, de sommeil, aisément lisibles dans les statistiques de population ou d'hygiène, n'ont présenté des rapports aussi évidents avec ces antagonismes sociaux dont les aspects idéologiques ont souvent été décrits, mais dont cette référence au corps explique et justifie la continuité et la violence.

Il en est de même du comportement des individus et des groupes auxquels ces attitudes aboutissent et qui les fixent dans l'histoire. Qu'il s'agisse de l'histoire publique de ce comportement, sous ses aspects politiques, économiques, ou sociaux, qu'il s'agisse de l'histoire quotidienne et privée, l'histoire de Paris au cours de ces années se ramène à un vaste règlement de comptes individuel ou collectif, c'est-à-dire à une somme de violences physiques qui vont du crime à l'émeute et à la révolution, en passant par toute une gamme de violences mineures, d'empoignades et de coups de poing, qui ne sont elles-mêmes bien décrites que par référence à ces mêmes conditions démographiques et biologiques qui leur restituent de la même manière leur intensité et leur continuité.

UNE EXPÉRIENCE : LE CHOLÉRA DE 1832

À plus forte raison, ces rapports entre les faits démographiques et les événements d'histoire sont-ils apparents, et l'étude démographique étend-elle les limites de la description sociale traditionnelle, lorsque ces faits démographiques deviennent les faits majeurs de l'histoire, non par ces profondes évolutions humaines qui résultent du renouvellement de la population et dont les effets, longtemps méconnus n'apparaissent qu'à l'analyse, mais par ces mortalités dont les conséquences, non seulement démographiques, mais aussi sociales et politiques, sont tellement immédiates et tellement évidentes qu'elles n'ont pu échapper à l'histoire, même la plus éloignée des problèmes de population. C'est le cas des grandes épidémies du XIXe siècle. C'est avant tout le cas de l'épidémie de choléra qui, éclatant en 1817 aux Indes, atteignit l'Europe en 1830 et ravagea successivement la plupart des pays d'Europe centrale et d'Europe occidentale, avant d'atteindre, aux environs de 1837 les régions méditerranéennes et s'y effacer.

À la description de cette épidémie, nous consacrons cette étude collective. En premier lieu parce que la démographie envahit ici l'histoire et se confond avec elle, parce que le fait démographique devient un fait d'histoire. En deuxième lieu parce que, se confondant avec l'histoire et devenant un fait d'histoire, il cesse d'être un fait démographique et se trouve appauvri, dans la plupart des récits d'histoire, des possibilités que lui confèrent ses origines. En troisième lieu, enfin, parce que l'expérience privilégiée du choléra à Paris restitue à cette mortalité ses vertus premières et permet de faire de cette analyse démographique un premier essai d'histoire sociale.

Le choléra dans l'histoire.

Le choléra est un événement important de l'histoire mondiale, et plus particulièrement de l'histoire européenne pendant la première moitié du XIXe siècle par les ravages qu'il cause et dont les effets sont comparables à ceux de ces autres événements majeurs de l'histoire traditionnelle que sont les guerres ; par les troubles sociaux et politiques qui l'accompagnent.

De la marche de l'épidémie nous rappellerons les principales phases, en en empruntant la description au rapport des statisticiens français : « à l'état endémique dans l'Inde, près des bouches marécageuses du Gange, le choléra franchit soudain les limites qu'il semblait s'être imposées jusqu'alors et en 1817 il se montre à Jessore, à Malacca, à Java, où, sur quatre millions d'habitants, il en fait périr 400 000 ; à Benarès, à Bornéo, au Bengale, depuis Calcutta jusqu'à Bombay (1818). De là, il passe aux îles Molusques, à celles de France et de Bourbon en 1819 ; dans l'empire des Birmans et dans la Chine où il s'étend de Canton à Pékin en 1820. Bientôt, s'avançant vers l'ouest et le nord, il vient en Perse (1821) et de là dans l'Arabie, à Bassora, à Bagdad. Deux ans après, en 1823, il paraît au pied du Caucase, sur les bords de la mer Caspienne et dans la Sibérie (1826), vers les régions polaires ; il pénètre dans le cœur de la Russie, où de nombreuses victimes signalent sa présence à Pétersbourg et à Moscou (1830). L'année suivante, il envahit successivement, en Afrique, l'Égypte, en Europe, la Pologne, la Galicie, l'Autriche, la Bohême, la Hongrie, la Prusse (1831) ; et, continuant toujours ses effrayants progrès, il traverse la mer, se montre en Angleterre, d'où, franchissant le détroit, il passe en France, éclate à Calais le 13 mars 1831 et bientôt à Paris, après avoir parcouru, dans ce voyage de géant, plus de trois millions de lieues carrées et couvert cet espace immense de deuil et de sépulture ». Le 8 juin 1832, la Hollande est atteinte. Dans le Nouveau Monde, Québec est contaminée en juin et La Nouvelle-Orléans en octobre. L'épidémie apparaît à Vigo et à Porto en janvier 1834, à Madrid en juin et à Barcelone en août. Elle est à Milan en avril 1833 et à Venise en octobre. Elle atteint Rome en juillet 1838 et Palerme en juillet 1837.

Quant aux conséquences sociales et politiques du choléra, elles ont souvent été décrites. En ce qui concerne l'Europe centrale, nous en trouvons des témoignages dans les rapports des diplomates français, et dans ceux des médecins venus observer la marche et les effets du fléau. Le docteur Sophianopoulo[2], envoyé en mission par Casimir Périer, raconte qu'en Pologne, les juifs sont rendus responsables. À Revel, en Russie, le peuple se croit empoisonné et « repousse

---

[2] SOPHIANOPOULO : *Relation des épidémies du choléra en Hongrie.* (Delaunay, 1832).

les secours de l'art, refuse les aliments que l'administration fait distribuer, éprouve une aversion insurmontable pour les hôpitaux et commence à méconnaître la voix puissante de l'autorité ». En Hongrie, où l'État lui-même commet l'imprudence de déclarer que le bismuth est le remède spécifique contre le choléra, la mortalité est telle que les Hongrois, persuadés que cette drogue a été inventée par le Gouvernement et les nobles pour décimer le peuple, se révoltent et que les dirigeants doivent abolir « la loi du bismuth ». Quant aux circonstances politiques qui accompagnèrent le choléra en France, elles sont suffisamment connues et ont été suffisamment décrites pour que nous n'y revenions pas.

En un mot, en cette Europe troublée de la première moitié du XIXe siècle, non seulement le choléra a partout été considéré par les classes populaires comme un aspect de l'inégalité sociale, mais dans les pays ou dans les groupes les plus arriérés, il a été dénoncé comme une entreprise criminelle des autorités et des privilégiés. C'est-à-dire que le choléra est un fait majeur de l'histoire générale de ces années, au même titre que les tourmentes politiques, les crises économiques ou les conflits sociaux, et qu'il a été interprété par les contemporains eux-mêmes et décrit par les historiens de cette manière.

Le choléra en marge de la démographie.

Intégrée à l'histoire, cette épidémie l'est même au point d'être coupée de la démographie et de perdre la plupart des caractères qui lui sont propres : désormais fixée dans un présent et enserrée dans une chronologie qui sont d'histoire, isolée du passé, mais aussi d'une évolution démographique et sociale ultérieure en laquelle pourtant elle laissera des traces longues à s'effacer ; appauvrie enfin de cette signification et de ces possibilités que la description des faits démographiques apporte aux recherches d'histoire.

C'est en termes d'histoire en effet, dans un cadre chronologique qui est d'histoire et par référence à des événements strictement contemporains, que le choléra se trouve communément évoqué. Chateaubriand donnait l'exemple, écrivant le 12 avril 1832 à la Duchesse de Berry : « Tout vieillit en France : chaque jour ouvre de nouvelles chances à la politique et commence une série d'événements. Nous en sommes maintenant à la maladie de M. Périer et au fléau de Dieu ».

Événement entre autres événements, le choléra n'est considéré que par rapport à eux. Par rapport à des événements d'histoire politique et tellement connus que nous ne saurions nous y attarder : décès d'hommes politiques, agitation des sociétés secrètes, utilisation de l'épidémie par les carlistes et les républicains, conséquences de l'épidémie sur les journées de juin considérées par Louis Blanc lui-même comme « la crise la plus extraordinaire, peut-être, dont il soit fait mention dans l'histoire ». Plus rarement par rapport à des événements d'histoire sociale, et exclusivement dans le cadre de groupes isolés du reste de la population, en fonction de faits limités et appauvris de leur signification générale. De cette signification que l'épidémie a pourtant dans ces grandes œuvres populaires : « Le juif errant », mais surtout ce roman des « Misérables » en lequel Hugo rapprochant « la maladie politique et la maladie sociale » n'entreprend de décrire l'épopée des barricades qu'après avoir évoqué ce sinistre printemps où « la porte de l'hiver encore entrouverte, laissait échapper des souffles de froid et de mort ».

Enclos en l'histoire et coupé de la démographie, le choléra, en ces études, l'est surtout en ce qu'il échappe à l'évolution générale des populations et à ce qu'elle résume, qu'il s'agisse du passé, qu'il s'agisse de l'avenir. Peu importe, en effet, ce microbe monté de proche en proche des bouches du Gange. Ce qui compte, c'est la vieille misère, le vieux fond de sous-alimentation, de fatigue : terrain propice et à tous moments à la plus forte mortalité des plus misérables ; propice aussi, mais accessoirement et secondairement, à une épidémie dont il faut bien reconnaître qu'elle est restée sans prise sur les régions de France, même urbaines, où la misère, et en même temps qu'elle la mortalité normale, étaient le plus faible. Comment ne pas remarquer, d'autre part, à quel point le choléra devenu fait d'histoire s'efface avec les autres faits d'histoire et à quel point la documentation politique et sociale ultérieure en perd la trace ? Peut-on penser pourtant que ces événements se sont effacés aussi vite de la pensée de ceux qui en ont souffert ? Le grand ébranlement du choléra de 1832 restera longtemps inscrit dans la mémoire du peuple de Paris, aussi longtemps qu'en ces pyramides des âges creusées de si profondes blessures. Complaintes et romans populaires en transmettront et en amplifieront longtemps encore le souvenir : « Et tes parents ? demandera Rodolphe à la goualeuse — Le choléra les a mangés. » Vivant, en chaque famille, par le souvenir des disparus.

Vivant, jusqu'à ce que le choléra de 1849 renouvelât, sous la même forme et avec une pareille évidence, cette première expérience : celle d'une injustice fondamentale et d'une grande fraternité populaire, inoubliablement démontrées l'une et l'autre par l'épreuve de la mort.

Le choléra et l'histoire sociale.

Ces nombreux emprunts à l'expérience du choléra parisien de 1832 indiquent suffisamment les raisons, le plan et le but de cette étude. Il se trouve en effet que l'expérience parisienne met particulièrement bien en lumière les rapports qui existent entre le fait démographique et le fait d'histoire, et les bénéfices que l'histoire sociale peut tirer de l'analyse démographique, non seulement à l'occasion de circonstances exceptionnelles, mais également dans les périodes intermédiaires. Non que les conséquences politiques et sociales de l'épidémie aient été plus évidentes qu'en d'autres lieux ou en d'autres pays, ce qu'il appartiendra précisément à cette étude collective de préciser. Mais parce qu'elles ont été bien soulignées et mesurées par des recherches démographiques, à peu près contemporaines des événements et que, d'autre part et indépendamment de ces recherches, les événements eux-mêmes de cette année se trouvent fortement rattachés à l'histoire générale et totale de ce temps.

De là, en fonction de cette expérience poursuivie et des perspectives nouvelles qu'elle ouvre à l'histoire sociale, l'idée de rechercher si, en d'autres régions de France et en d'autres pays, l'épidémie a eu de mêmes conséquences et si son étude présente une égale signification grâce à des travaux statistiques du même ordre ou grâce aux hypothèses qu'en l'absence de tels travaux il est possible de fonder sur l'uniformité des faits.

De là aussi les lacunes et le plan de cette étude. Il ne s'agit pas ici de décrire le choléra dans son cheminement et dans la totalité de ses aspects — y compris biologiques et médicaux — et de ses conséquences. Il ne s'agit que de découvrir grâce à quelques exemples et dans un ordre non chronologique — en allant de l'expérience parisienne à d'autres expériences françaises et étrangères — l'importance historique de ce fait démographique.

PARIS

LOUIS CHEVALIER

—

INTRODUCTION

LE CHOLÉRA EN TANT QU'ÉPIDÉMIE

« Les grandes mortalités sont devenues plus rares », croyait pouvoir écrire, en 1823, le statisticien qui, au deuxième tome des a « Recherches statistiques sur la ville de Paris et le département de la Seine », comparait la mortalité des époques anciennes à celle du XIXe siècle et voyait dans cette disparition des mortalités exceptionnelles la principale différence. De ce point de vue, le choléra de 1832 peut être considéré comme un renouveau de ces anciennes mortalités.

Aspects démographiques.

Il l'est par le brutal accroissement des décès qu'il provoque et qu'exprime cette statistique de la mortalité à Paris, depuis 1817 :

1817	21 124	1826	25 341
1818	22 421	1827	22 534
1819	22 671	1828	24 557
1820	22 464	1829	25 600
1821	22 648	1830	27 464
1822	23 282	1831	25 996
1823	24 600	**1832**	**44 463**
1824	22 617	1833	25 096
1825	26 892	1834	22 991

« La durée totale de l'épidémie, écrit le rapporteur officiel, a été de six mois et six jours, ou de cent quatre-vingt-neuf jours. On voit qu'elle se divise en deux époques, l'invasion et la recrudescence, bien marquées chacune par une augmentation et une diminution progressive des malades et des morts. La première époque commence avec l'invasion en mars et finit vers la moitié du mois de juin : elle est de quatre-vingt-huit jours environ. La seconde se rattache à la fin de la première, et elle a eu pour terme la cessation même de l'épidémie, elle embrasse un espace de cent jours, si l'on regarde le choléra comme éteint au 1er octobre, ou du moins comme ayant perdu son caractère épidémique. Enfin, le choléra a coûté à Paris 18 402 morts ainsi répartis :

			Morts
1re période : Invasion	Mars	90	
	Avril	12 733	
	Mai	812	
	Juin (jusqu'au 15)	266	
		13 901	13 901
2e période : Recrudescence :	Fin juin	602	
	Juillet	2 573	
	Août	969	
	Septembre	357	
		4 501	4 501
			18 402

Aspects historiques.

C'est également aux aspects exceptionnels de ces mois que les historiens se sont principalement attachés. Au point de vue historique comme au point de vue démographique, le choléra est avant tout décrit comme une épidémie. Dans le récent passé de la ville, rien ne permet de le craindre. « Riche de sa position géographique la plus avantageuse, lisons-nous-en un rapport officiel, d'un ciel doux, d'un climat tempéré, d'un sol fécond, d'une heureuse distribution de la propriété territoriale, d'une industrie universelle, d'une instruction assez générale et par cela même d'une hygiène publique et privée qui laisse peu à désirer, les Français ont l'espoir d'être préservés du fléau ». Il tombe en pleine fête : cette mi-Carême que tous les auteurs du temps ont décrite en de nombreux récits et que les historiens ont retenue, comme exprimant particulièrement bien ce contraste entre la vie et la mort, la prospérité et la misère, le Paris normal et le Paris épidémique. C'est Roch écrivant : « Paris en bonne santé, Paris avec son embonpoint d'un ancien député du Centre, Paris dans tout l'éclat des fêtes et des jeux a été décrit mille fois ; mais Paris malade, Paris vêtu de flanelle, Paris devenu maigre, Paris au régime : oubliant le vin de Champagne pour la menthe poivrée, ou le vin de Surène, pour l'eau de la rue de la Roquette ; Paris désertant ses théâtres, remisant ses landaus dans la crainte de les voir en files avec les corbillards, rentrant à l'approche de la nuit…, Paris indocile, Paris qui ne veut pas se confesser ; Paris l'impénitent, ce qui fait sourire, et Paris assassin et qui fait horreur. Ce Paris-là n'a point encore trouvé de peintre ». C'est le Docteur Veron, racontant dans « les mémoires d'un bourgeois de Paris » comment, le 7 avril, comme par un changement à vue, la désolation remplaça l'ivresse de la prospérité : « j'avais affiché pour ce soir-là une représentation de *Robert-Le-Diable* ; dès la veille, six mille francs de location annonçaient la foule pour le lendemain ; le 7 avril au matin, la foule se pressait de nouveau, mais cette fois pour redemander son argent : le choléra venait d'éclater à Paris ». C'est Hervé Bazin, écrivant dans « Le livre des 101 » : « C'était par une de ces belles mais perfides journées du printemps, où les rayons précoces d'un ardent soleil font bouillonner trop tôt notre sang et nous livrent, tout palpitants de cette chaleur nouvelle au refroidissement du soir… De plus c'était quelque chose comme une fête ; car nous avons encore conservé du Carême le jour qui en suspend les austérités. Toute la population se répandait avec empressement sur les boulevards. Il y avait partout de la gaieté, de l'encombrement, de la poussière et nulle part de garde municipale, parce que la police ne reconnaît pas la mi-Carême et que, pour cette fois-là, chacun peut se divertir à ses risques et périls. Au milieu de cette foule joyeuse allaient et revenaient trente ou quarante masques. Le ciel était beau, mais il soufflait un âpre vent du nord, un vent à flétrir tout à coup sur leurs branches les fleurs naissantes de l'amandier. C'est alors qu'une affreuse nouvelle circule parmi les groupes. Heureusement, elle venait du "Moniteur", elle arrivait avec un caractère officiel et l'on avait devant soi quelque temps pour en douter ». Ce sont les chansons à la mode ou, pour quelques jours encore, « hôpital » rime avec « bal ». C'est surtout l'admirable récit de Heine : « Comme c'était le jour de la mi-Carême, qu'il faisait beau soleil et un temps charmant, les Parisiens se trémoussaient avec d'autant plus de jovialité sur les boulevards ou l'on aperçut même des masques qui, parodiant la couleur maladive et la figure défaite, raillaient la crainte du choléra et la maladie elle-même. Le soir du même jour, les bals publics furent plus fréquentés que jamais, les rires les plus présomptueux couvraient presque la musique éclatante, on s'échauffait beaucoup au chahut, danse plus équivoque, on engloutissait toutes sortes de glaces et de boissons froides quand tout à coup, le plus sémillant des arlequins sentit trop de fraîcheur dans ses jambes, ôta son masque et découvrit à l'étonnement de tout le monde un visage d'un bleu violet… On prétend que ces morts furent enterrés si vite qu'on ne prit pas le temps de les dépouiller des livrées bariolées de la folie et qu'ils reposent dans la tombe — gaiement comme ils ont vécu ».

C'est également en tant qu'épidémie que le choléra se trouve décrit au cours des semaines où il règne sur Paris. Non seulement par les spectacles funèbres dont il emplit la ville, mais aussi par les réactions bourgeoises et populaires qu'il suscite et qui sont présentées comme exceptionnelles et anormales : accusations d'empoisonnement, massacres au coin des rues, émeutes de chiffonniers, les journées du 5 et du 6 juin elles-mêmes. Guizot, dans ses « mémoires », résume cette interprétation historique du choléra, bien plus qu'il ne la contredit, lorsqu'il écrit : « On a dit que dès la première explosion du fléau, M. Périer en avait eu l'imagination frappée, au point qu'à l'instant sa santé en souffrit, surtout que les bruits d'empoisonnement et les meurtres populaires suscités par ces bruits avaient troublé son âme presque comme un outrage personnel ». Il fut, en effet, profondément indigné de ces déplorables scènes de crédulité féroce : « Ce n'est pas là, disait-il, la pensée d'un peuple civilisé, c'est le cri d'un peuple sauvage. Je ne trouve pas que les écrivains qui ont raconté ce temps aient peint avec vérité et justice l'état de Paris, gouvernement et peuple, pendant cette lugubre crise. Aussi absurdes qu'odieux, les emportements populaires furent peu nombreux, limités à quelques rues encombrées d'une population pauvre et guerrière ».

LES ASPECTS NORMAUX D'UNE SITUATION ANORMALE

Dans cette mortalité anormale elle-même et dans ces événements apparemment exceptionnels, grâce à ces mêmes chiffres et à ces récits auxquels il ne faut rien changer, c'est cependant bien davantage l'état normal de la population parisienne, en une longue période de son histoire, qui apparaît et qu'il convient de retenir : cette inadaptation du cadre urbain à la population que l'accroissement et la métamorphose des effectifs ont accrue et que nous avons précédemment évoquée, cet état pathologique de la ville dont la mortalité normale et la mortalité cholérique ne sont qu'un aspect : cette existence, en marge de la cité, de ses métiers, de ses lois, de ses mœurs, d'une population brutale et contrainte à la brutalité. Les caractères de l'existence collective à Paris sont les mêmes que dans les années qui précèdent et dans les années qui suivent : plus apparents cependant et comme révélés par la mort qui précipite et comptabilise, en quelques semaines, des évolutions biologiques et morales, des inégalités et des antagonismes qui, en toute autre époque, se seraient produits plus lentement, plus obscurément et d'une autre manière.

L'expérience des faits.

C'est l'état pathologique de la capitale qu'exprime, en premier lieu, l'expérience des faits ; de ceux-là mêmes auxquels s'attache l'histoire traditionnelle et d'après les mêmes documents. Il nous faut conserver tous ces récits de littérature pittoresque dont nous évoquions précédemment les plus remarquables, ainsi que les faits-divers de presse, ainsi que les descriptions ultérieures[3] et les reconstitutions qui s'en sont inspirées, mais pour accorder à ces témoignages

---

[3] L'une des plus remarquables — et d'une histoire pittoresque en laquelle notre histoire quantitative a beaucoup à glaner — est celle de J. LUCAS-DUBRETON, *La grande peur de 1832* (le choléra et l'émeute), Gallimard, 1932.

une signification bien différente de celle qu'on leur a communément prêtée, ou plutôt pour leur restituer la signification qu'ils avaient pour les contemporains du drame et pour retrouver en eux les traces de l'existence quotidienne à Paris à cette époque.

La mesure des faits.

Au-delà de cette expérience immédiate et grossière, c'est aussi l'état pathologique de la capitale qu'enregistre, grâce aux statistiques de mortalité, l'étude entreprise, peu de temps après les événements, par les plus remarquables statisticiens et hygiénistes de la ville et publiée dans un document officiel « La statistique du choléra à Paris en 1832[4] » : conditions de vie et genres de vie se trouvant, pour la première fois, mesurés par la mort.

---

[4] Rapport sur la marche et les effets du choléra-morbus dans Paris et les communes rurales de la Seine Imprimerie Nationale, 1834.

L'INTERPRETATION HISTORIQUE
ET L'INTERPRETATION CONTEMPORAINE

Le seul récit des événements, tel qu'il se trouve consigné dans les documents du temps — rapports administratifs, articles de presse, ouvrages de littératures pittoresques, romans ou mémoires — suffit à désigner dans cette épreuve du choléra, non la catastrophe exceptionnelle, résultant de circonstances également exceptionnelles et déchaînant en la ville un monstrueux cauchemar, mais bien la conséquence de l'évolution antérieure et la révélation d'un état biologique, économique et social qui n'avait fait que s'aggraver depuis les dernières années de la Restauration : un bilan des faits, mais aussi, dans la manière même dont ils nous sont rapportés, une expérience de l'opinion que les contemporains en avaient, ainsi que de l'influence de cette opinion sur les événements eux-mêmes.

Le point de vue de l'histoire.

Tel apparaît le choléra — dans la ligne de l'évolution antérieure — pour l'historien qui observe après coup ces faits que nous ne pouvons que résumer ici : d'une part, et en raison des pourcentages d'accroissement, l'inadaptation grandissante de la ville à sa population ; d'autre part, et en raison de cette inadaptation, l'aggravation des conditions de vie. Avec la mortalité cholérique, tous les aspects pathologiques de l'existence urbaine. Mais ne s'étaient-ils pas aggravés, les uns et les autres, au cours des années précédentes et de telle manière que le choléra n'est qu'une sorte d'aboutissement ?

C'est d'abord le cas de la mortalité proprement dite dont l'augmentation apparaît au nombre des décès, mais plus nettement encore au rapport des décès au total de la population, les taux par périodes quinquennales évoluant ainsi :

1817-1820 : **31,0** ; 1821—1825 : **32,3** ; 1826—1830 : **32,8** ; 1831—1835 : **34,0**.

Plus significatif de l'accroissement de la mortalité est le rapport des décès aux groupes d'âge de la population, qu'exprime ce tableau :

	Groupes d'âge										
	0 à 4	5 à 9	10 à 14	15 à 19	20 à 24	25 à 29	30 à 39	40 à 49	50 à 59	60 à 69	Ensemble
1817-1820	147	18	9	11	17	12	13	17	26	49	31
1821-1825	157	21	9	11	19	15	12	17	27	51	32,3
1826-1830	155	19	8	10	17	17	14	18	28	52	32,8
1831-1835	140	21	8	10	21	18	17	18	35	63	34

Mettons à part deux groupes d'âge, pour lesquels la progression de la mortalité, enregistrée ici, est certainement inférieure à la réalité, sans qu'il nous soit possible de l'évaluer avec une plus grande précision : les âges plus élevés, pour lesquels il faut tenir compte des indigents du sexe masculin qui, après avoir fait partie de la population de Paris ont été reçus à l'Hospice de Bicêtre, extra-muros, et dont la mortalité n'apparaît pas ; et les âges les plus bas, pour lesquels il faut tenir compte des enfants envoyés en nourrice. De ces derniers, le nombre ne sera connu qu'à partir de la fin du XIXe siècle, ils formeront alors le tiers des nouveaux nés de la capitale, alors que Lachaise, pour les premières décades du XIXe siècle, les évalue aux deux tiers.

Même si l'on ne tient compte que des décès enregistrés pour cette première catégorie d'âges, on ne peut manquer d'observer qu'ils s'accroissent régulièrement pendant la Restauration.

Bien que moins considérable, l'accroissement auquel il nous faut prêter attention est celui des effectifs qui portent sur les groupes d'âge intermédiaires, auxquels appartiennent les effectifs responsables de l'expansion démographique de Paris. Pour 1 000 individus compris entre 20 et 39 ans, la mortalité présente l'évolution suivante : 1817-1820 : **42**, 1821-1825 : **46**, 1826-1830 : **48**, 1831-1835 : **56**. Peu importe l'accroissement général de la mortalité à Paris. Ce fait surtout compte : l'accroissement le plus net et le plus continu concerne les groupes d'âge qui rassemblent ces effectifs mêmes auxquels est due l'expansion démographique de la ville et dont on pourrait penser que leur jeunesse et leur force physique les protégeraient le plus sûrement des atteintes de la mortalité.

Quant aux autres phénomènes pathologiques qui accompagnent le choléra, ils s'inscrivent eux aussi dans la ligne d'une évolution et traduisent de la même manière ce jugement de deux contemporains, Doin et Charton, en janvier 1830 : « Paris doit changer, sa constitution est un mal ». La crise cholérique s'inscrit en cette longue crise qui va des dernières années de la Restauration et aux premières années de la Monarchie de juillet — ce nuage tragique en lequel, écrit Hugo, pénètre l'histoire des « misérables » et les conclusions biologiques, sociales et cholériques qui s'exaspèrent au cours de ces mois ne font que prolonger en les aggravant de mêmes convulsions bien apparentes au cours des dernières années et de mêmes phénomènes pathologiques, formes oubliées d'un même drame : les crimes, qui redoublent au voisinage de la Grève et des ateliers fermés, les violences ouvrières, qui se font de jour et de nuit plus nombreuses, des quartiers tumultueux du centre aux solitudes inquiétantes des barrières ; les suicides, dont les statisticiens de la ville remarquent qu'ils se développent avant tout dans les classes populaires ; les cas d'infanticide, des actes anonymes, juridiquement criminels et privés, que les rapports des égouts ou des cloaques enregistrent à ces manières d'infanticide, officielles et différées que sont les abandons d'enfants, au coin des rues, sur les marches des églises, ou au seuil de quelque demeure bourgeoise et charitable — si fortement accrus en certaines périodes que les hospices débordent et qu'il faudrait envisager, à pleines charrettes, des convois vers le département d'accueil si une providentielle mortalité ne venait soulager la charité publique et la charité privée ; la mortalité générale, enfin, qui comptabilise le tout et qui s'enfle jusqu'à atteindre, aux environs de 1830, les taux les plus élevés. Pour ces années comme pour l'année du choléra, plutôt que de mortalité générale — notion abstraite et concept de démographe — c'est de mort qu'il faut parler. La mort sous toutes ses formes est la mesure d'une misère qui dépasse, à certaines époques, les possibilités individuelles de résistance physique et aux tréfonds de laquelle la description économique n'atteint pas. Elle est aussi la mesure de violences, dont les descriptions idéologiques et politiques ne laissent pas assez voir qu'elles règlent en termes de vie et de mort un problème qui est aussi de vie et de mort.

Le point de vue des contemporains.

Si tel est le diagnostic du démographe reconstituant l'histoire de ces années à la lumière des statistiques et observant une identité entre l'année du choléra et les années précédentes, telle est aussi l'opinion des contemporains bien apparente dans leurs récits et dans leurs témoignages : moins attentifs aux aspects exceptionnels du fléau qu'à sa signification profonde, retrouvant en lui leur ville et se reconnaissant eux-mêmes.

Comment ne l'auraient-ils pas fait quand tout les y poussait : l'expérience antérieure qu'ils en avaient, ce qu'ils en savaient par eux-mêmes et ce qu'on leur en avait appris ? Jamais les conditions d'existence urbaine n'ont été à ce point étudiées et mesurées qu'en ces années et jamais ces recherches statistiques n'ont connu un tel retentissement dont nous trouvons la preuve dans la documentation qualitative elle-même.

C'est à l'étude de l'inégalité devant la mort que, dès avant le choléra, les principaux statisticiens du temps ont consacré la plupart de leurs travaux, comme s'il s'agissait bien là de la principale préoccupation de l'époque. En 1830, Villermé publie, en tome III, des « Annales d'hygiène publique et de médecine légale », une étude sur la mortalité des quartiers de Paris pour les périodes 1817-1821 et 1822-1826, qui peut être considérée comme un modèle pour les recherches de ce genre et dont la presse reproduira de larges extraits et commentera les conclusions. Déjà apparaissent ces faits que le choléra accusera ; l'inégale mortalité des quartiers et la forte mortalité de certaines rues, comme cette rue de la Mortellerie à laquelle Villermé consacre une analyse particulière. Imitant Villermé, statisticiens et moralistes appliqueront sa méthode à l'étude d'autres quartiers et d'autres rues. C'est ainsi que Benoiston de Châteauneuf publiera peu de temps après Villermé une étude de la mortalité dans le XIIe arrondissement et plus particulièrement dans ces rues Mouffetard, de la Clef, de l'Oursine, des Charbonniers où « une population nombreuse d'ouvriers de toute espèce, de chiffonniers, de balayeurs, de terrassiers, vit dans le besoin et meurt à l'hôpital ».

Bien plus, au-delà de l'inégalité devant la mort et grâce à sa mesure, c'est l'inégalité devant la vie qui se trouve mise en lumière et déjà analysée en de nombreux travaux. L'inégalité biologique, au départ, par les mauvaises conditions de santé des enfants du peuple, dès avant leur naissance et dès les premiers temps de leur vie. « C'est de ce commencement que tout dépend », écrivait déjà Deparcieux. Études statistiques et topographies médicales des premières décades du siècle semblent n'être que le commentaire de cette observation du grand prédécesseur. En 1829, Villermé mesure pour la première fois l'inégalité de la taille par arrondissement et observe qu'à l'exception du XII^{e,} tous les arrondissements se placent dans le même ordre que celui dans lequel décroît la proportion des locations imposées à la seule contribution personnelle, c'est-à-dire la proportion des habitants plus ou moins aisés qui vivent uniquement de leurs revenus ou d'une industrie non soumise au droit de patente. « On voit donc, conclut-il, que la stature des hommes est en raison de la fortune, ou mieux, en raison inverse des peines, fatigues, privations, éprouvées dans l'enfance et la jeunesse ». Désavantagé au départ, ce peuple l'est bien plus considérablement encore par la suite et de telle manière que l'inégalité de sa condition économique et sociale se traduit par une inégalité biologique définitive qui prolonge et aggrave cette inégalité biologique première : conséquences de la carrière et conséquences de la naissance s'inscrivant de la même manière sur le corps.

Nombreux sont ces travaux et dont nous ne citons ici que les plus remarquables. Immense est leur réputation, non seulement parmi les spécialistes, mais aussi dans le public le plus large et le moins cultivé. Par les réponses qu'ils apportent aux questions les plus angoissantes et les plus répandues, par les commentaires de presse, par la littérature populaire et le théâtre même, enfin par ces documents variés de culture populaire dont nous avons montré par ailleurs que, dès les dernières années de la Restauration, ils se conforment progressivement, dans leur description du peuple de Paris, de ses caractères physiques et moraux, de ses conditions de vie, de son genre de vie, à ces conclusions : l'existence au sein de la ville, mais en marge de son économie et de la société, de ses métiers, de ses mœurs et même de ses lois, d'une population que l'immigration ne cesse de renforcer et qui, à tous les égards, est différente du reste de la population de la capitale, mais d'abord biologiquement, dans sa manière de vivre et de mourir, dans ses caractères physiques et dans son comportement. Telle est cette population, ou du moins considérée ainsi par les autres et par elle-même, dès les dernières années de la Restauration. Telle elle apparaît à l'épreuve du choléra. Dans tous les documents du temps, mais peut-être plus encore nettement dans cette description de Janin[5] qui rassemble tous ces thèmes, évoquant peu de temps après les événements cette « peste d'une populace qui se meurt seule et la première, donnant par sa mort un démenti formidable et sanglant aux doctrines d'égalité dont on l'a accusée depuis un demi-siècle. Rien ne parlait dans ce silence, ajoute-t-il, excepté un jour la voix du peuple qui a parlé, et comment a-t-elle parlé cette voix formidable ? Elle a parlé comme la voix du peuple, par le fer, par les coups, par les injures, par le meurtre, par le sang, par toutes les colères et toutes les violations ». C'est bien résumer l'opinion des contemporains concernant la signification du choléra et des troubles sociaux et politiques qu'il déchaîna dans la ville : une catastrophe exceptionnelle évidemment, mais résultant d'une situation normale — la condition des masses populaires — et révélant, d'autre part, en ces troubles eux-mêmes, le comportement habituel et la physionomie véritable de cette population. C'est enfin souligner, à l'attention des recherches ultérieures, l'importance des faits biologiques dans la description des faits sociaux : pour cette année du choléra assurément — les antagonismes de classes se posant alors et se réglant en termes biologiques —, mais aussi pour les années qui précèdent et pour l'évolution générale de Paris pendant les premières décades du XIXe siècle, en raison des rapports qui existent entre l'histoire de l'épidémie et l'histoire

---

[5] J. JANIN. *Paris depuis la révolution de 1832.* Bruxelles, 1832 (Bibliothèque Sévigné, 921 783 m 32).

antérieure qui, sous tous ses aspects, trouve dans l'épidémie une prolongation et une sorte de révélation.

LE CHOLÉRA ET LES FONDEMENTS BIOLOGIQUES DES ANTAGONISMES SOCIAUX : LES ATTITUDES

Le choléra précise les fondements biologiques des antagonismes des classes : pour la période limitée de l'épidémie, mais aussi pour les années qui précèdent, si l'on considère que l'histoire du choléra s'inscrit dans l'histoire générale de la capitale, exaspère des situations et précipite des évolutions qui existaient antérieurement à lui, mais à des profondeurs auxquelles l'histoire politique, économique ou sociale n'atteint pas, ou enfouies en des documents auxquels elle n'a pas recouru.

Les faits.

Ces fondements biologiques, le choléra les précise dans les faits, en aggravant au-delà des possibilités administratives et humaines cette inadaptation du cadre urbain à la population que nous avons précédemment évoquée et que semblent soudain résumer l'insoluble problème des inhumations et l'hallucinant spectacle de cette ville embouteillée par ses propres cadavres. Nous lisons dans le rapport officiel sur le choléra que « les moyens de transport habituels étant insuffisants, on eut recours à des fourgons d'artillerie, mais leur bruit de ferraille empêchait les gens de dormir et, ces voitures n'étant pas suspendues, les secousses qu'elles imprimaient aux cercueils en déchiraient les planches, en chassaient le corps et laissaient échapper un liquide infect qui se répandait dans les voitures et sur le pavé. Dès le lendemain il fallut abandonner ce moyen. Cependant, les morts s'accumulaient dans les maisons, dans les hôpitaux, alors on se décida à faire servir à l'enlèvement des corps ces voitures que les tapissiers emploient pour transporter leurs meubles. Celles-là du moins, larges et bien suspendues, n'avaient point l'inconvénient des cahots, et présentaient l'avantage de pouvoir placer un grand nombre de cercueils à la fois. Leur service d'ailleurs, facilement dirigé sur tous les points de la Capitale, ne laissait plus craindre les dangers d'un encombrement redoutable. Mais la vue de ces nouveaux chars funèbres, qui s'avançaient lentement au milieu des rues, retardés dans leur marche par le poids de leur chargement, fit une telle impression d'effroi sur les habitants et surtout sur les femmes que l'on fut bientôt obligé de renoncer à s'en servir ». On trouve de mêmes détails, et guère plus dramatiques, dans les récits des contemporains, dans celui de Janin ou dans celui de Heine, évoquant « ces omnibus de morts ». On y trouve surtout une même interprétation. Pour les uns et les autres, la ville n'est pas plus capable d'absorber ses morts qu'elle ne l'est d'absorber ses vivants, et l'insoluble problème des inhumations n'est que la conséquence et l'expression d'autres problèmes également insolubles : celui de l'habitation ; celui de l'équipement urbain qui n'est pas davantage à la mesure de la population et que résument, dans toute la littérature de ces années, d'autres spectacles non moins horribles : les cimetières surpeuplés, les hôpitaux envahis, les égouts surmenés et à l'horizon de la ville, le pestilentiel Montfaucon.

Cependant, de cette impossibilité de la ville à absorber sa propre population, les habitants se rendent mutuellement responsables. Si le choléra précise les fondements de l'histoire sociale par l'inadaptation du cadre urbain à la population, il le fait aussi par la révélation qu'il nous apporte de l'opinion des contemporains et du rôle des faits biologiques dans les jugements des groupes sociaux les uns sur les autres. Peu importent ici les délimitations précises de ces groupes. Observons seulement que bourgeois et gens du peuple s'accusent les uns les autres de tout le mal, mais surtout s'en prennent à la présence matérielle et physique des uns et des autres, à leur existence même, et à la menace mortelle que cette existence, ramenée aux plus fondamentales de ses données, fait peser sur l'ensemble de la communauté. Pour les bourgeois, les groupes populaires constituent par leur seule présence un danger et un danger de mort. Pour les gens du peuple, le choléra est la forme ultime d'un règlement de compte social. C'est en termes de vie et de mort que se pose le problème des rapports entre les groupes.

L'opinion bourgeoise.

Le choléra est considéré comme étant le fait des classes populaires : portant sur elles, mais aussi provenant d'elles, résumant en lui et exprimant toutes les menaces que ces classes représentent. Telle est du moins l'opinion des classes bourgeoises, bien apparente dans les rapports administratifs, dans les articles de presse et dans la littérature pittoresque contemporains des événements. À l'occasion du choléra, tous ces thèmes dispersés dans la documentation antérieure se trouvent rassemblés et développés : d'autant plus lisibles et soulignant d'autant mieux ces aspects biologiques et ces fondements biologiques des antagonismes sociaux, qui, en de moins sombres époques, apparaissent mal.

A) Le choléra est le fait des classes populaires. Dès avant son arrivée à Paris, on considère que s'il atteint un jour la capitale, il ne pourra s'en prendre qu'à elles. La famille bourgeoise que Roch nous montre dans « Paris malade », suivant les progrès du fléau à Varsovie, à Vienne, à Berlin, puis à Londres est relativement rassurée par la forme exclusivement populaire de l'épidémie dans les capitales étrangères. Cette opinion semble vérifiée enfin par les premiers cas signalés dans la capitale, ainsi que par les commentaires cyniques que la presse bourgeoise en donne « le choléra-morbus est dans nos murs, écrit le "Journal des Débats", le 28 mars. Hier, un homme est mort dans la rue Mazarine. Aujourd'hui, neuf personnes ont été portées à l'Hôtel-Dieu, dont quatre déjà sont mortes. Tous les hommes atteints de ce mal épidémique, mais que l'on ne croit pas contagieux, appartiennent à la classe du peuple. Ce sont des cordonniers, des ouvriers qui travaillent à la fabrication des couvertures de laine. Ils habitent les rues sales et étroites de la Cité et du quartier Notre-Dame ».

Si les bourgeois eux-mêmes sont frappés, c'est également par le fait des classes populaires et par leur contagion. Qu'est-ce que la contagion, et le choléra est-il ou non une maladie contagieuse ? L'abondante documentation littéraire et médicale concernant ce problème souligne l'incertitude contemporaine à cet égard et la grande confusion des idées. Divisés au sujet de la notion même de contagion, les médecins le sont bien davantage encore au sujet du caractère contagieux ou non de l'épidémie. « Souvent, écrivent les docteurs Gérardin et Gaimard qui ne croient pas à la contagion, nous avons été couverts de la matière des excrétions, nous n'avons pas craint de respirer l'haleine des malades qui étaient froids et sentaient légèrement le brûlé, et néanmoins grâce à Dieu nous n'avons pas contracté la maladie »[6]. Le Docteur Sophianopoulo, qui a suivi les progrès du choléra en Europe Centrale, ne croit pas davantage à la contagion. Cependant, contagionnistes ou non, rapports médicaux, faits-divers de presse, documents de littérature pittoresque s'accordent à mettre le développement du fléau au sein des classes bourgeoises elles-mêmes sur le compte des classes populaires : « Pourquoi, écrit Roch, craignent-ils tant, ces hommes riches, de laisser périr de maladie les mêmes êtres qu'en d'autres jours ils n'empêchent pas de mourir de faim ; c'est que l'indigence ne se gagne pas par l'infection ou par ébranlement du système nerveux. Sachez que le choléra est dans vos mansardes, qu'il peut tout à coup descendre et franchir les trois étages qui le séparent de vos chambres à coucher ». De là, la fuite bourgeoise. Dans les journées des 5, 6 et 7 avril, 618 chevaux de poste sont retenus et le nombre des passeports augmente de 500 par jour ; Louis Blanc estime à 700 par jour le nombre des personnes emmenées par les Messageries.

B) Maladie populaire, le choléra est considéré, d'autre part, comme n'étant qu'une des formes de la menace sociale que ces classes représentent : résumant cette menace, en même temps que s'expliquant en partie par elle.

Par menace sociale, il faut entendre, en premier lieu, la révolution. On sait à quel point la propagande carliste a développé et utilisé ce thème, découvrant un rapport entre l'invasion des idées libérales et celle de l'épidémie. N'est-ce pas le tsar Nicolas I qui pour étouffer l'insurrection polonaise a fait venir d'Asie des troupes qui ont amené le choléra avec elles ? « Attaché aux Russes, écrit Louis Blanc lui-même, il avait paru avec eux sur les champs de bataille de la Pologne, plus meurtrier que la guerre même ». N'a-t-il pas été importé en Europe par les Polonais fugitifs ? « Ah chère révolution, lisons-nous sur une caricature de l'époque, sans toi je serais resté dans le Nord de la Russie, c'est toi qui en révolutionnant la Pologne, m'as fait venir dans ce malheureux pays, de là je suis descendu en Allemagne, en Angleterre, et enfin grâce à toi, révolution de juillet, me voilà à Paris ». Le récit de Roch montre à quel point ces croyances

---

[6] GERARDIN et GAIMARD : *Du choléra-morbus*, Paris, Levrault, 1882

étaient partagées par les bourgeois, même libéraux, de la capitale.

Par menace sociale, il faut entendre, d'autre part, cette criminalité réelle ou virtuelle que l'on prête aux classes populaires, ainsi que ces mauvaises mœurs dont on pense qu'elles offrent un terrain particulièrement favorable à l'épidémie. Nous lisons dans un rapport médical que « les individus colères, méchants, ceux que des projets sinistres occupent, ceux qu'une ambition coupable tourmente, ou que des remords dévorent » sont une proie toute désignée pour le fléau.

C) Quant aux mesures prises à l'approche du choléra et pendant l'épidémie, elles expriment, de manière plus incontestable encore, ces rapports entre la maladie et les classes populaires ainsi que cette confusion entre la maladie, la misère et le crime.

En ce qui concerne la population, c'est aux pauvres et aux indigents que l'on s'intéresse tout d'abord, « en proposant de leur distribuer des vêtements et chaque jour un peu de vin, de bière et même d'eau-de-vie ». Aux détenus aussi, soudain comblés d'attentions inhabituelles : le préfet de police leur « fit distribuer des vêtements plus chauds et des aliments plus abondants, on blanchit à la chaux les murs intérieurs des prisons, on renouvela l'air des chambres et des dortoirs par une ventilation continuelle, enfin, on fit de fréquents lavages à l'eau chlorurée, des vases, des couchettes, des planchers, des latrines ».

De la même manière, des commissions d'arrondissements et de quartiers chargées de repérer les maisons les plus insalubres ne manquent pas d'insister dans leurs rapports sur le danger qu'elles font courir à l'ensemble de la ville par le surpeuplement qu'elles présentent, mais également par les aspects matériels et moraux de l'installation populaire. Au total 20 000 maisons sont visitées : moins des maisons que des repaires, en lesquels les gens campent, bien plus qu'ils n'y habitent. Nous commenterons par la suite ces rapports tels qu'ils furent eux-mêmes utilisés et critiqués dans le document statistique concernant le choléra. C'est à l'état brut qu'il nous faut les considérer ici, dans la violence de leurs témoignages, dans cette découverte qu'ils expriment d'un Paris inconnu, et dans leurs conclusions les plus immédiates : l'état malsain de la ville résulte de l'installation récente dans la capitale d'une population instable et nomade dont la plus caractéristique est celle des garnis ; il résulte d'autre part du mode de vie véritablement sauvage de cette population. Retenons surtout le caractère surhumain de l'entreprise et l'impuissance des pouvoirs publics. « Par les ordres du Préfet de police, les cloaques et les mares qui existaient dans plusieurs quartiers disparurent, des ruelles infectes furent fermées, d'autres, pavées ; on neutralisa l'odeur des fosses d'aisances que l'on ne put réparer sur le champ ; on arrosa d'eau chlorurée les fossés des boulevards, qu'il paraissait dangereux de curer ; on lava de cette eau plusieurs fois par jour le pavé des rues ainsi que le carreau des marchés ; le nombre des bornes-fontaines fut augmenté ; enfin, les fossés de l'île Louviers, réceptacle de vases et d'immondices, furent submergés par les eaux du canal Saint-Martin que l'on y dirigea ». Remèdes insignifiants par rapport à l'ampleur de la tâche, mais aussi par rapport aux habitudes de la population qui « transforment la rue en autant de foyers d'infection contre lesquels sont impuissantes les ressources de nettoiement ; il n'y a de remède à ce mal, très grave dans les circonstances où nous sommes, que dans la forme des habitudes qui le produisent ».

L'opinion populaire.

Si, pour les bourgeois, le choléra exprime et résume la menace bien plus ancienne et bien plus diverse que l'existence même des classes populaires fait courir à la capitale, il est considéré de la même manière par les gens du peuple comme la forme ultime d'un vieux règlement de comptes. Pour les gens du peuple comme pour les bourgeois, c'est en termes de vie et de mort que se trouve désormais posé le problème social : ramené à ces fondements biologiques que les apparences anciennes masquaient aux contemporains et à l'histoire et qui s'étalent désormais au grand jour. Dangereux et de manière mortelle, le peuple l'est pour le bourgeois par son existence même et par les caractères accidentellement et fondamentalement criminels de cette existence. Dangereux et de manière mortelle, les bourgeois le sont, inversement, pour les gens du peuple par les conditions d'existence qu'ils leur imposent, par cet attentat permanent auquel ils les condamnent et qu'exprime l'épidémie, considérée comme une forme suprême d'assassinat collectif : également dangereux de ce fait et non moins criminels.

Preuve et forme extrême d'un très ancien règlement de comptes, l'épidémie l'est d'abord et est jugée comme telle par les rapports qui sont très généralement établis entre la mortalité cholérique et la misère ouvrière. Ce n'est évidemment pas dans les documents d'origine ouvrière, contemporains des événements, que nous en trouverons l'expression. S'il existe antérieurement et postérieurement à ces événements des documents dont on puisse considérer qu'ils nous apportent un témoignage des gens du peuple et des plus infimes d'entre eux concernant leur propre condition, ce ne saurait être le cas de ces jours de peur et de désespoir où les malheureux ne sont occupés qu'à mourir. C'est dans leur comportement que nous découvrirons bientôt, et de manière incontestable, ce qu'ils pensaient. Du moins, en gardons-nous la trace dans les documents de tous ordres et non populaires qui nous restent de cette époque : unanimes, et même les plus bourgeois d'entre eux, à déceler au-delà de l'épidémie et grâce à elle les conditions inhumaines d'existence de la plus grande partie du peuple de Paris « Où le choléra, écrit par exemple Roch, prétendait-il trouver un aliment à Paris, si ce n'est peut-être dans cette affreuse rue de la Mortellerie dont le nom semble lui indiquer son premier gîte, dans des centaines de rues plus étroites que celles d'Alger où les caisses de nos négociants ne peuvent point passer, dans ce hideux cloaque de la ville cité que l'on conserve intacte, comme l'église de Saint-Germain-l'Auxerrois, par respect pour son antiquité, ou comme l'Hôtel-Dieu, qui interrompt la circulation des quais et perd la moitié de ses malades à cause des émanations de l'eau. Il sera d'ailleurs sans action, c'est chose évidente, sur une population où 100 000 individus se lèvent chaque jour sans savoir comme ils dîneront, dont 25 000 dans un seul des 12 arrondissements s'étaient fait inscrire l'hiver dernier au bureau d'indigence, sur une population amaigrie par un jeûne de deux ans, qui n'a encore recueilli de son triomphe de juillet que la misère, tourmentée, depuis cette époque, par les besoins physiques et les inquiétudes morales, par des menaces de guerre et par de continuels ajournements de la paix, conduite à l'émeute par la faim et les intrigues ». C'est replacer l'épidémie dans l'état pathologique habituel de la ville, c'est l'expliquer par les conditions de vie des populations ouvrières, par leur misère matérielle et morale, en des propos où nous retrouvons après coup l'écho de ces études statistiques nombreuses et célèbres que nous avons évoquées, mais c'est aussi désigner, grâce à l'expérience cholérique, les fondements biologiques de la misère ouvrière, c'est-à-dire l'état normal d'une population réduite en permanence à l'extrême limite de la résistance physique et dont on ne peut comprendre l'opinion et le comportement si l'on ne tient pas compte de cela.

Comment dès lors cette population ne verrait-elle pas dans le choléra une entreprise plus totale et plus délibérée de destructions collectives ? Tout l'y pousse : la mortalité plus grande des quartiers ouvriers, ce qu'on en dit et ce qu'on en sait, les premières mesures administratives elles-mêmes, cette hâte de faire la part du feu en livrant au besoin au sombre Dieu du mal les quartiers les plus misérables de la capitale, renchérissement soudain des remèdes : « les substances réputées préservatrices de la peste, écrit Considérant, le camphre, le chlorure de chaux et autres drogues dont le commerce prévoyant avait empli ses magasins, s'élèvent de prix en proportion du mal et de la terreur de la population. Le pauvre, le pauvre vendait son pain et ouvrait ainsi la porte au fléau, et le prix de ce pain tombait dans la banque avide, dans le Barathre mercantile » ; la fuite des bourgeois enfin, pressés de fermer ateliers et boutiques et provoquant chez les ouvriers une fureur que Louis Blanc a décrite : « entre le choléra et la faim, qu'allaient-ils devenir ? ».

De là ce bruit qu'il n'y a pas de choléra, mais bien une tentative d'empoisonnement, accréditée par une extraordinaire circulaire du Préfet de Police, en date du 2 avril 1832 : « l'apparition du choléra a fourni aux ennemis éternels de l'ordre une nouvelle occasion de répandre parmi la population d'infâmes calomnies contre le gouvernement ; ils ont osé dire que le choléra n'était que l'empoisonnement effectué par des agents de l'autorité pour diminuer la population et détourner l'attention générale des questions politiques. Je suis informé que pour accréditer ces atroces suppositions, des misérables ont conçu le projet de parcourir les cabarets et les étaux de boucherie avec des fioles et des paquets de poison, soit pour en jeter dans les fontaines, dans les brocs et sur la viande, soit même simplement pour en faire le simulacre et se faire arrêter en flagrant délit par des complices qui, après les avoir signalés comme attachés à la police, favoriseraient leur évasion ».

Par cette croyance à l'empoisonnement, toutes les attitudes sociales se trouvent simplifiées et ramenées à leurs données les plus primitives. Gouvernement et bourgeoisie sont accusés d'assassiner le peuple. De même le clergé, empressé d'ailleurs de présenter le choléra comme une vengeance divine en d'imprudents sermons, ou en des propos que Roch nous transmet : « Tous ces malheureux meurent dans l'impénitence. Mais la colère de Dieu de justice va croissant et bientôt chaque jour comptera son millier de victimes, le crime de la destruction de l'archevêché est loin d'être expié ». De la même manière, « la Quotidienne » écrit : « Des esprits méditatifs font remarquer que par une exception funeste, Paris seul a été frappé au milieu de la France, Paris, la ville de la révolution, le berceau des tempêtes politiques, le centre de tant de vices, le théâtre de tant d'attentats. Et « La gazette d'Auvergne » : « Inaperçu, il planait dans les airs, il s'arrête sur le foyer de corruption, il fond comme un vautour sur la ville du désordre, la surprend au milieu de ses plaisirs et y moissonne de préférence ces hommes sans frein qui s'adonnent aux excès de passions et des jouissances brutales ». De là ces manifestations d'irréligion, d'autant plus sacrilèges qu'elles se produisent, pour ainsi dire en présence même de la mort. Tel ce spectacle de la visite de l'archevêque de Paris à l'Hôtel-Dieu que nous raconte Roch : « en d'autre temps, il n'aurait pu aborder le péristyle de l'Hôtel-Dieu qu'au milieu des flots d'un peuple prosterné sur son passage et implorant sa bénédiction, au contraire, il n'a vu sur les fronts que de l'indifférence, que de l'audace ou de la fureur dans les regards. Des accusations mensongères et abominables n'ont épargné ni les prêtres ni les sœurs ». Tels ces propos d'un homme du peuple qu'un factionnaire dissuade d'entrer à l'hôpital et que nous rapporte aussi Roch : « Est-ce que tu n'es pas du peuple, toi aussi ? Est-ce que cela ne te fait pas souffrir de les voir entrer par centaines, tandis qu'il n'en sort pas un » — « Ils entrent par cette porte et ils sortent par l'autre — où est-elle l'autre porte ?

— dans la rue de la Huchette, à côté de la salle de dissection… — et moi qui attends depuis deux heures pour voir le défilé des cercueils ! L'église est pourtant de ce côté — vous êtes de votre pays, vous avec votre église. Regardez donc ces tours. Est-ce que vous imaginez qu'on bâtit une pareille cathédrale pour les gueux ?».

LE CHOLÉRA ET LES ASPECTS BIOLOGIQUES DES ANTAGONISMES SOCIAUX : LE COMPORTEMENT

Si l'attitude des individus et des groupes se trouve ainsi ramenée à des fondements biologiques qui, en d'autres circonstances, n'apparaissent pas, il en est de même de leur comportement. « Rien ne parlait dans ce silence, écrit Janin, excepté un jour la voix du peuple. Et comment a-t-elle parlé cette voix formidable ? Elle a parlé comme la voix du peuple, par le feu, par les coups, par les injures, par le meurtre, par le sang, par toutes les colères et toutes les violations ». Par l'émeute enfin, mais que Janin ne cite même pas, tant la violence politique lui semble se confondre avec les autres violences populaires, les prolongeant bien plus que ne leur succédant, leur empruntant leurs propres caractères, les résumant, les exprimant. De la même manière, par une même confusion et par une même omission, les auteurs du rapport officiel sur le choléra écrivent : « ces événements déplorables qui ont eu lieu dans la capitale à cette époque, le récit des scènes sanglantes dont elle devint alors le théâtre, ne doivent pas faire partie de ce rapport ; la commission se trouve heureuse de ne point avoir à s'en occuper, et si elle se permet d'en rappeler ici le souvenir, son unique but est de mieux faire juger la position cruelle où se trouvait placée l'administration, dont les ressources et les moyens d'action dépendaient précisément de ces mêmes hommes qu'animaient en ce moment contre elle un esprit de haine et de révolte ».

Les événements.

À deux reprises, en effet, en avril et en juin, la violence politique succède aux autres violences populaires, mais de telle manière — si proche d'elles et si mêlée encore à elle — qu'il est possible, et au seul récit des événements, d'interpréter les unes et les autres comme une même révolte et résultant d'une même haine

Les événements d'avril ? Tout commence par une émeute de chiffonniers. Le Conseil municipal ayant mis en adjudication, dès 1831, le service de nettoiement de la ville et ayant autorisé l'adjudication à « faire un tour de roue supplémentaire à la tombée de la nuit », les 1 800 chiffonniers de la capitale, spoliés de leur principal bénéfice, se mettent, le 1er avril, — c'est-à-dire quelques jours après l'arrivée officielle du choléra à Paris[7] — à incendier les charrettes de l'entrepreneur Savalette ; soutenue par le peuple, l'émeute s'étend des barrières au centre de la capitale et dégénère en deux jours en émeute politique ; le même jour en effet, les prisonniers politiques de Sainte-Pélagie se mutinent, appuyés de l'extérieur par des renforts républicains. Le lendemain et en même temps que se développent ces premiers troubles, les rapports de police signalent une agitation de ces êtres « qu'on ne voit jamais dans les temps ordinaires et qui semblent soudain sortir de dessous le pavé », repris de justice ou forçats libérés, qui abandonnant leurs repaires de la Cité, osent se montrer en place de Grève et sur les boulevards. C'est alors que se répandent des bruits d'empoisonnement et que de malheureux passants ayant tête ou allure d'empoisonneurs ou transportant tout simplement quelque innocent produit pharmaceutique sont poursuivis, massacrés sur place ou jetés dans la Seine. Le 3 avril, émeutes chiffonnières, entreprises criminelles, assassinats collectifs se confondent, une tourmente publique qui trouve dans l'agitation politique son exutoire et à laquelle doit faire face, dans la nuit du 3 au 4, une mobilisation générale des forces de l'ordre.

Quant aux événements de juin, qui succèdent immédiatement à la deuxième offensive du choléra, on sait comment les funérailles du général Lamarque dégénèrent en une insurrection républicaine qui, le 5 juin, met en danger le régime, hérissant de barricades ces rues que le choléra vient à peine d'abandonner — la rue aux Ours, la rue Jean-Robert, la rue Brisemiche, la rue Beaubourg, la rue de la Verrerie, la rue des Lombards — avant d'agoniser le 6 dans les soupentes du cloître Saint-Merry.

L'interprétation des événements.

Confondues dans les faits, violences politiques et autres violences populaires l'ont également été dans l'opinion des contemporains et de telle manière que leur interprétation des événements va bien au-delà des événements eux-mêmes

---

[7] Le 26 mars.

et désigne des rapports autrement profonds et durables entre les faits politiques et les faits sociaux.

Non seulement, en effet, dans les documents de ce temps, la convulsion politique se confond avec les autres convulsions sociales, mais ces dernières — et les plus apparemment isolées, disons les plus exceptionnelles ou les plus pittoresques d'entre elles — présentent une signification générale que la plupart des récits ultérieurs ont insuffisamment reconnue. C'est toute l'histoire de ces journées, celles d'avril et celles de juin, qu'il faudrait reprendre. Limitons-nous à celles d'avril et à quelques documents. À cette proclamation, par exemple, qui, distribuée dans le faubourg Saint-Antoine, est incorporée par Roch à son récit : « Le choléra est une invention de la bourgeoisie et du gouvernement pour affamer le peuple. Depuis bientôt deux ans, le peuple est en proie aux angoisses de la plus affreuse misère. Il est resté sans travail, sans pain, sans vêtements : il n'a plus ni feu ni bien ; il est traqué, emprisonné, assassiné ! ce n'est pas tout. Voilà maintenant que, sous le prétexte d'un fléau prétendu, on l'empoisonne dans les hôpitaux, ou on le fusille dans les prisons. Dimanche (c'est un fait avéré), une nuée de mouchards, appelés sergents de ville, ont pénétré dans les prisons de Sainte-Pélagie : ces scélérats ont fait feu sur les patriotes détenus. Mais quel autre excès d'infamie !… Ne provoque-t-on pas à la révolte la classe la plus indigente du peuple en la livrant au désespoir : une compagnie opulente vient d'acquérir le monopole du nettoiement de la capitale, ce qui enlève le pain à 10 000 citoyens. Aux armes ! ». Toutes les violences se retrouvent ici, aboutissant à une violence qui ne s'explique que par elles et qui d'autre part leur ressemble.

Mais ces violences primaires elles-mêmes présentent, en ce document et dans les documents identiques de ces semaines, une signification qui dépasse et les groupes immédiatement responsables et les événements. Il ne s'agit pas seulement des chiffonniers et des incendies de charrettes. Il ne s'agit pas seulement des criminels de la Cité. Il ne s'agit pas seulement d'empoisonneurs et de massacres qui sont restés, en somme, peu nombreux. Par l'intermédiaire des chiffonniers, des criminels, des empoisonneurs et des auteurs de massacres, c'est toute la misère matérielle et morale de la population ouvrière de Paris qui se trouve désignée, ainsi qu'un habituel comportement. Chiffonniers, criminels et brutes de toute espèce n'ont pas à envahir la rue. Ils y sont déjà installés et de longue date, aussi apparents en elle que dans la littérature pittoresque, les romans, les rapports de police ou les faits-divers de presse qu'ils encombrent depuis de longues années et marqués du même caractère. Les chiffonniers ne sont populaires que parce qu'ils sont considérés par les gens du peuple comme exprimant leur propre condition sous ses pires aspects et jusqu'à ses pires extrémités. Ce n'est pas un hasard si la « Tribune », racontant leurs émeutes, évoque le problème des suicides d'ouvriers et écrit « peu d'hommes ont cet affreux courage et ceux qui reculent des bords du canal Saint-Martin ou de la Seine, ceux-là viendront vous demander leur part sur cette terre qui est à eux, comme à vous ». Quant aux criminels, également confondus avec les gens du peuple dans la littérature pittoresque ou même judiciaire, ils semblent, au cours de ces journées, se perdre dans la foule et partager avec elle la responsabilité de ces massacres, où les contemporains voient la preuve d'une criminalité collective et habituelle ». Et le peuple ? demande Bazin dans le « livre des 101 », que faisait-il dans ces jours d'agitation et d'épouvante ? ». « Ce n'est pas la pensée d'un peuple civilisé, s'écria Périer, apprenant les massacres, c'est le cri d'un peuple sauvage ». Et Guizot « la civilisation dort sur une mine immense de barbarie ». Sauvage, barbare, tel apparaît le peuple à l'épreuve du choléra de toutes les manières, et par son comportement politique lui-même qui n'est qu'un aspect de son comportement général. Lors des événements d'avril, de juin aussi. Expliquant l'interruption de son récit, Roch écrit « après les coups de fusil du 5 juin, je ne devais point franchir le 6 les barricades ; derrière venait l'état de siège, dès lors, la recrudescence du malaise politique en même temps que celle du choléra c'était un sujet tout entier ». Et il termine par ces lignes : « Ah Paris, te voilà guéri du choléra, mais te voilà près de la guerre civile : tu es encore bien malade » Hugo enfin, n'entreprend de raconter l'épopée des barricades qu'après avoir évoqué l'épidémie et rapproché « la maladie politique et la maladie sociale ».

« La maladie politique et la maladie sociale » : retenons ces termes. Ils apportent sa conclusion à cette étude des fondements et des caractères biologiques des antagonismes sociaux. Pour cette année du choléra, tout d'abord. Par le fait de l'épidémie, attitudes et comportement politiques et sociaux se confondent et se trouvent ramenés aux formes les plus primitives de l'existence individuelle et collective : déterminés par de mêmes circonstances pathologiques et se traduisant, de part et d'autre, par cette lutte pour la vie qu'expriment les violences successives ou accumulées de ces semaines. Mais pour les années antérieures aussi, ces termes soulignent de mêmes rapports entre l'histoire politique et l'histoire sociale de Paris : pour la révolution de juillet dont l'étude, de ce point de vue, serait à reprendre, mais également pour les dernières années de la Restauration. Sans doute, ces rapports sont-ils moins apparents, parce que n'aboutissant pas à d'égaux tourments, ne poussant pas immédiatement l'inférieur au niveau du supérieur, ne s'imposant pas aussi nécessairement à une recherche d'histoire qui a pu les négliger. Non moins réels cependant, mais inscrits en des documents que cette recherche ignore : ces statistiques de population qui enregistrent fidèlement les progrès de cette maladie sociale, c'est-à-dire de ce surpeuplement, de cette misère, de cette morbidité, de cette criminalité qui sont les faits les plus importants de l'existence quotidienne de la capitale au point de vue privé, mais aussi au point de vue public, c'est-à-dire de sa véritable histoire.

De ces faits, cependant, le choléra n'apporte pas seulement cette expérience grossière que nous avons décrite, mais aussi la mesure : grâce au document statistique sur la marche et les effets du choléra-morbus dans Paris et le département de la Seine qui, élaboré peu de temps après ces événements, établit avec une grande précision les rapports entre l'épidémie et les populations des plus misérables de la capitale.

VALEUR DE LA MESURE

Sans doute l'utilité du document statistique sur le choléra et son importance pour les contemporains et pour nous-mêmes apparaissent-elles mal, quand tout proclame cette inégalité : l'expérience immédiate de l'épidémie, l'opinion des gens et la statistique la plus grossière de la répartition des décès par quartiers. Non seulement la plus forte mortalité se situe dans les quartiers les plus misérables — l'Hôtel de Ville, la Cité, les Arcis — et avec une telle marge que toute analyse supplémentaire semble superflue, mais tous les documents du temps soulignent les rapports entre la misère, les niveaux de vie et les genres de vie en des termes que ne désavoueraient pas les recherches ultérieures sur la mortalité sociale. C'est l'ensemble des données économiques, mais aussi biologiques et morales du problème de la misère que Roch résume par exemple lorsqu'il écrit : « Dans les crises de cette nature, le peuple a tout contre lui, non seulement sa misère, mais son dénuement passé, les vices de sa position outre les vices individuels, ses préjugés et son ignorance, ainsi exposés au premier feu ; il soutient l'impétuosité la plus meurtrière d'un ennemi encore inconnu ». À quoi bon, d'autre part, nous attarder à cette étude statistique quand tant de travaux, de la deuxième moitié du XIXe siècle à nos jours, ont précisé de manière plus satisfaisante encore cette inégalité et nous ont familiarisés avec cette notion ?

Cette mesure du choléra présente cependant une grande importance et pour les contemporains et pour nous-mêmes. Pour les contemporains, parce que bien des anomalies interdisent d'accepter sans réserve cette conclusion que l'observation immédiate des faits et les certitudes de l'opinion semblent imposer. Si les chiffres les plus élevés de décès se situent, et de manière écrasante, dans les quartiers habités par la population la plus pauvre de la capitale — l'Hôtel de Ville : 53 pour 1 000 habitants ; la Cité : 52 ; les Arcis : 42, — on trouve un nombre élevé de décès dans les quartiers considérés comme bourgeois — Saint-Thomas d'Aquin : 38 ; Le Luxembourg : 28 ; Le Jardin des Plantes : 38 —, alors que certains quartiers également populaires du Centre présentent des chiffres relativement bas — Saint-Eustache : 12 ; Montorgueil : 8. Ajoutons à cela que dans les quartiers du Centre les plus durement atteints, l'imbrication des logements populaires et bourgeois, au gré des rues, des façades et même des étages, est telle qu'il est difficile d'établir un rapport absolu de cause à effet entre la misère matérielle et la mortalité. Enfin, en dépit des travaux statistiques publiés depuis les dernières années de la Restauration et de la probabilité de plus en plus grande d'un tel rapport, bien des croyances s'opposent encore à cette redoutable conclusion. Les travaux antérieurs n'ont, d'autre part, porté que sur des statistiques globales, d'interprétation contestable, ou sur des rues isolées, comme la rue de la Mortellerie ou la rue Mouffetard, où l'étude statistique n'ajoute pas grand-chose à ce que tous les Parisiens savent déjà. En raison de l'exceptionnel matériel numérique qu'elle accumule, la mortalité cholérique permet aux statisticiens de ce temps de faire une première expérience totale de ce fait de l'inégalité devant la mort qu'il n'avait jamais été possible de mesurer aussi complètement, dans ses caractères et dans ses causes. Il s'agit bien d'une expérience par le développement d'une recherche statistique qui, observant l'inégale répartition du décès, s'efforce de la mettre en relation avec les faits de tous ordres qui ont pu agir et qui, éliminant ceux d'entre eux auxquels on avait tendance à attacher la plus grande importance — les conditions topographiques d'exposition d'élévation du terrain ou d'humidité, mais aussi les densités — en vient à désigner de manière irréfutable les conditions économiques et sociales d'une population qui n'avait jamais été aussi exactement décrite et sous tous ses aspects. Tel est pour les contemporains l'intérêt du document que mit au point et publia en mai 1834 une commission de dix membres dont Benoiston de Châteauneuf fut le rapporteur et parmi lesquels nous citerons Parent-Duchâtelet, Trébuchet, Villot et Villermé.

Important, ce document l'est également pour nous-mêmes. Tout d'abord en raison de la première découverte à laquelle il nous permet d'assister, d'un fait auquel les recherches ultérieures nous habitueront. En raison, d'autre part, de la première statistique totale qu'il nous apporte de la population de Paris, observée dans la diversité de ses groupes, de ses conditions matérielles et morales d'existence et avec un détail que les statistiques antérieures et même celles de la mortalité normale ne présentaient pas. Le chiffre des décès cholériques étant plus élevé, la répartition par classe est plus nette et il est même possible d'aller jusqu'à ces catégories infimes qui, dans les statistiques précédentes, n'apparaissent pas. Non plus seulement les bourgeois et le peuple, mais, au sein de la population bourgeoise et de la population ouvrière, les groupes professionnels dans leurs niveaux de vie et leurs genres de vie, les conditions matérielles et morales, les travaux, les gains, les plaisirs, les passions. Non plus seulement les arrondissements et les quartiers, ramenés à leur population prédominante, bourgeoise ou ouvrière, mais les rues et jusqu'aux logements observés en fonction du soleil, de l'ombre, des vents, de l'humidité, de la propreté ou de la saleté. Toute une répartition sociale se lit en cette topographie de la mort : rentiers, petits patrons, travailleurs en atelier ou en chambre, travailleurs en plein vent, travailleurs du fleuve et jusqu'à ces groupes inférieurs et considérés comme tels, les journaliers, les porteurs d'eau, les chiffonniers enfin, chargés des déchets de la ville et marqués de son horreur. Important, ce document l'est enfin parce qu'il révèle à l'histoire sociale ces fondements et ces caractères biologiques de l'évolution générale de Paris pendant la première moitié du XIXe siècle : l'inadaptation de la ville à la population et la présence en marge de la ville, de son économie, de sa civilisation et même de son existence, de groupes sociaux dont la mortalité cholérique décèle, et les conditions de vie et le genre de vie.

Tels sont en effet, les aspects les plus importants de cette recherche statistique pour les travaux d'histoire sociale et ceux auxquels nous nous limiterons, à défaut d'une analyse plus longue que ce document mériterait : en premier lieu, le processus d'une étude qui, isolant successivement et éliminant certains facteurs prépondérants, aboutit à la révélation de l'inégalité sociale ; en deuxième lieu, la mesure de cette inégalité considérée dans les faits matériels ; en troisième lieu la mesure de cette inégalité considérée dans les faits moraux.

L'INÉGALITÉ SOCIALE : APPROCHES SUCCESSIVES

Cette recherche statistique n'aboutit en effet à la conclusion, à la certitude de l'influence de l'inégalité sociale sur la mortalité cholérique qu'après avoir envisagé et éliminé d'autres facteurs considérés jusqu'alors comme prépondérants : en premier lieu, les conditions topographiques et géographiques, en deuxième lieu les densités. L'intérêt de cette recherche est double : elle souligne l'importance que l'on accordait alors à ces facteurs, et plus particulièrement géographiques et topographiques, elle nous apporte, d'autre part, la description la plus précise que nous possédions du paysage parisien.

Le milieu géographique.

On ne peut manquer d'observer, tout d'abord, l'importance que cette recherche statistique accorde, en une première démarche, à ces conditions naturelles qui n'occupent qu'une place insignifiante dans nos recherches contemporaines concernant la vie et la mort au sein de nos grandes agglomérations modernes. De nos jours, mais aussi à partir de la deuxième moitié du XIXe siècle, une étude urbaine peut se contenter de décrire les conditions d'existence qui résultent des maisons, des rues, des canalisations — en un mot du paysage construit — sans jamais faire allusion aux conditions naturelles, à l'altitude, à la proximité ou à l'éloignement par rapport à la Seine et aux brouillards qui montent de ses eaux, à l'orientation par rapport aux vents dominants, à l'ensoleillement.

Un paysage urbain, c'est un paysage naturel dompté, éliminé, et, plus l'agglomération s'étend, plus s'effacent ses conditions naturelles qui ne réapparaissent plus qu'à l'occasion de grandes perturbations météorologiques ou économiques, de grands hivers, de grandes sécheresses ou d'inondations.

Les allusions à ces conditions seront de moins en moins nombreuses à mesure que nous avancerons dans le XIXe siècle. Recherchant les causes de l'épidémie de typhoïde qui sévit à Paris en 1882, Durand-Claye souligne surtout le rôle des causes sociales ; cependant, il établit aussi un rapprochement entre certaines conditions hygiéniques et le nombre des victimes et il conclut que la situation topographique, la nature de l'eau consommée, le nombre des égouts, l'accumulation des habitants sur un espace insuffisant étaient des causes d'aggravation. Nous sommes bien éloignées de ces époques anciennes que décrit Sauval et pour lesquelles les chroniqueurs ne manquent jamais de mentionner, comme s'il s'agissait de quelque bourgade, les orages qui renversent les cheminées et déracinent les arbres, les grands hivers qui ramènent les loups, les étés qui tarissent les sources et les inondations qui transforment la rue Saint-Denis et la rue Saint-Martin en deux bras de la Seine.

Mais pendant les premières décades du XIXe siècle encore, c'est aux conditions naturelles que les auteurs des topographies médicales prêtent la plus grande attention. Lachaise leur consacre une bonne moitié de son ouvrage. Au relief d'abord, qu'il décrit en ces termes : « Une plaine assez découverte, mais offrant une multitude de petits coteaux qui donnent lieu à des élévations des pentes, des bas-fonds, et d'où résultent nécessairement de fréquentes inégalités dans le plan des rues, l'exposition et l'aspect des maisons. Indépendamment des fréquentes inégalités dont se trouve hérissé le sol même sur lequel repose directement Paris, il est dominé presque de toute part par des collines dont quelques-unes s'élèvent en forme de promontoires à des hauteurs assez considérables ; elles sont disposées de telle sorte que, sur la rive droite de la Seine, la ville est abritée au nord, au nord-est et à l'est ; sur la rive gauche, au sud, au sud-ouest et à l'ouest ». Suivent plusieurs chapitres consacrés aux eaux. Quelle n'est pas, de la même manière l'attention à ces conditions naturelles dans les tableaux de Paris que nous trouvons dans toute la littérature de la première moitié du XIXe siècle, et quelles ne sont pas les ressemblances entre les descriptions d'un Balzac et celles d'un Lachaise concernant les petites rues des vieux quartiers du centre ? Véritablement balzacienne et semblable à ce que nous lisons dans « Une double famille », cette description de Lachaise : « Le quartier de la Place de Grève, dont l'Hôtel de Ville occupe à peu près le milieu, est placé sur la rive droite de la Seine et repose sur un terrain qui ne dépasse que fort peu le niveau moyen des eaux du Fleuve : circonstance défavorable qui n'est malheureusement rachetée, ni par la direction ou la largeur des rues, ni par la construction des maisons. Parmi les rues, les seules qui, par leur largeur, permettraient l'accès du soleil s'en trouvent privées par leur direction de l'est à l'ouest ; elles sont celles de la Vannerie, de la Tixeranderie, de la Coutellerie ; l'étroitesse excessive de toutes les autres, ou leurs sinuosités, leur enlèvent les avantages d'une direction contraire, de sorte que les unes et les autres sont obscures, humides et continuellement tapissées par une boue épaisse, noire et gluante ».

On conçoit que les statisticiens de la mortalité cholérique, mais aussi de la mortalité normale, aient avant tout recherché les rapports entre la répartition des décès et l'élévation du terrain, l'exposition, l'ensoleillement et l'humidité. « Rappelons, écrit le rapporteur de 1832, que le relief du terrain place les quartiers de la ville en amphithéâtre sur les deux rives du fleuve, ceux de ces quartiers qui sont les plus voisins de l'eau et par conséquent les plus bas se trouvent en partie abrités par les quartiers plus élevés qui les dominent, et ceux-ci le sont à leur tour par les quartiers plus hauts qui se terminent aux barrières. D'après cette disposition, toute la partie de la ville située au nord-ouest, nord et nord-est est frappée par les vents du sud-est, sud et sud-ouest, tandis que la partie qui regarde le sud-ouest est exposée aux vents du nord-est, nord et nord-ouest ».

De l'étude de l'orientation, de l'altitude et de l'humidité, il résulte cependant que l'hypothèse géographique doit être écartée. En ce qui concerne l'exposition, en 1831 comme en 1832, le midi a compté plus de décès que le nord, le nord en a compté plus que l'ouest, qui à son tour a été moins épargné que l'est. En 1831, comme en 1832, les différentes expositions ont gardé entre elles les mêmes rapports. Le midi et le nord forment les 2/3 des décès, l'ouest le cinquième et l'est près du sixième. « Au milieu de ces faits opposés, de ces résultats dont le second contredit le premier, et dont le troisième est nul, de cette variation continuelle de rapports qui s'élèvent ou s'abaissent, sous la même exposition, d'une quantité double et quelquefois triple, d'un quartier, d'un quai, et pour ainsi dire d'une maison à une autre, de toute évidence la commission devant s'abstenir de tirer aucune conclusion ». Certes, « l'exposition au midi semble plus funeste que les autres. Le fait paraissait positif, incontestable, cependant, une seule observation suffisait pour le détruire : il était possible que par goût, par une sorte d'instinct, par toute autre raison née de la disposition du local même, il y eut dans Paris plus de chambres à coucher au midi et au nord qu'à l'est et à l'ouest. Cette disposition, si elle existait, expliquait alors le grand nombre de décès observés dans ces expositions ; elle prouvait, à n'en pas douter, que cet excédent de mortalité, loin d'être la conséquence d'aucun phénomène physique, était le simple résultat de la convenance ou de l'arrangement des lieux ». Ce que vérifiait aisément la comparaison entre la mortalité pour 1835 et pour 1831. Même conclusion en ce qui concerne les rapports entre la répartition des décès et l'altitude et l'humidité des rues. Il est des rues élevées qui ont une forte mortalité et des rues placées dans des emplacements bas et humides qui ont une faible mortalité.

Les densités.

De la même manière, l'étude des rapports entre la mortalité cholérique et les densités ne permet pas d'aboutir à des conclusions précises, même si, dépassant les densités par arrondissements et par quartiers, l'on observe les densités par rues.

Les arrondissements

« Les 8ᵉ, 1ᵉʳ, 10ᵉ et 12ᵉ arrondissements qui se partagent entre eux les deux tiers de l'étendue de Paris (23 000 000 de m² sur 32 910 000) et qui contiennent 290 895 habitants, ce qui donne pour chacun 72 m², ont eu 24,68 décès sur 1 000. Les 6ᵉ, 3ᵉ, 9ᵉ, 7ᵉ et 4ᵉ présentent une population de 276 098 individus qui occupent seulement un septième environ de la capitale (5 millions de mètres carrés) ou 18 mètres pour chacun. Ils ont eu 22,94 décès sur mille. Si l'on prend chaque arrondissement en particulier, au lieu d'en réunir plusieurs, on trouve encore moins de rapport entre le nombre des décès et l'agglomération des habitants. Dans le 1ᵉʳ et le 8ᵉ, où l'habitant dispose de 84 et 83 m² de terrain, il a supporté une perte tantôt de 12 et tantôt de 27 sur 1 000. Dans le 7ᵉ et le 4ᵉ, où il n'a que 12 m², cette perte a été de 29 et 18 sur 1 000. On la trouve également de 29 dans le 10ᵉ où chaque habitant jouit de 65 m².

Ainsi, les arrondissements où la population se meut à l'aise sur un vaste terrain ne sont pas ceux qui ont éprouvé le moins de décès, comme les arrondissements où elle est resserrée sur un sol étroit ne sont pas ceux qui ont eu le plus de morts ».

Arr.	Superficie (m²)	Pop.	m²/habitant	n° décès choléra	Décès choléra (1000 hab.)
8ᵉ	6 110 000	72 729	84	1 996	27,44
1ᵉʳ	5 550 000	66 497	83	812	12,21
10ᵉ	5 300 000	81 480	65	2 386	29,2
12ᵉ	4 140 000	70 189	59	1 988	28,32
5°	2 350 000	66 547	35	992	14,9
2ᵉ	2 320 000	75 087	31	705	9,39
11ᵉ	2 090 000	50 508	41	1 357	26,86
6ᵉ	1 670 000	81 037	21	1 307	16,12
3°	1 250 000	49 071	25	547	11,14
9ᵉ	840 000	41 895	20	1 922	45,87
7ᵉ	730 000	58 944	12	1 727	29,29
4ᵉ	560 000	45 151	12	833	18,44
Total	32 910 000	759 135	43	16 572	21,83

Une même incertitude résulte de l'étude des quartiers et des rues. « Dans les quartiers, l'individu le mieux partagé vit au milieu de 190 m², celui qui l'est le moins n'en a que 7, ou un peu plus de trois fois l'espace qu'il occupera un jour sous la terre. La moyenne générale des quartiers, comme celle des arrondissements est de 43 m² de terrain par habitant ; 16 quartiers sont au-dessus de cette moyenne :

Quartiers	Sup. (m²)	Pop.		m²/habitant	n° décès choléra	Décès choléra (1000 hab.)
Ch. Élysée	2 450 000	13 110		186	219	17
Quinze-Vingts	2 760 000	17 676		156	542	31
Saint-Marcel	1 990 000	13 001		153	249	19
Invalides	2 980 000	20 244		147	681	34
Popincourt	1 890 000	19 296		98	412	21
Roule	1 890 000	22 936		82	333	14
Luxembourg	1 510 000	19 872		76	548	28
Pte St-Martin	1 400 000	21 780		64	310	14
Tuileries	580 000	9 992		58	94	9
Observatoire	1 030 000	18 223		57	291	16
St-Antoine	1 040 000	18 999		55	520	27
St-Thomas d'Aquin	1 260 000	23 007		55	884	38
Chaussée d'Antin	930 000	17 506		53	143	8
Jardin des Plantes	780 000	15 060		52	576	38
Poissonnière	800 000	16 657		48	211	13
Temple	1 000 000	22 411		45	409	18
Total	24 290 000	289 770		»	6 422	22,19

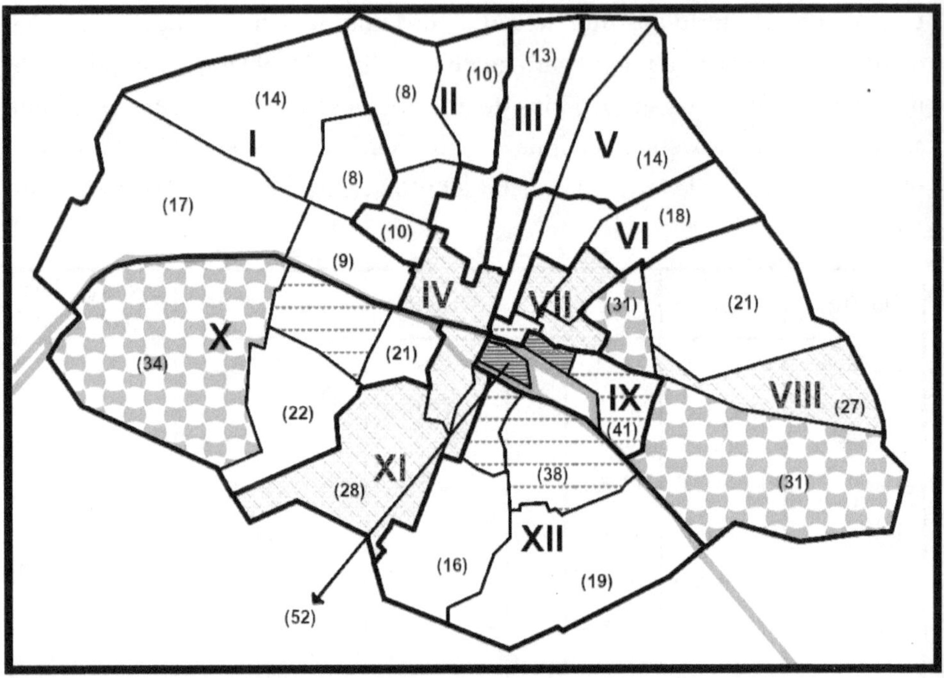

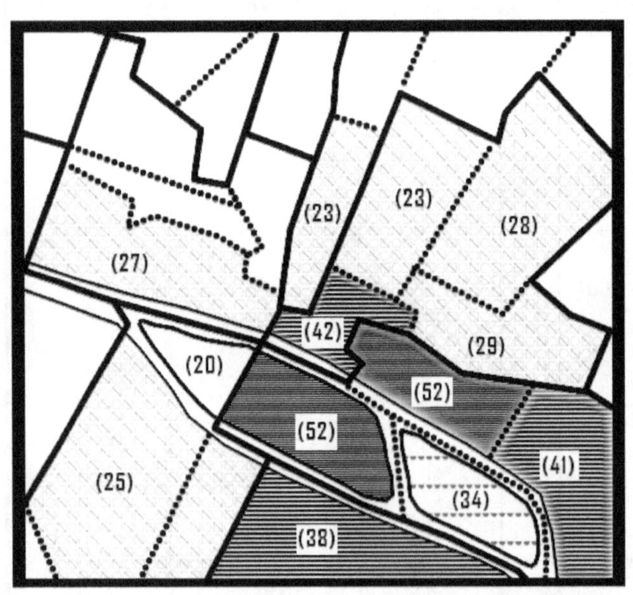

CHOLÉRA
1832

Décès pour
1000
habitants

Dans ces quartiers où l'on compte de 45 à 186 m² par habitant, la moyenne des décès cholériques a été de 22,19 sur 1 000.

« Au-dessous de cette moyenne de 43 m² par habitant, on compte les 32 quartiers suivants :

Quartiers	Sup. (m²)	Pop.	m²/habitant	n° décès choléra	Décès choléra (1000 hab.)
St-Germain	680 000	16 031	43	353	22
St-Denis	650 000	16 761	39	313	19
Montmartre	780 000	21 769	36	217	10
Arsenal	430 000	12 095	35	495	41
Place Vendôme	630 000	20 459	31	166	8
Palais de Justice	90 000	2 985	30	60	20
Marais	420 000	16 758	25	522	31
Feydeau	330 000	15 800	21	145	9
Louvre	230 000	11 320	20	306	27
Sorbonne	210 000	11 772	18	345	29
Ecole de Méd.	280 000	15 879	18	404	25
Ile-St-Louis	110 000	6 147	18	192	31
Monnaie	380 000	22 198	17	468	21
Mont-de-Piété	250 000	14 974	17	417	28
Montmartre	170 000	11 033	15	92	8
Marché St-Jean Jean	210 000	14 406	15	415	29
Palais Royal	280 000	20 012	14	200	10
Saint-Jacques	340 000	23 905	14	872	36
Cité	150 000	10 913	14	564	52
Mail	150 000	11 450	13	120	10
St-Eustache	130 000	9 931	13	124	12

Quartiers	Sup. (m²)	Pop.	m²/habitant	n° décès choléra	Décès choléra (1000 hab.)
St-Martin-des-Ch.	340 000	26 329	13	327	12
Bonne Nouvelle	150 000	12 587	12	161	13
St-Honoré	130 000	11 109	12	157	14
Hôtel de Ville	150 000	12 740	12	671	53
Ste-Avoye	200 000	18 899	11	442	23
Porte St-Denis	190 000	17 231	11	228	13
Banque	120 000	11 856	10	142	12
Montorgueil	150 000	15 419	10	208	13
Lombards	140 000	15 066	9	343	23
Marchés	80 000	10 866	7	228	21
Arcis	70 000	10 665	7	453	42
Total des quartiers au-dessous de la moyenne	8 620 000	469 365	»	10 150	21,62
Total des quartiers au-dessus de la moyenne	24 290 000	289 770	»	6 422	22,19
Total général	32 910 000	759 135	43	16 572	21,83

De ces tableaux et de la comparaison de la carte de densité et de la carte des décès il résulte que « pour l'ensemble des quartiers où l'habitant a moins de 43 m², l'on compte 21,62 décès sur 1 000. Là où il en a de 45 à 186, la perte a été de 22,19. Dans cette seconde division du sol de Paris, les localités spacieuses, étendues, paraissent avoir moins d'avantages que les localités plus resserrées. Tel quartier qui n'a que 7 m² par habitant (les Arcis) a donné 42 décès sur 1 000, et tel autre (les Marchés), en a eu 21 avec le même nombre de mètres. Saint-

Thomas d'Aquin avec 55 m² par individu a eu 38 morts, les Invalides, 34 avec 147 m²; le quartier de Feydeau, 9 pour 21 m² et celui de Montmartre 8 pour moins d'espace encore (15 m²) ».

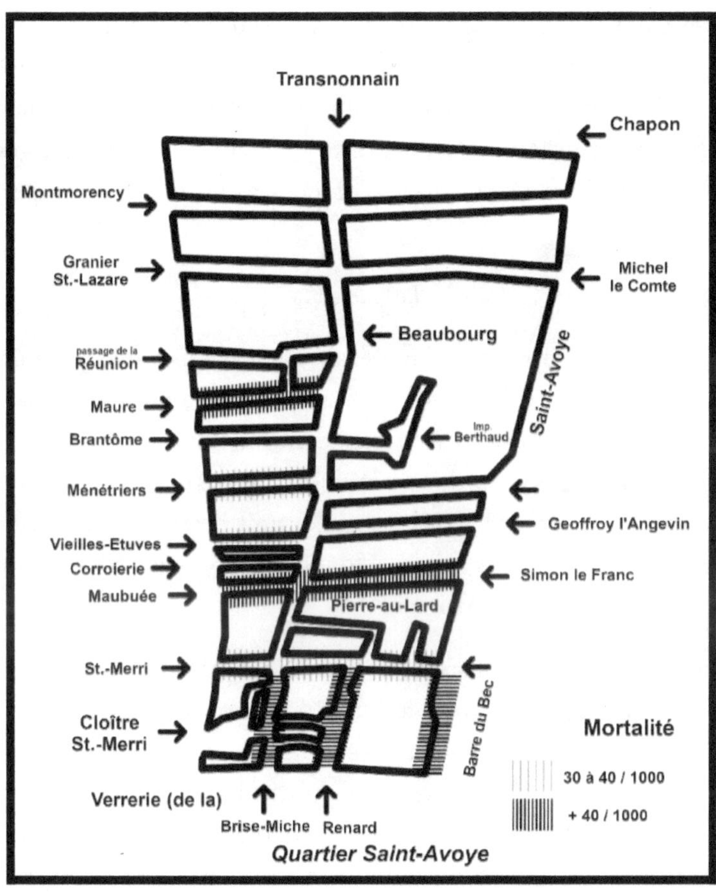

Même conclusion en ce qui concerne l'étude des rues. « La maladie conserve encore ce caractère particulier de confondre dans une mortalité semblable des localités qui n'ont rien de commun entre elles que cette triste ressemblance.

Sur 1 292 rues, 1 105 ont été frappées, indistinctement, 187 seulement sont restées intactes.

Certes il n'y a aucune comparaison à faire, aucune identité à établir sous le rapport de la salubrité, de la ventilation, des habitudes de la population, et de sa densité entre la rue Saint-Merry et la rue Guisarde : cependant, la mortalité est la même pour toutes les deux ; entre la rue de la Roquette et la rue Saint-Jacque la Boucherie, et elles ont été également frappées ; entre la rue Cassette et la rue de la Verrerie qui ont eu chacune 39 décès sur 1 000 ; ou la rue des Fossés Saint-Victor qui n'en a eu que 35 ; entre la rue Saint-Dominique et la rue de la Harpe, qui donnent, la première 38 et la seconde 20 décès seulement ; entre la rue Saint-Louis en File et la rue Mouffetard, et cette dernière a été plus épargnée ; entre la rue des Marmousets et la rue du Bac, et celle-ci a été plus maltraitée que celle-là ».

Les maisons

« En voyant, en effet, l'épidémie, tantôt ravager les lieux élevés en même temps quelle épargnait les endroits plus bas, tantôt au contraire, sévir dans ceux-ci et ménager les premiers, en observant ces contradictions fréquentes, ces continuelles variations de rapports, la commission n'a pu s'empêcher de soupçonner dans cette espèce de désordre qu'elle rencontrait partout l'existence d'un élément de perturbation présent aussi partout et de croire que cet élément ne pouvait être que celui de la population ».

La population ? C'est aux maisons qu'il fallait aller pour l'atteindre. « Un assez grand nombre de maisons a compté 5, 6, 7 décès et quelques-unes jusqu'à 8, 9, 10 et 11. Toutes sans exception sont situées dans les plus mauvais quartiers, tels que ceux de la Cité, de l'Hôtel de Ville, ou dans les plus mauvaises rues des quartiers meilleurs, comme les rues Saint-Nicolas d'Antin, des Jardins Saint-Paul, Saint-Germain-L'auxerrois, qui dépendent des quartiers de la Chaussée-d'Antin, de l'Arsenal et du Louvre ; ou bien ces maisons elles-mêmes offrent ce qu'il y a de pire parmi les habitations de Paris : ce sont celles de la Petite Pologne, de l'Enclos de la Foire Saint-Laurent, des rues des Marmousets, Cocatrix, Geoffroy-Lasnier.

Là, pressés, entassés dans ces chambres étroites, où comme aux numéros 62,

38, 20 et 114 de la rue de la Mortellerie, ils ont à peine 3 m² d'espace pour chacun, aux numéros 24 et 26 de la rue des Marmousets, où ils en ont deux, au
n° 126 de la rue Saint-Lazare, où 492 individus n'en ont pas un ; les malheureux
habitants de ces tristes réduits ne reçoivent pas même en quantité suffisante
l'air corrompu qu'ils respirent.

La Commission pourrait s'appuyer sur d'autres exemples, elle pourrait citer la
plus grande partie des maisons des logeurs en chambre et à la nuit, celles dont
les étages sont multipliés au-delà de toutes proportions, ou bien qui sont mal
distribuées, mal aérées, mal tenues : tous montreraient qu'à l'exception d'un
petit nombre de cas où l'intensité du choléra a été très forte, sans qu'il soit facile
d'en saisir la cause, comme à Grenelle, au Gros-Caillou, dans les environs de
l'École Militaire, là où une population misérable s'est trouvée encombrée dans
des logements sales, étroits, là aussi l'épidémie a multiplié ses victimes ».

Rue	Décès choléra (1000 hab.)
Saint-Merry	34
Guisarde	33
de Vaugirard	29
de la Grande-Friperie	27
de l'Aiguillerie	27
des Prêtres et des Fossés Saint-Germain-L'auxerrois	25
de la Poterie	26
de Sèvres	58
Sainte-Croix de la Bretonnerie	49
Saint-Louis (Ile St-Louis)	30
Mouffetard	26
des Marmousets (Cité des)	70
de la Licorne (Cité)	74
du Bac	78
Cassette	39
rue Saint-Victor	34
des Fossés Saint-Victor	35
Saint-Jacques la Boucherie	44
de la Roquette	44
de la Harpe	20
Saint-Antoine	31
du Faubourg Saint-Antoine	28
Saint-Dominique	38
de la Verrerie	39
Saint-Jean de Beauvais	35
Galande	33

LES CARACTÈRES MATÉRIELS : LEUR MESURE

La population, « la population mauvaise », « la population misérable », la voici enfin au bout de cette recherche et comme jamais en aucun autre document : identifiée sous tous ses aspects, et tout d'abord au point de vue professionnel.

Les catégories professionnelles.

La statistique du choléra nous apporte, en effet, l'une des plus utiles répartitions professionnelles de la population de Paris que nous possédions : en raison des catégories auxquelles les statisticiens de ce temps s'arrêtent et qu'il nous faut retenir, mais en raison aussi des précisions et des corrections que la mortalité impose et qui délimitent finalement les groupes par leur manière de mourir.

Les catégories professionnelles sont au nombre de quatre. Ce sont tout d'abord les professions libérales et les professions commerciales, auxquelles nous ne nous arrêterons pas. Viennent en troisième lieu les professions mécaniques, c'est-à-dire « tous les métiers qui s'exercent par l'intermédiaire d'une machine et qui supposent apprentissage et spécialisation ». Il s'agit de la fabrique parisienne à laquelle appartient tout ce peuple qui dans « La Fille aux yeux d'or » s'agite au plus profond de l'enfer de Balzac : « l'ouvrier, le prolétaire, l'homme qui remue ses pieds, ses mains, sa langue, son dos, son seul bras, ses cinq doigts pour vivre, eh bien, celui-là qui, le premier, devrait économiser le principe de sa vie, il outrepasse ses forces, attelle sa femme à quelque machine ». En cette même catégorie, le statisticien de 1832 place les maçons.

Une dernière catégorie, celle des « professions salariées » rassemblera « tous ceux qui reçoivent un salaire pour un service rendu ». A part, en cette catégorie, les cochers et les domestiques. Pour les plus gros effectifs, ceux qui n'ont pour tout capital que leur force brute, les journaliers, les porteurs d'eau, les commissionnaires et tous les travailleurs des Halles et des marchés, les charbonniers ainsi que les travailleurs de la rivière, en un mot, tout le matériel humain des « Mystères de Paris ». En cette catégorie, en effet, prendraient place la sinistre famille Martial et les pirates d'eau douce, ainsi que le chourineur débardeur au quai Saint-Paul : « Et qu'est-ce que tu gagnes par jour ? lui demande Rodolphe — 35 sous. Ça durera autant que j'aurai des bras, quand je n'en aurai plus, je prendrai un crochet et un carquois d'osier, comme le vieux chiffonnier que je vois dans le brouillard de mon enfance ». On ne saurait s'étonner de trouver les chiffonniers au dernier échelon social, dans la statistique de 1832 comme dans le roman.

La mortalité cholérique par catégorie professionnelle.

Or la répartition de la mortalité cholérique entre ces groupes et la comparaison avec la mortalité normale des mêmes groupes font apparaître les conclusions suivantes dont nous empruntons l'énoncé au texte même du rapport :

A — « *La première classe (professions libérales) paraît avoir été moins frappée par le choléra que par la mortalité ordinaire ; d'après le chiffre des décès de 1831, elle aurait dû perdre par le choléra, 2651 personnes sur 14 592. 2073 seulement ont succombé, la différence est donc au moins 378 personnes, ou 218 millièmes. Dans cette première classe se remarquent les propriétaires et les rentiers qui, en 1832, ont représenté à eux seuls 67 millièmes des décédés cholériques et les commis et employés qui n'y sont entrés que pour 32 millièmes, tandis qu'en 1831 les premiers ont offert 88 millièmes et les seconds 36 millièmes des décès ordinaires. Ainsi, ces catégories sociales supérieures ont été moins fortement frappées par le choléra que par la mortalité ordinaire.* » La différence avantage surtout la classe la plus élevée de cette catégorie sociale supérieure les propriétaires et les rentiers. En fait, pour l'interprétation statistique de cette différence qui eut de telles conséquences sociales et politiques, il nous manque une donnée numérique : la statistique de ceux qui ont fui Paris.

B — La deuxième classe (professions commerciales) est au contraire plus frappée par l'épidémie que par la mortalité commune. « *En effet, d'après les décès de 1831, elle n'aurait dû compter en 1832 que 1422 décès cholériques tandis que le nombre s'en est élevé à 1816. La différence en plus est de 394 ou 207 millièmes. L'examen de cette classe fait voir que ce résultat est dû à ce que les diverses industries qui s'exercent dans l'intérieur de l'habitation, et qui supposent une existence aisée, comptent un petit nombre de décès tandis que le contraire se remarque pour celles qui se composent d'objets dont la vente a lieu soit dans les localités humides et malsaines, soit en plein air, soit enfin en les étalant sur la voie publique ».*

C — *« La troisième classe (professions mécaniques) paraît avoir éprouvé une influence moins funeste, puisque, proportionnellement aux 4 328 décès qu'elle présente en 1831, le nombre de 1832 aurait dû atteindre 7066, tandis qu'il n'a pas dépassé 6323. La différence est de 343 ou 77 millièmes. Cependant, il faut distinguer deux catégories :*

1) *Trois professions qui ont compté proportionnellement un bien plus grand nombre de décès cholériques que de décès ordinaires s'exercent en plein air :*

	1832		1831	
	Décès cholérique		Décès non cholérique	
	(n)	n/1 000	(n)	n/1 000
Blanchisseurs	533	37	227	25
Maçons[8]	351	24	140	16
Matelassiers	80	6	26	3

2) *Par contre, certaines professions qui se trouvent placées dans une position contraire et très nettement, s'exercent dans l'intérieur de l'habitation :*

	1832		1831	
	Décès cholérique		Décès non cholérique	
	(n)	n/1 000	(n)	n/1 000
Bijoutiers-Orfèvre.	141	10	115	13
Ébénistes	111	8	109	12
Menuisiers	291	20	206	23
Cordonniers	459	32	344	38
Couturières	665	46	491	55
Fleuristes	21	1	24	3
Lingères	99	7	149	16
Modistes	10	1	44	5
Tailleurs	305	21	276	31

---

[8] « Il est difficile de savoir si le nombre des ouvriers maçons a été le même à Paris pendant les deux années. S'il est permis de calculer le nombre des bras employés d'après la quantité de matériaux de construction introduits dans la ville de 1831 à 1832, on serait porté à croire que la différence n'a pu être très grande ; car il y a une très faible différence entre les quantité de matériaux de cette espèce introduits à Paris ».

D — « *Enfin, l'influence du choléra sur la quatrième classe (professions salariées) semble avoir été plus forte que celle de la mortalité ordinaire. Le nombre des morts de cette classe, en 1831, n'aurait pu produire qu'une perte de 3433 individus en 1832 elle s'est élevée à 4 180. La différence en plus est de 727 ou 211 millièmes des décès qu'indique la mortalité de 1831* ».

Les professions pour lesquelles cette différence est la plus forte sont les suivantes :

	1832		1831	
	Décès cholérique		Décès non cholérique	
	(n)	n/1 000	(n)	n/1 000
Balayeurs	37	3	10	1
Bateliers — Mariniers	28	9	9	1
Charbonniers	74	5	31	3
Chiffonniers	62	4	9	1
Commissionnaires	194	13	90	10
Cuisiniers	295	20	153	17
Employés aux halles et Marchés	48	3	4	0,44
Gardes d'enfants	29	2	6	0,67
Gardes malades	77	5	35	4
Infirmiers	38	3	14	2
Journaliers	1 171	80	588	66
Porteurs d'eau	89	6	49	5
Poitiers	496	34	231	26
Rémouleurs	9	0,62	1	0,11
Terrassiers	54	4	20	2

Les classes inférieures.

C'est ainsi que la statistique du choléra isole dans la population ouvrière de la capitale une catégorie inférieure, bien reconnaissable à sa manière de mourir : « *Non seulement*, observe le rapporteur aux dernières pages du document, *il existe dans son sein une classe nombreuse occupée tout le jour à pourvoir par un travail pénible à sa subsistance, et sur laquelle les soins de l'administration doivent s'étendre en tout temps pour la garantir des dangers qu'elle ne peut ou ne sait pas combattre, mais au-dessous de cette classe utile et laborieuse, il en existe une autre partout reconnaissable à son dénuement absolu, à sa dégradation profonde ».*

De cette classe, la statistique du choléra ne suffit évidemment pas à préciser les effectifs, dont il nous faut rechercher l'évaluation dans les autres documents statistiques de la première moitié du XIXe siècle. Du moins, confirme-t-elle les conclusions que l'on peut tirer de ces autres documents et que nous présentons par ailleurs en un autre ouvrage, nous contentant de les résumer ici : en premier lieu, il ne s'agit pas de groupes peu nombreux dont une lecture hâtive de la littérature pittoresque amènerait à minimiser davantage encore l'importance, mais bien de la plus grande partie de la population ouvrière qu'une immigration croissante amène à Paris au cours de ces dernières années ; en deuxième lieu, cette population, uniformément qualifiée de nomade — dans cette statistique de 1835, mais aussi dans les autres documents statistiques et littéraires du temps — reste en marge de l'économie, de la société et presque de l'existence urbaine, ne parvenant pas à s'intégrer à elle et se trouvant d'autre part grossie, aux époques de crise, par la population artisanale elle-même ; en troisième lieu, la situation de ces groupes inférieurs, à proximité de l'artisanat malchanceux ainsi que des bas-fonds, explique la confusion qui s'opère entre les classes laborieuses et les classes dangereuses de la capitale non seulement dans l'opinion, mais aussi dans les faits.

C'est simplifier à l'extrême et brosser à grands traits un paysage social qui appellerait d'autres nuances : par la présence au sein de ces groupes inférieurs de gens originaires de la capitale et au sein de l'artisanat parisien de récents immigrés que nous avons-nous-mêmes décelés en un précédent ouvrage. Ces masses cependant suffisent, ainsi que ces zones d'ombre et de lumière. De ces conclusions nous trouvons le commentaire dans cette interprétation que le rapporteur du document de 1832 fait de ses propres statistiques : « Placée dans l'échelle sociale au degré le plus bas, cette classe incessamment créée dans nos villes populeuses et manufacturières par les revers de l'industrie, les fautes de l'imprévoyance, les désordres de l'inconduite, cette classe n'est nulle part plus nombreuse qu'à Paris, où elle s'augmente encore de la foule de gens sans aveu qu'y attire sans cesse l'appât d'un gain quelconque. Sans domicile fixe, sans travail assuré, cette classe qui n'a rien en propre que sa misère et ses vices, après avoir erré le jour sur la voie publique, se retire pendant la nuit dans les maisons garnies des différents quartiers de la capitale, qui semblent avoir été de tout temps destinées à les recevoir. Dans cette population mobile et pour ainsi dire nomade, on remarque peu de vieillards et d'enfants. Ces deux âges supportant difficilement les fatigues d'un voyage. On compte également beaucoup moins de femmes que d'hommes ».

Comment ne pas retrouver en ces lignes les trois thèmes que nous décrivons plus haut ? C'est, en premier lieu, l'affirmation de l'importance numérique de ces groupes, de la place qu'ils occupent dans l'immigration vers Paris, dans les populations ouvrières de la capitale, dans les quartiers populaires enfin, comme dans le quartier des Arcis ainsi décrit dans ce document : « Des quarante-huit quartiers de la capitale, vingt-huit placés au centre ne comprennent pas le cinquième de son territoire (0.189) et renferment à eux seuls la moitié de sa population (383 876). Dans 35 de ces quartiers, 180 rues contiennent 146 430 habitants ; dans ces quartiers, il en est un, celui des Arcis, où chaque individu ne dispose que de 7 m^2 d'espace ; et dans ces rues il en est jusqu'à 73 qui renferment, terme moyen, 30, 40 et 60 personnes par maison. Ce sont ces rues qui toutes, sans exception, ont eu 45 décès sur 1 000, ce qui est le double de la moyenne ; ce sont ces maisons, la plupart hautes de 5 étages, larges de 6 à 7 mètres de façade, et n'ayant point de cour, qui ont donné 4, 6, et jusqu'à 10 et 11 décès. Ce sont enfin leurs habitants (146 400, le cinquième de la population) qui entrent à eux seuls pour 1/3 dans la mortalité cholérique (6 492 d.) et cette déplorable destruction des hommes a eu lieu dans ces seuls quartiers, parce que nulle autre part aussi l'espace n'est plus étroit, la population plus pressée, l'air plus mal sain, l'habitation plus dangereuse et l'habitant plus misérable ».

Quant aux rapports qui existent entre ces groupes et le reste de la société parisienne, bien apparents en ces lignes, ils le sont davantage encore par les conclusions de ce document concernant non plus les caractères matériels de cette population, mais ses caractères moraux.

LES CARACTÈRES MORAUX : LEUR MESURE

Il ne suffit pas d'observer en effet les rapports qui se trouvent affirmés ici entre les classes dangereuses et une partie des classes laborieuses de la capitale, confondues en une même condition de « misérables ». Il faut souligner que les statisticiens de ce temps, décelant au-delà de l'inégalité matérielle une inégalité morale, ont essayé d'en rechercher la mesure et de préciser l'influence de ce que les grands prédécesseurs du XVIIIe siècle, un Messance, un Moheau, appelaient « les émotions de l'âme » ou « les passions », sur la mortalité. Même vouée en partie à l'échec, leur tentative importe, non seulement par les précisions qu'elle nous donne sur certains aspects de l'existence populaire que nous n'aurions aucun moyen d'atteindre autrement, mais aussi par la preuve qu'elle nous apporte du rôle des faits démographiques dans la description des attitudes et des comportements. De même qu'à l'époque contemporaine, la mesure démographique étend le champ de la sociologie par la signification des taux de mortalité, de nuptialité ou de fécondité ; pour la première fois elle permet à l'histoire sociale d'aller jusqu'à cette description morale, sans laquelle l'histoire sociale est incomplète et à laquelle elle n'accède habituellement que par une documentation qualitative qui n'a de sens que celui qu'au préalable on veut bien lui donner.

Sans doute cet effort des statisticiens de 1832 est-il voué à l'échec, lorsqu'il vise trop haut, lorsqu'il s'attaque par exemple à l'influence des passions politiques sur la mortalité. Rappelant qu'entre la première et la deuxième période de forte mortalité cholérique se déroulèrent les événements de juin, précisément dans ce quartier de Saint-Avoye et dans ces rues proches de Saint-Merry, où la mortalité de mars et d'avril avait été l'une des plus fortes de Paris, le rapporteur écrit : « S'il est quelque chose capable de répandre au plus haut degré l'effroi dans une nombreuse population, c'est un combat opiniâtre livré au milieu d'elle, c'est le canon tiré dans ses rues, les balles, les boulets, la mitraille les sillonnant dans tous les sens, c'est le spectacle des morts, des mourants, des blessés, c'est la crainte de l'incendie, du pillage, de la violence, ce sont tous les maux à la fois ».

En fait, si la commission a suivi la marche du choléra dans les lieux mêmes qui furent le théâtre des événements des 5 et 6 juin, elle n'a observé à cette époque aucun accroissement de la maladie ni des décès dans les maisons de la rue et du cloître Saint-Méry. On pouvait s'y attendre. Si le document statistique de 1832 à ce sujet importe, c'est bien moins par cette recherche concernant l'influence des faits politiques sur la mortalité cholérique que par les rapports évidents qu'il indique entre la mortalité cholérique et les violences politiques. C'est en ces vieilles rues, en ces ruelles et en ces passages dont certains existent encore — le passage de la Réunion, la rue du Maure, l'impasse Beaubourg — et nous permettent de reconstituer ce que ce vieux Paris a dû être, que la mortalité fut le plus terrible.

Mais c'est aussi en ces rues que se déroulèrent les combats les plus acharnés. Comment ne pas apercevoir un rapport entre la violence de la mortalité et la violence de la bataille ? Les statistiques suffiraient à nous le laisser deviner, si les contemporains ne nous en apportaient le témoignage[9].

	Population de 1831	Rapport des décès à la population (sur 1 000)
Rue Saint-Merry	1551	34
Rue des Vieilles-Etuves	322	34
Cloître Saint-Merry	392	35
Impasse Clairvaux	27	37
Rue Maubuée	856	41
Rue Simon-le-Franc	787	43
Rue Barre-du-Bec	247	44
Rue Brise-Miche	91	44
Rue du Renard	113	47
Rue de la Cour-du-Maure	40	75

Cependant, lorsque cette première recherche statistique se limite à quelques faits précis, elle met incontestablement en lumière certains aspects des genres

---

[9] ROCH, REY-DUSSEUIL *Le Cloître Sainit-Mery*, 1832.

de vie des ouvriers sur lesquels, en dépit d'une abondante littérature, nous ne savons rien de précis. Elle souligne en particulier l'influence qu'eut sur la morbidité et la mortalité cholérique les excès du dimanche et du lundi dans la classe ouvrière. « On sait, observe le statisticien, que, pendant ces deux jours, et souvent même au-delà, elle se fait une déplorable habitude de changer un repos nécessaire en une oisiveté condamnable, et que son imprévoyance d'ailleurs peu inquiétée de payer du dénuement le plus absolu, le lendemain, son abondance de la veille, prodigue en quelques jours le salaire de la semaine, et ne connaît d'autre terme à ses dépenses que l'épuisement complet de l'argent qui les paie ». Or, l'examen du nombre des cholériques entrés chaque jour dans les hôpitaux pendant toute la durée de l'épidémie fournit un moyen indirect de mesurer l'influence qu'a pu avoir l'intempérance sur la population admise dans ces établissements. L'influence des excès du dimanche et des premiers jours de la semaine sur la partie de la classe ouvrière admise aux hôpitaux se trouve indiquée par l'augmentation des entrées les lundis, mercredis et jeudis, la diminution des mardis paraissant être une conséquence de la forte augmentation du lundi.

Il n'est pas jusqu'à d'autres faits plus secrets et plus difficiles à atteindre que les statisticiens et les moralistes de ce temps ne se soient efforcés de déceler à travers cette documentation numérique exceptionnelle. C'est l'un des thèmes les plus complexes du vieux programme de la démographie qualitative que le statisticien de 1832 évoque lorsqu'il écrit : « On a regardé les vives émotions de l'âme comme pouvant aggraver dans beaucoup de cas l'état des malades et comme pouvant même donner la maladie, c'est ainsi qu'on a mis au nombre des causes du choléra les excès de travail, les emportements de la colère, les chagrins inattendus, toutes les affections morales enfin, et surtout la peur. La commission croit sans doute à l'action puissante et rapide des passions de l'âme sur nos organes, aux troubles, aux désordres de tout genre qu'elle peut y produire ; elle est loin de ne pas reconnaître cette étroite alliance du physique et du moral que la voix des siècles a toujours proclamée sans n'être jamais démentie ». C'est d'après l'expérience du choléra que Quételet soulignera en 1835[10] que « la violence des passions et les dérèglements de la conduite augmentent la mortalité surtout pendant les épidémies », et qu'il remarquera ce fait important et d'une grande signification sociale que « cet excès de mortalité, qu'on ne remarque point chez les femmes, dure jusque vers l'âge de 30 ans, époque à laquelle le feu des passions se trouve déjà un peu amorti », âge critique qui est celui d'une grande partie de nos effectifs ouvriers.

---

[10] QUETELET *Physique sociale*, 1835

LILLE

Monique DINEUR et Charles ENGRAND

En mai 1832, Lille était encerclée de tous côtés par l'épidémie de choléra qui régnait dans le département du Nord depuis le début d'avril[11]. Successivement, le fléau avait atteint Douai le 5 avril, Dunkerque le 17, Cambrai le 27, Valenciennes le 28[12]. Lille espérait encore s'échapper, mais succombait finalement le 31 mai. L'épidémie se déclarait dans un milieu qui lui était particulièrement propice. Elle allait y connaître un important développement. Avant d'exposer les résultats statistiques et les aspects sociaux du choléra à Lille, notre étude se propose de dégager les traits originaux essentiels qui faisaient d'une large fraction de la population lilloise un milieu très réceptif à une épidémie meurtrière.

LES CONDITIONS GÉNÉRALES DE L'ÉPIDÉMIE

L'hygiène urbaine.

En 1832, Lille qui comptait près de 70 000 habitants[13] était la septième agglomération de France pour la population et l'une des plus importantes pour le développement industriel. Au premier abord, la ville paraissait ne renfermer que

---

[11] Le présent article est fondé sur le travail de deux Mémoires principaux de Diplômes d'Études Supérieures d'Histoire, soutenus devant la Faculté des Lettres de Lille, en 1957 ; ces Mémoires ont été préparés sous la direction de M. LOUIS GIRARD, dans le cadre du CENTRE RÉGIONAL D'ÉTUDES HISTORIQUES DE LA FACULTÉ DE LILLE.

[12] Le choléra semble avoir pénétré dans le département du Nord par la façade maritime, d'accès facile « au vent mauvais » qui soufflait d'Angleterre. Par contre, la proximité de la frontière belge n'a pu jouer aucun rôle. La Belgique n'enregistra le premier cas de choléra que le 4 mai à Courtrai, un mois après l'éclosion du fléau dans le Nord. Pour assurer la protection du royaume, le gouvernement belge avait d'ailleurs établi un cordon sanitaire le long de la frontière française le 7 avril 1832 (*Archives départementales du Nord*, M 305-6).

[13] 69 073 habitants en 1832.

de « grandes et belles rues aux maisons bien alignées et bien bâties ». Le voyageur qui la traversait rapidement en emportait cette image, mais il ignorait tout des véritables conditions de vie de ses habitants[14].

Plusieurs facteurs contribuaient à l'insalubrité générale de la ville. Située au fond d'une large dépression tourbeuse où coule la Deûle, Lille était particulièrement humide. Le climat, le sous-sol marécageux, et les nombreux canaux qui la sillonnaient, en étaient la cause. La multiplicité des canaux qui la rendaient très malsaine était d'ailleurs l'une des caractéristiques de cette cité. La plupart d'entre eux, à ciel ouvert sur la majeure partie de leur étendue, n'avaient pas été curés depuis 1814. En beaucoup d'endroits, la vase était presque à fleur d'eau. L'été, elle restait à découvert et répandait dans l'atmosphère des odeurs infectes d'autant plus qu'égouts et latrines n'avaient souvent pas d'autres réservoirs. Deux raisons contribuaient principalement à l'envasement des canaux : leur faible quantité d'eau et les résidus versés par les manufactures voisines, en particulier les teintureries et les retorderies de lin. Dès 1829, on avait signalé l'un d'eux, le canal de Béquerel, comme une menace constante pour la santé publique : dans ce canal étroit où l'eau chaude des machines à vapeur faisait fermenter la vase, « les riverains jetaient à tout instant du jour ou de la nuit les ordures de leur ménage »[15].

Les égouts peu développés et fort mal entretenus aboutissaient généralement aux fossés des fortifications ou aux canaux. La plupart des cuvettes, non hermétiques, s'obstruaient très facilement. Vers 1825, on avait commencé à exécuter des travaux d'amélioration, mais les efforts avaient porté dans les rues importantes où résidaient les classes aisées. Aussi les quartiers ouvriers se trouvaient-ils défavorisés à cet égard, et de nombreuses bouches d'égout, dans ces secteurs de la ville, exigeaient des réparations[16].

---

[14] J-B DUPONT (I) : *Topographie historique, statistique et médicale de l'Arrondissement de Lille.* Lille, 1833.

[15] *Archives Municipales de Lille* Fonds Gentil 47-2040 TH. LESTIBOUDOIS (I) : *État des Canaux de la ville de Lille* (Mémoires de la Société des Sciences de Lille, 1831). E. ROLANTS (I) : *L'État sanitaire à Lille en 1832.* Lille, 1926.

[16] *Archives départementales du Nord,* M 305-5.

Le service de voirie de la ville laissait aussi beaucoup à désirer. Il n'effectuait le nettoiement de la voie publique et le ramassage des immondices que tous les trois jours. La boue recouvrait constamment la chaussée et la rendait parfois impraticable aux piétons.[17]

Ainsi, à Lille, l'humidité, les canaux, l'absence d'égouts, et l'état des rues contribuaient à créer une atmosphère malsaine pour tous les habitants.

La population ouvrière.

La population ouvrière formait à peu près la moitié de la population lilloise totale. On l'évaluait, en effet, à plus de 30 000 personnes[18]. Elle vivait principalement du travail du lin et du coton. La filature du coton et la filature du lin étaient les deux industries les plus importantes de la ville. Elles ne s'opposaient pas seulement par leur ancienneté, mais aussi par leur degré d'évolution technique et leur structure : d'un côté, une industrie en constants progrès où toute la fabrication se faisait en ateliers, de l'autre une industrie à la technique figée depuis longtemps qui nécessitait encore de nombreuses manutentions à domicile. Mais, à côté de ces établissements industriels, subsistaient les formes anciennes du travail artisanal, en particulier pour les femmes, avec la fabrication de la dentelle et la confection des sarraux.

Il n'est pas possible d'évaluer avec précision le nombre de personnes employées dans chacune des professions par suite de l'absence ou la disparition de toutes données statistiques[19]. Nous n'avons pu trouver de chiffres postérieurs à 1825. Cependant nous pensons qu'ils peuvent donner un ordre de grandeur valable encore pour les débuts de la Monarchie de Juillet. En effet, de 1824 à 1832,

---

[17] J-B DUPONT (I) : op. cit. p. 121.

[18] *Archives Municipales de Lille.* Registre des délibérations du Conseil Municipal, février 1830.

[19] Les archives municipales de Lille ont, en partie, brûlé en 1916. Il ne reste pas de documents au-delà de 1789. Les archives municipales sont ainsi dépourvues de renseignements précieux, en particulier, sur la population de la ville (nombre d'habitants par quartier, répartition par professions, etc.). Les archives départementales du Nord sont généralement plus riches en statistiques industrielles pour les villes voisines que pour Lille, siège de la Préfecture. La situation locale étant mieux connue, peut-être exigeait-on moins des organismes de la ville de répondre aux demandes de renseignements.

gravement touchée par une violente dépression économique, l'industrie lilloise resta en stagnation et ne se modifia que très peu. Il est permis de penser que la structure professionnelle demeura sans changements importants durant cette période[20].

Le tableau de la répartition des ouvriers lillois par professions que nous avons établi montre l'importance des métiers de dentellière, de fileur de coton et de filtier en atelier. Ces trois professions groupaient à elles seules près de 60 % des ouvriers.

Le nombre total de travailleurs actifs employés à Lille en 1832 peut être estimé à 22 000 personnes environ[21] qui presque toutes habitaient à l'intérieur de la ville. En dehors, en effet, elles ne pouvaient bénéficier des secours des établissements de bienfaisance qui aidaient, pour ainsi dire, la totalité des ouvriers lillois. De plus, des remparts ceinturaient encore la ville et les heures d'ouverture ou de fermeture des portes ne coïncidaient généralement pas avec celles du travail dans les fabriques. Aussi seule une minorité venait-elle travailler à Lille des faubourgs et hameaux voisins : 1 000 à 1 500 personnes au plus.

La classe ouvrière de Lille qui rassemblait, nous l'avons vu, plus de 30 000 habitants comptait donc environ 21 000 travailleurs actifs, soit deux pour trois personnes. En 1843, le Dr Binaut, dans son enquête sur 200 familles pauvres de la ville de Lille, dénombra 596 ouvriers actifs pour 1 212 personnes, soit un ouvrier actif pour deux personnes. Mais il s'agissait là de foyers particulièrement nombreux, surchargés en outre de 41 individus, enfants et vieillards, parents ou étrangers à la famille[22].

De ce total d'environ 21 000 ouvriers, il serait intéressant de pouvoir établir la répartition par sexe et par âge. Mais en dehors des dentellières, des sarrautières

---

20 *Archives Départementales du Nord*, M 653-12. *Archives de la Chambre de Commerce de Lille* (Arch. Ch. C. Lille). Registre des délibérations, 1er registre (1828-1835) et Dossier 33 (Industrie et Commerce). Cf. tableau de la répartition des ouvriers lillois.

21 Sans compter les artisans et leurs ouvriers.

22 BINAUT. *Situation des pauvres patronnés par la Société Saint-Vincent — de-Paul*. Lille, 1843.

et des brodeuses sur tulle, soit environ 7 500 personnes, on ne peut déterminer le nombre exact d'ouvrières dans chaque profession. Pour les filatures de coton, par exemple, les statistiques ne faisaient pas de distinction d'âge ou de sexe entre les ouvriers et n'en fournissaient que le chiffre total. Le Préfet Villeneuve-Bargemont avait lancé une enquête plus précise en mai 1830. Il s'agissait de dresser un état des ouvriers de la ville par nature de profession, par division d'âge et par sexe. Mais ce projet fut abandonné après les événements de 1830 et le départ de Villeneuve-Bargemont. Cependant, nous pouvons remarquer que le pourcentage d'ouvrières (au moins 7 500 sans compter celles des fabriques) par rapport au nombre total d'ouvriers (environ 21 000) atteignait un taux élevé puisque supérieur à 35 %[23].

Les ouvriers et ouvrières qui exerçaient leur profession à domicile restaient très nombreux : dentellières, sarrautières, brodeuses sur tulle, les trois quarts des ouvriers fabriquant les cardes, les tisserands, les tisseurs de coutils, de calicots et de draps, une partie des filtiers, soit un total supérieur à 10 000 personnes (près de 50 % des travailleurs actifs de la ville)[24].

Paroisses	Nombre d'indigents			% par rapport à la pop. indigente totale		
Années	1829	1833	1841	1829	1833	1841
St-Sauveur	6 691	7 141	6 760	29,43	32,15	31,51
St-Maurice	5 411	4 745	4 525	23,8	21,36	21,09
La Magdeleine	4 217	3 679	3 545	18,55	16,56	16,52
Ste-Catherine	3 185	3 310	3 269	14,01	14,9	15,24
St-Etienne	2 042	2 071	2 075	8,98	9,32	9,67
St-André	1 184	1 229	1 273	5,2	5,53	5,95
Total	22 730	22 205	21 447			

---

[23] *Archives Départementales du Nord*, M 653-12 et X. 21-5.

[24] *Archives Départementales du Nord*, M 653-12.

Arr.	Nombre d'indigents			% par rapport à la pop. indigente totale		
Années	1826	1827	1828	1826	1827	1828
3e	8 955	9 281	9 487	30,63	30,18	29,96
1er	8 289	8 698	8 822	28,35	28,28	27,86
2e	5 142	5 490	5 741	17,59	17,85	18,13
5e	4 282	4 435	4 651	14,66	14,42	14,68
4e	2 558	2 848	2 963	8,75	9,26	9,35
Total	29 232	30 752	31 664			

Les quartiers ouvriers

Comment se répartissait cette partie de la population dans l'agglomération lilloise ? Une première localisation peut être faite en considérant à l'intérieur de chaque unité administrative, paroisse ou arrondissement, l'importance de la population indigente. Celle-ci se composait surtout d'ouvriers malades, surchargés d'enfants ou momentanément sans-travail, et de leur famille. Les listes d'indigents rassemblaient ainsi, sinon la totalité, du moins la majeure partie des ouvriers lillois presque tous secourus par le Bureau de Bienfaisance. Nous avons établi les tableaux par ordre d'importance de la population pauvre dans chaque paroisse[25] et dans chaque arrondissement[26].

Ainsi deux zones paraissaient particulièrement surchargées d'indigents : les paroisses Saint-Sauveur et Saint-Maurice dont les limites coïncidaient presque entièrement avec celles des 3e et 1er arrondissements. Sur ces deux paroisses, entre les rues de Paris et de Tournai, s'étendait d'ailleurs le noyau de population le plus ouvrier[27].

---

[25] 1829 : *Archives Municipales de Lille*, Fonds Gentil 32-1427.1833 : *Archives Départementales du Nord*, X 22-5. 1841 : *Archives du Bureau de Bienfaisance de Lille* (Arch. B. Bienf. Lille), 71 F 10 et 11.

[26] *Archives Bureau Bienfaisance de Lille*, 71 E 10 et 11. Les différences entre les totaux des deux tableaux s'expliquent par le fait qu'en 1820, 1833 et 1841., on procéda à la révision des listes d'indigents, révision souvent trop rigoureuse comme ce fut le cas en 1829.

[27] J-B Dupont (II) *Mémoire sur les moyens d'améliorer la santé des ouvriers à Lille.* Lille, 1826.

Les habitations ouvrières n'étaient pas disséminées, mais au contraire groupées par rues entières qui rassemblaient dans chaque secteur de la ville des fractions importantes de population pauvre bien localisées. Ces quartiers se caractérisaient par l'existence de cours et de courettes, ruelles étroites, tortueuses et profondes qui s'ouvraient sur des rues plus importantes. Elles se composaient généralement de deux rangées de maisons parallèles laissant entre elles une voie étroite qui dans certains cas n'atteignait pas 1 m de largeur. Mais ordinairement celle-ci était de 1 m, 1 m 50 et parfois 2 m[28]. Les plus célèbres sont les cours de la rue des Etaques dans le quartier Saint-Sauveur, cour Muhau, cour à l'eau, cour l'Apôtre, cour Sauvage décrites par Villermé. Il faut cependant remarquer qu'on en retrouvait dans tous les quartiers ouvriers. En 1830, la ville en renfermait 118 réparties de la manière suivante[29] :

Paroisse	Saint-Sauveur	30		3e	Arrondissement	33
»	Saint-Maurice	25		1er	»	30
»	Sainte-Catherine	22		5°	»	27
»	Saint-Étienne	16		2e	»	18
»	La Magdeleine	15		4°	»	10
»	Saint-André	10				
		118				118

On peut constater que les deux paroisses les plus ouvrières rassemblaient à elles seules près de la moitié des cours. Nous n'avons pu évaluer le nombre de Lillois qui habitaient ces étroites ruelles. Nous savons cependant que 26 des 30 cours du quartier Saint-Sauveur groupaient 2 861 personnes en 1832[30].

---

[28] BINAUT, *op.cit.*

[29] *Almanach du Commerce de Lille*, 1830.

[30] TH. LESTIBOUDOIS (II) : *Rapport sur l'épidémie de choléra qui a régné à Lille en 1832.* Lille, s. d.

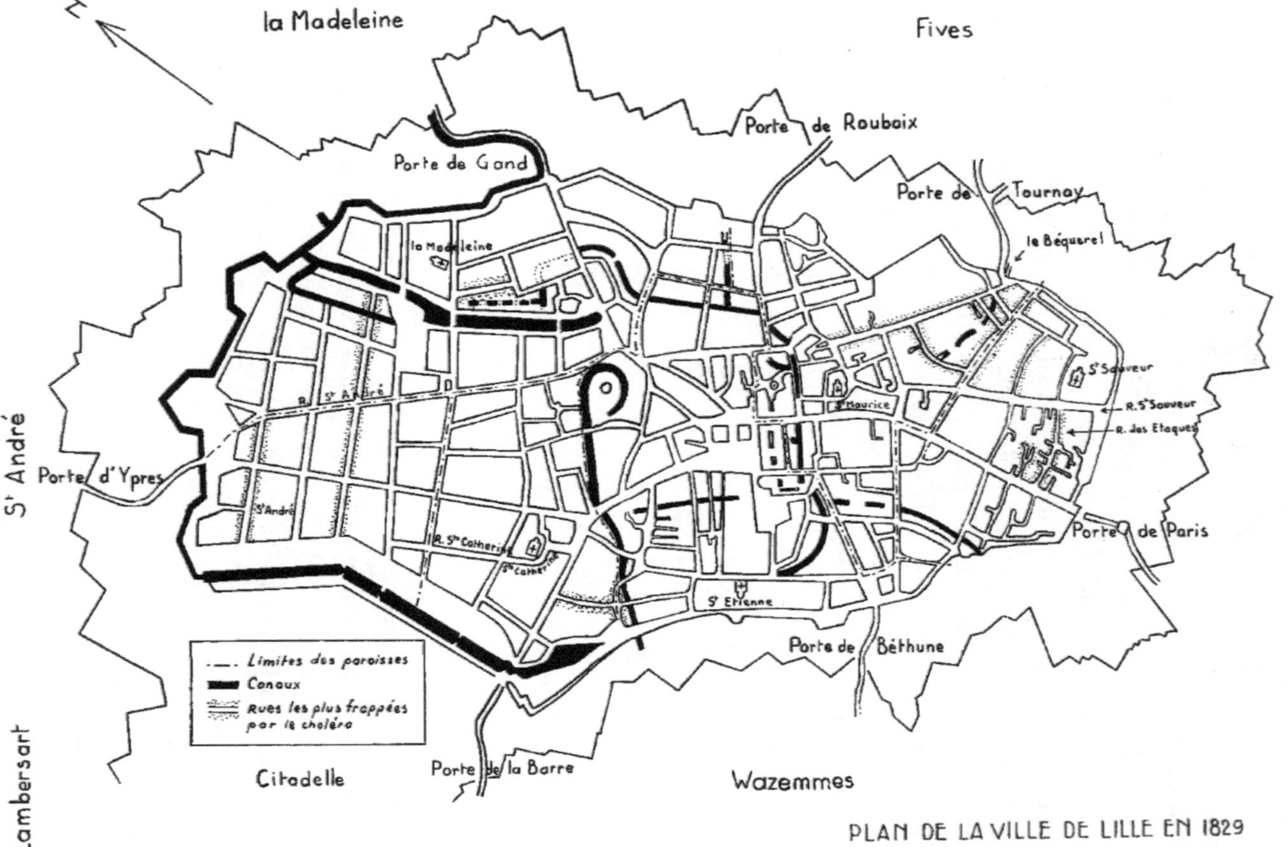

N
la Madeleine
Fives
Porte de Roubaix
Porte de Gand
Porte de Tournay
le Béquerel
la Madeleine
S! Sauveur
R. S! Sauveur
R. des Etaques
R. S! André
S! Maurice
Porte d'Ypres
S! André
Porte de Paris
R. S!! Catherine
S!! Catherine
S! Etienne
Limites des paroisses
Canaux
Rues les plus frappées par le choléra
Porte de Béthune
Citadelle
Porte de la Barre
Wazemmes
S! André
Lambersart
PLAN DE LA VILLE DE LILLE EN 1829

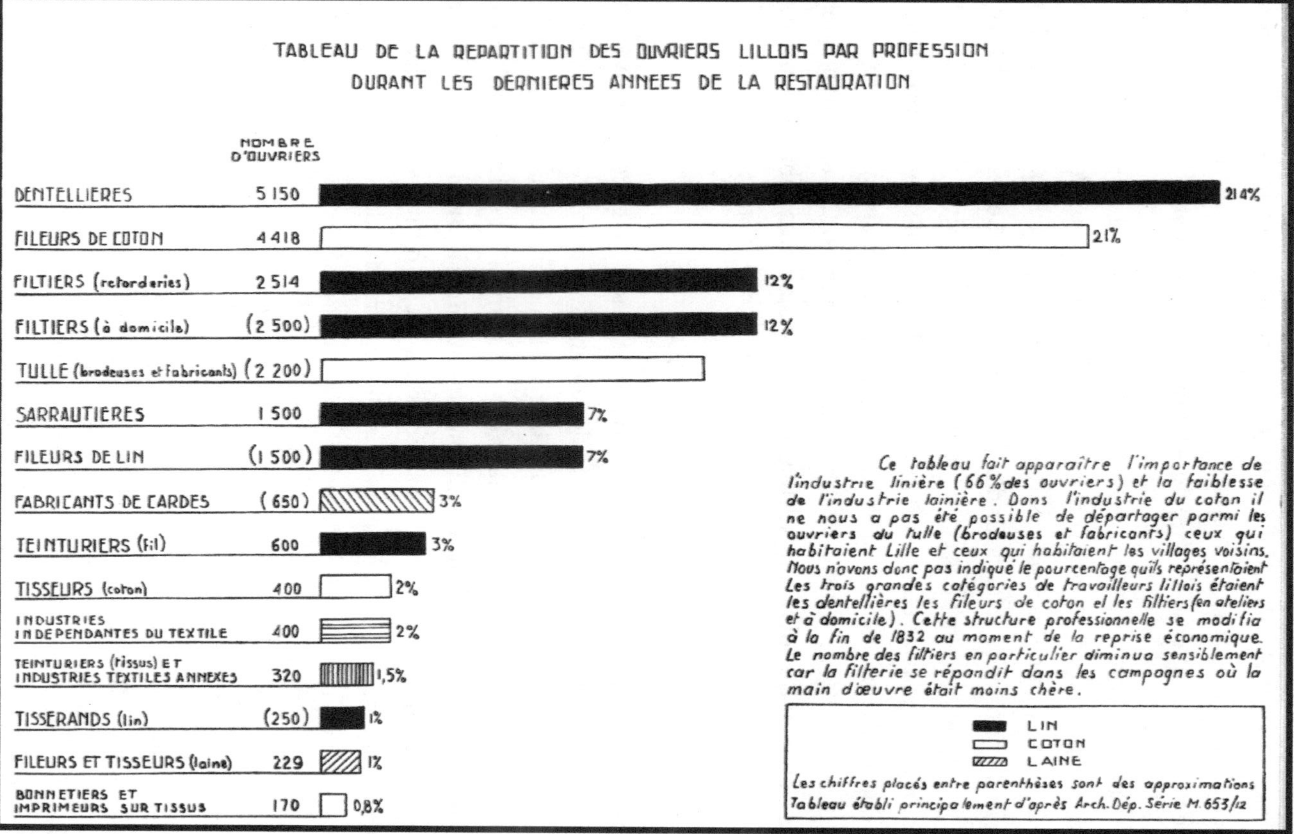

TABLEAU DE LA REPARTITION DES OUVRIERS LILLOIS PAR PROFESSION
DURANT LES DERNIERES ANNEES DE LA RESTAURATION
NOMBRE D'OUVRIERS
DENTELLIERES 5 150 214%
FILEURS DE COTON 4 418 21%
FILTIERS (retorderies) 2 514 12%
FILTIERS (à domicile) (2 500) 12%
TULLE (brodeuses et fabricants) (2 200)
SARRAUTIERES 1 500 7%
FILEURS DE LIN (1 500) 7%
FABRICANTS DE CARDES (650) 3%
TEINTURIERS (fil) 600 3%
TISSEURS (coton) 400 2%
INDUSTRIES INDEPENDANTES DU TEXTILE 400 2%
TEINTURIERS (tissus) ET INDUSTRIES TEXTILES ANNEXES 320 1,5%
TISSERANDS (lin) (250) 1%
FILEURS ET TISSEURS (laine) 229 1%
BONNETIERS ET IMPRIMEURS SUR TISSUS 170 0,8%
Ce tableau fait apparaître l'importance de l'industrie linière (66% des ouvriers) et la faiblesse de l'industrie lainière. Dans l'industrie du coton il ne nous a pas été possible de départager parmi les ouvriers du tulle (brodeuses et fabricants) ceux qui habitaient Lille et ceux qui habitaient les villages voisins. Nous n'avons donc pas indiqué le pourcentage qu'ils représentaient. Les trois grandes catégories de travailleurs lillois étaient les dentellières les fileurs de coton et les filtiers (en ateliers et à domicile). Cette structure professionnelle se modifia à la fin de 1832 au moment de la reprise économique. Le nombre des filtiers en particulier diminua sensiblement car la filterie se répandit dans les campagnes où la main d'œuvre était moins chère.
LIN
COTON
LAINE
Les chiffres placés entre parenthèses sont des approximations
Tableau établi principalement d'après Arch. Dép. Série M. 653/12

87

Les ouvriers qui ne demeuraient pas dans les cours résidaient en général dans des rues sales et étroites. Celles du quartier Saint-Sauveur ont été souvent citées, mais dans les autres circonscriptions, les secteurs ouvriers présentaient le même aspect, sauf peut-être quelques-uns dans la paroisse Saint-André[31].

Lorsqu'on pénétrait dans ces rues par temps chaud, on se sentait pris de malaise, car on était vite très incommodé par les odeurs qui s'en dégageaient. La saleté repoussante des cours et des courettes rendait celles-ci plus malsaines encore. Leur pavage et leurs fils d'eau étaient à réparer. Le balayage de la chaussée n'y dépendait pas du service municipal de voirie. Aussi l'accumulation des détritus et le mauvais état du sol rendaient-ils impossible l'évacuation des eaux. Les dépôts d'immondices s'y amoncelaient. À l'entrée en particulier s'étalaient toutes sortes d'ordures et de petites mares stagnantes. Les émanations fétides qui s'élevaient du sol ou qui s'échappaient des chambres habitées demeuraient dans ces étroites venelles où la circulation de l'air se faisait très mal[32].

Les conditions de logement des ouvriers.

Dans les quartiers pauvres, les conditions de logement étaient épouvantables. En décembre 1831, après une visite de la paroisse Saint-Sauveur, le Préfet déclarait : « Je resterai longtemps sur l'impression douloureuse du spectacle qui s'est offert à mes yeux »[33]. Quelques mois plus tard, l'intendance Sanitaire dans un rapport à la Municipalité de Lille sur les mesures à prendre contre le choléra s'exprimait en ces termes : « Il est impossible de se figurer l'aspect des habitations de nos pauvres si on ne les a visitées. L'incurie dans laquelle ils vivent attire sur eux des maux qui rendent leur misère affreuse, intolérable, meurtrière »[34].

---

[31] BINAUT, *op. cit.* CASTIAUX : *Guide des étrangers à Lille.* Lille, 1826

[32] *Archives Municipales de Lille,* Fonds Gentil 222-7708. *Archives Bureau Bienfaisance de Lille,* 27 B. *Archives Départementales du Nord,* M 305-3. BINAUT, *op. cit.* J-B DUPONT (II), *op cit.*

[33] *Archives Départementales du Nord,* M 305-5.

[34] *Archives Départementales du Nord,* M 305-5.

Beaucoup d'ouvriers lillois logeaient encore dans des caves où en 1828 s'entassaient 3 687 individus, dont 3 383 indigents. Elles se répartissaient de la manière suivante[35] :

Arrondissement	Caves	Nombre d'habitants	Moyenne habitants par cave
1er	260	1 047	4
2e	220	703	3,65
3e	199	653	3,28
4e	109	415	3,8
5e	165	565	3,42
Total	953	3 383	3,54

Ainsi plus de personnes habitaient des caves dans les paroisses Saint-Maurice (1er arrondissement) et la Magdeleine (2e arrondissement) que dans la paroisse Saint-Sauveur considérée pourtant comme la plus pauvre de la ville. Construites en pierres ou en briques, voûtées, pavées ou carrelées, les caves ne communiquaient pas avec l'intérieur des maisons. On y descendait par un escalier qui s'ouvrait directement sur la cour ou sur la rue par une plaque de métal ou de bois. La lumière venait de cette ouverture et parfois de soupiraux. Mais ceux-ci n'existaient pas toujours. En 1843, sur 42 caves visitées par le Dr Binaut, 8 n'avaient pas de soupirail. Parmi les 34 autres, on n'en comptait que 5 avec deux soupiraux. D'ailleurs les ouvertures ne servaient généralement à rien, car les enfants au-dehors s'amusaient à les obstruer d'ordures, et, à l'intérieur, les habitants les calfeutraient souvent avec des chiffons, se privant ainsi de l'action du soleil et de toute aération.

Voici à titre d'exemple, quelques dimensions de ces logements. Dans le quartier Saint-Sauveur, la hauteur de la voûte en son milieu variait de 1 m 80 à 1 m 90 et la longueur des côtés de 3 m à 4 m 50. Mais il y avait, des caves beaucoup

---

[35] VILLENEUVE-BARGEMONT : *Économie politique chrétienne* Tome II, p. 63. *Almanach du Commerce de Lille*, 1830.

plus petites qui ne mesuraient que 2 m 85 de côté, et 1 m 70 de hauteur, parfois même 1 m 60 seulement[36].

Dans certaines caves, la présence de latrines augmentait encore l'insalubrité générale. C'était le cas dans 50 % des caves visitées par le Dr Binaut en 1843. Ce dernier rapporte que, appelé dans une cave pour soigner un malade, il fut obligé toutes les deux ou trois minutes d'aller respirer un air plus pur au pied de l'escalier et pourtant ce logement était situé dans une des plus larges rues de la ville. Cependant à Lille, toutes les caves avaient une cheminée, et Villermé estimait sans gravité leur humidité puisqu'on pouvait les sécher et les assainir en y allumant du feu. Mais aucun des médecins des pauvres interrogés en 1828 ne partageait cet avis. Tous, au contraire, insistaient sur les inconvénients de « ces habitations souterraines humides et privées de l'action du soleil ». En 1842, Thouvenin soulignait aussi les effets néfastes de l'humidité de ces logements. Pires encore étaient les greniers ouverts de toutes parts, très chauds en été et glacials en hiver. Beaucoup de locataires de ces deux genres d'habitations ne pouvaient d'ailleurs acheter de combustible pour lutter contre l'humidité ou le froid[37].

Les autres types de logement offraient peu de différence. Dans les maisons des cours, au rez-de-chaussée ou au 1er étage, le soleil ne pouvait pénétrer étant donné la faible largeur des ruelles. Aussi les chambres habitées y présentaient-elles les mêmes conditions d'insalubrité que les caves. L'humidité montait d'autant plus facilement dans les murs que la situation topographique et le climat se montraient déjà très défavorables à cet égard. Aux autres étages, si l'humidité était moins grande, les croisées et les portes mal-closes, plus exposées au vent et au brouillard, faisaient souffrir davantage du froid. Le reste de la population ouvrière qui n'habitait ni dans les cours ni dans les caves demeurait dans des rues aux conditions à peine meilleures. Il faut ajouter que si la plupart de

---

[36] *Archives Bureau Bienfaisance de Lille*, 27 B J — B DUPONT (I) et Dr BINAUT, *op. cit.* VILLERME : *Tableau de l'état physique et moral des ouvriers employés dans les manufactures de coton, de laine et de soie.* Paris, 1840, tome I, p. 83. Dr THOUVENIN (I) : *Annales d'hygiène*, 1846 et (II) : *Hygiène populaire à l'égard des ouvriers des manufactures de Lille.* Lille, 1842.

[37] J-B DUPONT (II) *op. cit.* p. 99.

ces rues et de ces cours disposaient de pompes et de puits, certaines s'en trouvaient encore dépourvues. Partout, les latrines, qui se réduisaient parfois à un simple grillage posé sur un trou pour plusieurs centaines d'habitants, étaient infectes[38].

L'aspect des quartiers ouvriers impressionna vivement les membres des bureaux de secours sanitaires, organismes créés lors de l'épidémie de choléra. Nous relevons dans leurs rapports cette description particulièrement frappante d'un secteur pauvre de la paroisse Saint-Maurice[39] : « les maisons y sont en général petites, étroites, humides, peu ou pas aérées et tellement sales et mal tenues qu'il semblerait qu'elles n'ont pas été blanchies depuis plusieurs années. Des caves y sont dépourvues de soupiraux et d'accès difficile, et tellement humides qu'on ne peut se figurer qu'elles servent d'abris à des êtres humains »[40].

Les quartiers ouvriers étaient surpeuplés. Dans la rue des Etaques s'abritaient plus d'un millier de Lillois. Avec les cours enchevêtrées les unes dans les autres qui s'y ouvraient, elle groupait près de 3 000 individus parmi les plus pauvres de la ville sur un espace de 24 000 m^2, soit une moyenne de 8 m^2 de terrain par personne.

Étant donné les dimensions des maisons, cette zone était plus densément occupée que les quartiers les plus populeux de Paris à la même époque. On trouvait fréquemment à Lille huit à dix individus vivant dans une seule pièce ou dans une cave. Des familles entières s'entassaient dans des chambres exiguës qu'elles partageaient parfois avec d'autres[41].

Sur les 200 familles visitées par Binaut en 1843, 106 occupaient une seule pièce, 41 deux pièces et 11 seulement trois pièces. Ce dernier estimait qu'il leur aurait

---

[38] *Archives Départementales du Nord*, M 305-3. J-A BLANQUI : *Des classes ouvrières en France pendant l'année 1848*. Paris, 1849, p. 99.

[39] La Rue d'Autoing et les cours du Coq-d'Inde et du Chaudron.

[40] Rapport du 28 août 1832. Cité par E. ROLANTS (I), *op. cit.*, p 23.

[41] TH. LESTIBOUDOIS (II), *op. cit.* VILLERME, *op. cit.* Tome I, p 81. Frères des Ecoles Chrétiennes : *La rue des Etaques et l'Hôpital General*. Lille, 1833.

fallu 25 m³ par personne alors que la moyenne générale atteignait à peine 10 m³ [42].

L'intérieur des maisons ouvrières aux murs sales, aux vitres rendues opaques par la poussière, ne le cédait en rien à l'aspect général de ces quartiers. Le mobilier était des plus restreints. Les lits se composaient d'un médiocre bâti de bois. Des couvertures en lambeaux, des vêtements usés, parfois même des toiles d'emballages ramassées dans les rues s'entassaient sur des paillasses plus ou moins pourries, rarement renouvelées, qui dégageaient une odeur infecte. Une poignée de mauvaise paille et quelques chiffons garnissaient souvent les berceaux des enfants. Certains indigents dormaient même sur le sol ou sur des fanes de pommes de terre. En juin 1832, pour fournir des lits aux indigents qui en manquaient, le bureau de Bienfaisance dut en distribuer 1 142, assez grands d'ailleurs pour que les parents puissent y dormir avec deux ou trois enfants. Il fallut aussi procurer à 2 081 familles des paillasses pour renouveler celles qui étaient pourries[43].

Certains ouvriers manquaient donc des objets les plus élémentaires. Binaut rapporte que plusieurs familles n'avaient même pas de poêle et se voyaient dans l'obligation d'en louer un. Le défaut de mobilier joint au manque de place obligeait les pauvres à coucher parfois à 4 ou 5 dans le même lit. Dans les périodes d'épidémie, les individus sains dormaient ainsi auprès des malades. On avait pu en juger les funestes effets lors d'une épidémie de petite variole en 1827[44].

Cette misère régnait dans tous les secteurs ouvriers. La Commission de l'intendance Sanitaire en 1832, après sa visite des quartiers de la ville, nous en a laissé un tableau saisissant « dans leurs caves obscures, dans leurs chambres que l'on

---

[42] BINAUT, *op. cit.* Les familles avaient été choisies dans tous les secteurs de la ville. Chacune des 6 paroisses de la ville en groupait au moins 20. L'enquête du Dr BINAUT peut donc être considérée comme un sondage.

[43] BINAUT, *op. cit.*, p. 96 et VILLERME, *op. cit.*, Tome I, *Archives Bureau Bienfaisance de Lille*, 71 E 14. Registre des délibérations, 19 avril et 30 juin 1832.

[44] *Archives Bureau Bienfaisance de Lille*, 27 B. (Réponses des médecins des indigents au questionnaire du Préfet VILLENEUVE-BARGEMONT). Réponse du Dr BRISSEZ.

prendrait pour des caves, l'air n'est jamais renouvelé, il est infect. Les murs sont plâtrés de mille ordures, ils sont marqués par les produits de l'expectoration à l'endroit du lit quand il s'en trouve un. S'il existe ce lit, ce sont des planches sales, grasses, collantes, c'est de la paille humide et putrescente, c'est un drap grossier dont la couleur et le tissu sont disparus sous une couche de crasse, c'est une couverture qui serait semblable à un tamis si l'humeur épaisse et huileuse dont elle est imprégnée n'en bouchait les pores. Les meubles d'une pareille chambre sont disloqués, vermoulus, tout couverts de saleté accumulée par couches par l'usage de plusieurs générations.

Des ustensiles jamais lavés, jamais frottés, sont jetés sans ordre à travers l'habitation. Les fenêtres toujours closes sont garnies de papiers et de verres, mais si noirs, si enfumés que la lumière n'y saurait pénétrer, et le dirons-nous, il est certains propriétaires qui font clouer les croisées pour qu'on ne casse pas les vitres en les ouvrant ou en les fermant. Le sol de l'habitation est encore plus sale que tout le reste, partout sont des tas d'ordures, des cendres, des débris de légumes ramassés dans les rues, de paille pourrie, des nids pour des animaux de toutes sortes. Aussi l'air n'est-il plus respirable. Dans ces réduits, on est fatigué d'une odeur fade, nauséabonde, quoiqu'un peu piquante, odeur de saleté, odeur d'ordure, odeur d'homme concentrée toujours identique, spéciale, qu'on ne peut confondre avec rien et qui n'est comparable à rien »[45].

Ainsi, pour le logement, les ouvriers lillois se trouvaient particulièrement défavorisés. Leurs maisons surpeuplées, humides, sans air ni lumière, aux intérieurs souvent dépourvus du strict nécessaire, contribuaient à détériorer leur santé.[46].

---

[45] *Archives Départementales du Nord*, M 305-3. Écho du Nord, 9 avril 1832. Cité aussi par VILLERME, *op. cit.*, T. I, pp. 86 et ss. Ce rapport a été rédigé par cinq, médecins : DE CHAMBERET, KUHLMANN, BAILLY, BRIGANDAT et LESTIBOUDOIS. Ces trois derniers étaient médecins des pauvres depuis longtemps. On ne peut donc les soupçonner d'avoir sacrifié au pittoresque ou à l'émotion d'un moment.
[46] *Archives Bureau Bienfaisance de Lille*. Réponse du Dr LESTIBOUDOIS.

L'alimentation.

L'alimentation des ouvriers lillois se composait principalement de pain, de pommes de terre, de quelques légumes, et aussi d'œufs, de fromage, de lait, de beurre et de charcuterie[47]. Il est difficile d'établir la composition courante des repas qui pouvait varier suivant les catégories professionnelles. Nous avons suivi les indications données par Thouvenin qui nous a paru donner les renseignements les plus complets[48].

Le matin, les ouvriers absorbaient une décoction d'orge ou une infusion de café ou de chicorée torréfiée, avec des tranches de pain parfois beurrées. Ceux qui travaillaient en fabrique emportaient du pain et du fromage.

A midi, les travailleurs qui rentraient déjeuner chez eux, faisaient usage de soupes maigres ou d'un mélange de lait, de beurre avec du pain et parfois du riz. Souvent les légumes apparaissaient au cours de ce repas. Beaucoup d'ouvriers allaient chez des « traiteurs gargotiers » où ils portaient du pain et faisaient tremper la soupe. Il n'y avait pas seulement parmi eux des travailleurs célibataires isolés, mais aussi ceux dont la femme, employée dans une fabrique, ne pouvait préparer le repas. Enfin les filtiers se faisaient apporter leurs aliments dans l'atelier même où ils travaillaient. Dans l'après-midi, certains ouvriers prenaient du pain avec du fromage. Le soir se retrouvaient les mêmes éléments qu'au déjeuner, mais le repas paraît avoir été plus modeste encore. Le vendredi et le samedi, la nourriture se composait essentiellement de lait battu et de poissons de mer, comme les congres, les harengs, les limandes ou les raies.

Mais la base de la nourriture demeurait la pomme de terre et le pain qui constituait à lui seul plus de 60 % des dépenses alimentaires d'un budget ouvrier[49]. La viande au contraire n'y entrait que pour une faible part. Le dimanche et parfois pour les plus aisés une seconde fois dans la semaine, les ouvriers lillois

---

[47] J-B DUPONT (II), VILLÉRME, Dr THOUVENIN (II) *op. cit.*, Dr CAZENEUVE : *Rapport sur les opérations du Conseil de Révision dans le Nord*, 1841, p. 30.

[48] Dr THOUVENIN (II) *op. cit.*

[49] Dr BINAUT, *op.cit.*

mangeaient une soupe grasse ou un ragoût avec de la viande de bœuf ou de vache de qualité inférieure. Ils achetaient aussi du veau mort-né, du foie de bœuf ou d'autres viscères comme les poumons et la rate. Les plus pauvres se contentaient de mauvaise charcuterie, et même certaines familles ouvrières restaient parfois plus de six mois sans manger de viande. Dans le budget minimum d'un foyer ouvrier lillois qu'il établissait en 1842, Binaut ne prévoyait aucune dépense pour cette denrée. Le régime animal entrait donc en bien faible proportion dans la nourriture des ouvriers lillois, et durant les périodes de crise, il se trouvait encore plus réduit, ceux-ci ne mangeant que du pain. Ce dernier, quand augmentait son prix, paraissait un luxe pour les plus pauvres qui consommaient davantage de pommes de terre, ce qui diminuait d'autant le pouvoir énergétique de leur alimentation[50].

Il n'est pas possible de différencier la composition des repas suivant les diverses catégories professionnelles. On cite souvent le lait de beurre et le pain noir comme nourriture principale des dentellières lilloises. Faut-il y voir le cas particulier de quelques ouvrières laissées sans autre ressource que leur propre travail, ou au contraire, étant donné le nombre important de dentellières à Lille, un fait général d'alimentation plus médiocre des femmes qui travaillaient à domicile ? Il est difficile de conclure avec certitude. Cependant, on peut penser que dans une famille ouvrière celui qui accomplissait le travail le plus pénible avait ordinairement un régime alimentaire assez différent. C'est ainsi que le filtier interrogé par J-A Blanqui en 1848 était le seul de son ménage à consommer du beurre, tandis que sa femme et ses enfants se contentaient de mélasse et de quelques fruits pour manger leur pain[51]. Villermé n'a fait de distinction sous le rapport de la nourriture que pour les ouvriers lillois les plus aisés, généralement ceux dont le travail exigeait une grande dépense physique, comme les fileurs et les tourneurs de cardes dans les manufactures de coton. Il

---

[50] *Archives Départementales du Nord*, M 303-17. *Écho du Nord*, 10 décembre 1831. Dr THOUVENIN (II), *op. cit.* VILLERME, *op. cit.* Tome L, p. 102.

[51] J-A BLANQUI, *op. cit.* E. ZOLA, dans *Germinal*, citera des faits analogues pour la famille des Maheu.

soulignait aussi que les gains modiques des filtiers ne leur permettaient pas de se bien nourrir[52].

L'hygiène alimentaire.

La qualité des aliments laissait elle aussi beaucoup à désirer. Le pain était mal pétri, mal fermenté et mal cuit. Les ouvriers achetaient celui de troisième qualité, composé ordinairement de blé blanzé pour les 2/3 et de blé roux pour le 1/3, sans extraction de fleur ni de son. Durant les périodes d'augmentation des grains, on employait des farines de fèves et de pommes de terre. Ce fut en particulier le cas à Lille en 1830. Enfin, pour obtenir un pain plus blanc et mieux levé, les boulangers utilisaient du sulfate de cuivre que l'on retrouvait parfois par cristaux entiers[53].

L'abattoir, les boucheries comme les boutiques de tripiers et de revendeurs de basse viande étaient mal tenus. Les ouvriers de la ville achetaient une viande de qualité inférieure et en particulier des quartiers de bêtes malades qui pesaient à peine 100 à 150 kg sans les issues. Le mauvais état du bétail rendait cette viande indigeste et déterminait bien souvent des troubles intestinaux. Les bouchers vendaient aussi la viande à demi-corrompue étalée aux devantures de leurs boutiques, ou débitaient des animaux crevés ou des veaux mort-nés aux chaires molles et fort peu nourrissantes. La qualité des viscères des animaux abattus qui entraient dans la consommation des indigents était tout aussi médiocre. Des concrétions tuberculeuses ou des productions cancéreuses parsemaient souvent les poumons, le foie ou la rate de ces animaux. Même si les ouvriers n'en ressentaient aucun effet direct sur leur santé — ce qui est improbable — ils n'en supportaient pas moins un dommage très réel par suite de la diminution des qualités nutritives des rares denrées animales qu'ils achetaient[54].

---

[52] VILLERME, *op. cit.*, p.90, Tome I.

[53] E. ROLANTS (I), *op. cit. Archives Départementales du Nord*, M 297-2.

[54] E. ROLANTS (I) Dr THOUVENIN (II), Dr BINAUT, *op. cit.*

Le poisson donnait lieu à des constatations analogues. Les marchands pour le conserver le plongeaient dans l'alun, le sulfate de zinc ou cuivre. Seuls les harengs et les congres à cause de leurs bas prix pouvaient être consommés frais par les ouvriers. Avant l'épidémie de choléra, la vente du poisson à Lille fut réglementée et surveillée. On dut enlever des paniers entiers de poisson pour les enfouir. Mais ces mesures n'avaient qu'une portée relative, car il restait dans les faubourgs d'importantes quantités de poisson d'aussi mauvaise qualité, colportées dans la ville[55].

La falsification du lait abondamment coupé d'eau était principalement préjudiciable aux enfants. Quant au lait de beurre consommé chez beaucoup de familles ouvrières lilloises, il n'avait guère de valeur nutritive et certains lui attribuaient une influence néfaste sur l'estomac. Les fruits se vendaient soit verts, soit pourris, et causaient de nombreuses indispositions aux enfants pauvres, principaux consommateurs. Les marchands écoulaient également des légumes impropres à la consommation. En mai 1832, par exemple, 25 sacs de pommes de terre, en état de fermentation, furent saisis chez une épicière par la police. Enfin, le vinaigre utilisé par les ouvriers dans leurs assaisonnements était additionné d'acide sulfurique[56].

Malgré quelques différences qui apparaissaient généralement suivant l'échelle des salaires, la nourriture de tous les ouvriers était médiocre. Lors des crises économiques, elle devenait plus mauvaise encore. Insuffisamment diversifiée, peu carnée, elle ne pouvait suffire à compenser l'importante dépense physique de longues journées de travail et le manque de repos.

Les cabarets dans la vie ouvrière quotidienne.

Les ouvriers lillois trouvaient leur principale distraction dans la fréquentation des cabarets. Ces nombreux établissements s'intégraient d'ailleurs à la vie ouvrière même, non seulement comme lieux de détente, mais encore comme

---

55 *Archives Municipales de Lille*, Fonds Gentil, 222-7708. *Archives Départementales du Nord*, 184-17.
56 *Archives Départementales du Nord*, M 184-17. *Archives Municipales de Lille*, Fonds Gentil, 222-7708. E. ROLANTS (I) et Dr THOUVENIN (II), *op. cit.*

sièges de nombreuses sociétés, en particulier celles de Secours Mutuels. On comptait dans la ville un café pour 137 habitants, et ceci sans tenir compte de bien d'autres débitants comme la plupart des petits épiciers.

Les cabarets ouvraient dès trois heures du matin, en été, et à cinq heures en hiver. Beaucoup d'ouvriers s'y rendaient avant de commencer ou de reprendre leur travail, et s'y retrouvaient le soir. Les samedis, dimanches et lundis, jours qui suivaient la paie, la clientèle augmentait sensiblement, car en semaine, l'exiguïté des ressources obligeait à une relative sobriété[57].

Villermé et Binaut ont décrit l'aspect de ces cafés où ceux qui n'appartenaient pas à la classe ouvrière hésitaient à entrer. Au milieu des nuages de fumée de tabac, on pouvait y apercevoir des hommes, des femmes et même des enfants. Beaucoup se tenaient debout faute de place pour s'asseoir. Ils consommaient surtout de la bière et de l'eau-de-vie de grains ou genièvre que les tenanciers falsifiaient souvent en y mêlant, pour lui donner apparemment plus de force, de l'acide sulfurique ou chlorhydrique. Ceci leur permettait de vendre une marchandise de qualité inférieure à très bas prix[58].

L'intempérance semble avoir été très répandue dans la classe ouvrière lilloise. Elle fut violemment critiquée par les contemporains. Certains y voyaient la cause directe de l'indigence et de la misère : selon eux, l'ouvrier dépensait plus de la moitié de son salaire dans les estaminets. Elle apparaît en fait bien davantage comme une conséquence de la sous-alimentation, du travail épuisant, des mauvaises conditions de logement. Ceux qui approchaient les ouvriers dans leur vie privée le soulignaient d'ailleurs. Les Commissaires distributeurs de secours de la paroisse Saint-Maurice, après avoir noté que beaucoup de personnes aisées se récriaient contre l'assiduité des ouvriers au cabaret, s'exprimaient ainsi : « nous engageons les détracteurs de ces malheureux à considérer que ce genre de récréation est le seul qui soit à leur portée et que ne pouvant se procurer chez eux la satisfaction de réunir leurs parents et leurs amis, ils aiment

---

[57] Dr BINAUT, *op. cit.* J-B DUPONT (II) et VILLERME, Tome I, p 107, *op. cit.*

[58] Dr BINAUT, VILLERME, Tome I, p 107 et J-B DUPONT (II), p 62, *op. cit.*

se retrouver dans des maisons bien chauffées, bien éclairées, pour y goûter quelques moments de repos et de plaisir »[59]. Bien plus qu'un vice, la fréquentation des cafés paraît avoir été pour les ouvriers lillois un nécessaire moyen d'évasion. Mais là encore, ils ruinaient leur santé.

La condition de travail.

La journée de travail était extrêmement longue. Pour les filtiers de lin et les fileurs de coton, on estimait sa durée moyenne à 15 heures en 1828 sur lesquelles on réservait deux heures environ pour les repas. Villermé qui effectua son enquête à Lille en 1835 et en 1837 donne des chiffres identiques. Certains témoignages indiquent même pour la filature de coton, l'industrie la plus mécanisée, des journées de 16 et 17 heures[60]. Les ouvriers à domicile ou ceux des petits ateliers de retorderie déployaient couramment une aussi grande activité quotidienne pour essayer de compenser par un travail de tous les instants la modicité des prix de façon. Souvent, par exemple, une dentellière ou un tisserand se mettait à l'ouvrage dès 5 heures du matin jusqu'à 10 heures du soir[61].

Il semble qu'en temps ordinaire la journée de travail effectif ne comptait jamais moins de 13 heures pour les ouvriers des fabriques. Sa durée pouvait cependant varier. Généralement plus courte l'hiver que l'été, elle changeait surtout suivant la conjoncture économique. Parfois réduite à 8 heures, elle était considérablement accrue dans les périodes de prospérité. Il arrivait alors aux ouvriers de rester à l'atelier toute une nuit. Il faut encore remarquer que certains, après un dur labeur en fabrique, actionnaient encore un métier durant quelques heures à leur domicile[62].

L'organisation même des journées de travail nous est mal connue. En 1834, dans la filature de Mimerel à Roubaix, le travail commençait l'été à 5 heures et se prolongeait jusqu'à 20 heures. Si en hiver, il débutait à l'aube et il ne se

---

[59] *Archives Bureau Bienfaisance de Lille*, 27 B.

[60] *Archives Bureau Bienfaisance de Lille*, 27 B (en particulier réponse du Dr TH. LESTIBOUDOIS). J-B DUPONT (II), VILLERME, T I, pp. 89 et 109, *op. cit.*

[61] *Archives Départementales du Nord*, M 547-2 Dr THOUVENIN (II), *op. cit.*

[62] Dr CAZENEUVE, *op. cit.*

terminait qu'à 21 heures. Thouvenin donne pour Lille des indications quelque peu différentes. Selon lui, les ateliers ouvraient à 5 heures en été et à 6 heures en hiver jusqu'à 21 h 30 ou 22 heures, et ne fermaient qu'à minuit le samedi. Le dimanche matin, dans certaines fabriques, les filatures de coton en particulier, quelques ouvriers allaient encore nettoyer les machines. Cependant le lundi, le travail cessait à Lille, soit toute la journée, soit seulement le soir après 17 heures[63]. Le travail de nuit restait exceptionnel dans la ville sauf pour les industries du tulle, et les petits ateliers de retorderie où l'on travaillait jusqu'à minuit[64].

L'hygiène du travail était déplorable. Vers 1826, Dupont signalait qu'à Lille les filateurs de coton installaient leurs ateliers dans des maisons tant bien que mal aménagées. Pour éviter de brusques courants d'air qui auraient pu nuire à la fabrication, on tenait constamment les fenêtres fermées. La poussière et le duvet de coton qui s'attachaient à la figure et aux cheveux des ouvriers et pénétraient dans leurs voies respiratoires, constituaient le principal inconvénient de ces fabriques. Trois catégories de travailleurs se trouvaient particulièrement menacées par l'insalubrité de leur métier : les éplucheurs, les batteurs de coton et les tourneurs de cardes. Les deux premières travaillaient dans une poussière dense, principalement les batteurs à la main.

Ils étendaient en effet le coton brut sur des claies et le frappaient avec des baguettes. Cette opération, très fatigante par les mouvements désordonnés et continuels qu'elle nécessitait, entraînait une abondante transpiration. Un ouvrier demeurait d'ailleurs rarement à ce poste plus de deux ou trois ans. Les tourneurs de cadre avaient aussi à fournir un labeur épuisant[65]. Dupont, dans son mémoire sur les moyens d'améliorer la santé des ouvriers de Lille, nous en a laissé cette description : « Voyez, attaché à la carde comme un forçat à la chaîne, ce malheureux ployant sous la fatigue et la douleur ; sa respiration est pénible, la sueur ruisselle sur ses membres et sur tout son corps. Il faut que cet emploi

---

[63] *Enquête relative à plusieurs prohibitions*, Déclaration de MIMEREL, Dr THOUVENIN (II), op. cit

[64] A. LASSERRE, *La situation des ouvriers de l'industrie textile dans la région lilloise sous la Monarchie de Juillet*, p. 129.

[65] J-B DUPONT (II), Dr THOUVENIN (II), VILLERME, Tome II, pp.209 et 210, *op.cit.*

de force, cette déperdition dure de 15 à 16 heures par jour ». Les fileurs devaient endurer l'atmosphère chaude qu'il fallait entretenir dans leurs ateliers. Tous ces ouvriers fileurs, batteurs et surtout cardeurs souffraient, après quelques années de travail, de crachement de sang, d'anévrisme, et de phtisie. Cette dernière était la plus favorisée par l'habitude de travailler pieds nus, de boire de l'eau glacée et de sortir insuffisamment vêtus des locaux surchauffés[66].

La plupart des retorderies de lin, plus malsains encore, étaient établies en partie dans les greniers. Il s'en échappait une odeur infecte. Aucune aération ne venait renouveler l'air, vicié en outre par les latrines construites dans les ateliers mêmes. Les filtiers en effet s'obstinaient à tenir les fenêtres closes par crainte de l'air frais. Ils entretenaient d'ailleurs dans leurs établissements une température trop élevée, débilitante pour l'organisme. Les moulineurs et surtout les batteurs de fil occupaient les postes les plus pénibles. Les batteurs généralement installés dans les caves des fabriques devaient supporter la poussière et surtout l'humidité. Celle-ci était également le désavantage majeur de filateurs de lin. Les vêtements des ouvrières s'y imprégnaient d'eau. Le lendemain, elles les revêtaient encore moites[67].

Ceux qui exerçaient leur profession à domicile ne connaissaient pas, et de loin, de meilleures conditions de travail. Les tisserands restaient dans l'humidité des caves, « assis du matin au soir sur un banc qui faisait corps avec le métier, actionnant avec les pieds deux longs morceaux de bois pour écarter les fils de la chaîne et donner passage au fil de la navette ». Villermé et Cazeneuve pensaient que la percussion du balancier sur le cylindre où s'enroulait l'étoffe se transmettait à la poitrine de l'ouvrier, le prédisposant à la tuberculose[68]. La fabrication de la dentelle qui occupait à Lille beaucoup de femme et d'enfants avait de fâcheuses conséquences. Sur 100 jeunes apprenties de 5 à 6 ans, on estimait que, à 50 ans, la moitié au moins seraient bossues, d'une taille inférieure à la

---

[66] *Archives Bureau Bienfaisance de Lille*, 27 B. Réponse du Dr BAILLY, Archives Départemental du Nord, M 257-3.
[67] J-B DUPONT (II), Dr THOUVENIN (I et II), *op. cit.*
[68] VILLERME, *op.cit.*, T. II, p. 328. Dr CAZENEUVE, *op.cit.*, p. 34. Dr THOUVENIN (I), *op.cit.*, contestait ce fait.

moyenne ou atteintes d'une infection aux yeux. Les dentelières se courbaient toute la journée sur l'ouvrage qu'elles posaient sur leurs genoux, les jambes dans une immobilité presque absolue. Elles se reconnaissaient à leur dos voûté et à leur démarche. Leurs gains d'autant plus modestes qu'elles faisaient des dentelles communes ne leur permettaient qu'une alimentation insuffisante qui ne pouvait compenser la fatigue d'un métier très pénible en dépit des apparences. L'hiver, beaucoup d'entre elles travaillaient constamment dans l'humidité des caves ou de chambres des cours. Aussi les dentellières lilloises, contrairement à celles d'autres villes comme Mirecourt, Caen, Bruges, n'avaient qu'une santé très médiocre[69].

Les enfants partageaient tous les travaux, plus néfastes encore pour leur santé que pour celle des adultes. Ils ne bénéficiaient pas d'horaires restreints. L'âge d'entrée dans les manufactures était d'ordinaire à Lille de 8 à 10 ans, mais parfois les enfants accompagnaient leurs parents dès l'âge de 6 ans. Certains fabricants prétendaient que les travaux modérés qu'accomplissaient les enfants constituaient la meilleure gymnastique à leur imposer pour leur développement physique[70]. En fait, les jeunes ouvriers fournissaient des efforts beaucoup trop pénibles pour leur âge. Dans les filatures de coton, on les employait comme éplucheurs et rattacheurs. Ces derniers devaient se déplacer le long du métier pour relier de temps à l'autre les fils rompus. Le nettoyage des bobines et le ramassage du coton de déchet leur incombaient également, si de plus jeunes encore ne les aidaient. Dans les retorderies de lin, les enfants se voyaient affectés au dévidage et au bobinage. Il leur fallait, pour actionner des métiers trop grands, adopter une mauvaise position qui provoquait à la longue une déviation des jambes assez marquée. Ceux qui s'engageaient dans de petits ateliers ou qui servaient d'aide à des tisserands à domicile n'étaient pas mieux partagés, bien au contraire. Ils restaient occupés plus longtemps dans des locaux plus insalubres encore. Les ouvriers adultes qui dirigeaient ces jeunes ouvriers ne leur épargnaient pas les sévices.

---

[69] *Archives Bureau Bienfaisances de Lille*, 27 B. DR THOUVENIN (II), *op. cit.*
[70] *Archives Chambre de Commerce de Lille*. Dossier 74.

Quant aux dentellières, elles commençaient leur apprentissage à cinq ans. Nous ne sommes pas renseignés sur l'organisation des écoles qu'elles fréquentaient. Nous savons cependant qu'elles n'étaient pas rétribuées au cours des quatre années où elles s'initiaient à leur profession[71]. Tous ces enfants employés trop jeunes à des travaux trop pénibles souffraient, au point de vue de leur développement physique, du manque d'air et de lumière et d'une insuffisance de sommeil, ce qui les rendait particulièrement débiles.

La santé de la classe.

Profondément marquée par des conditions de logement et de travail épouvantables qui s'ajoutaient à une mauvaise alimentation, la santé des ouvriers lillois était très déficiente. Certains ne prenaient d'ailleurs aucune des simples précautions d'hygiène. Sur leur corps, la peau disparaissait « sous les insensibles dépôts d'exsudations diverses » ou « sous un enduit jaune de crasse »[72]. Fréquemment, les adultes et surtout les enfants avaient la tête couverte de vermine. Les médecins, tels Dupont et Villermé, soulignaient le mauvais état physique de la classe ouvrière de Lille. Dupont écrivait « dans cette partie de la population, les personnes valides elles-mêmes sont languissantes, leur teint est blafard, leur maigreur est extrême, leur démarche lente et mal assurée »[73].

Les filtiers constituaient, avec les dentellières, la catégorie la plus débile, car dans cette profession peu de postes nécessitaient l'emploi d'hommes robustes. Parmi les affections les plus nombreuses, on comptait les scrofules, la phtisie pulmonaire et chez les enfants le rachitisme[74]. La statistique dressée par Binaut en 1843 permet de se faire une idée de l'état de santé de la population ouvrière. Dans les 200 familles qu'il visitait, il dénombra chez les chefs de famille 63,22 % de malades ou d'infirmes contre 47,66 % chez les femmes et 24,90 % chez les enfants.

---

[71] Dr THOUVENIN (I et II), *op. cit.*

[72] *Archives Départementales du Nord*, M 305-3.

[73] J-B DUPONT (II), *op. cit.*

[74] *Archives Bureau Bienfaisance de Lille*, 27 B.

Ceux-ci « décolorés et maigres » attiraient surtout la pitié. Les médecins d'épidémie en 1832 nous les montrent ainsi : « Ils sont chétifs, vieux, oui vieux et ridés, leur ventre est gros et leurs membres émaciés, leur colonne vertébrale est courbée ou leurs jambes torses. Leur cou est couturé ou garni de glandes, leurs doigts sont ulcérés et leurs os gonflés et ramollis »[75].

La mortalité infantile très élevée dans la classe ouvrière de Lille soulignait l'inégalité flagrante des jeunes enfants devant la mort suivant les secteurs de la ville. La moyenne calculée par Gosselet s'établissait ainsi de 1842 à 1846 : 21,1 % des enfants mouraient avant 5 ans dans la rue Royale quartier de riches propriétaires, tandis que dans celles des Robleds, de la Vignette et des Etaques où demeuraient des pauvres du quartier Saint-Sauveur, le pourcentage atteignait respectivement 48,2 %, 51,4 %, et 58,5 %. Lors d'une épidémie, la rougeole enleva 5 enfants de moins de cinq ans pour 11 qui naissaient rue Royale, contre 10 pour 14 rue des Robleds, 20 pour 27 rue de la Vignette, 15 pour 24 rue des Etaques. Cette inégalité existait aussi chez les adultes. C'est ainsi que les filtiers de lin et les fileurs de coton payaient à la phtisie un tribut plus lourd que les autres habitants[76].

La population ouvrière avait aussi à souffrir de la mauvaise organisation du service sanitaire : 30000 indigents environ n'étaient secourus que par 8 médecins et 4 chirurgiens répartis suivant l'importance de la population pauvre dans chaque arrondissement. De plus l'Hôpital Saint-Sauveur était trop exigu pour permettre de soigner en temps voulu ceux que les médecins y envoyaient. Les malades y couchaient même assez souvent deux par lit[77].

La crise économique de 1826 à 1832.

La santé des ouvriers lillois en 1832 était particulièrement affaiblie par la dépression économique de 1826 à 1832 qui avait profondément aggravé leur

---

[75] *Archives Départementales du Nord*, M 305-3.

[76] A. GOSSELET, *Bulletin médical du Nord*, 1847, p. 161. *Archives Bureau Bienfaisance*, 27 B VILLERME, *op. cit.* Tome I, p. 103.

[77] *Archives Bureau Bienfaisance de Lille*, 27 B Réponse du Dr BAILLY.

situation[78]. À Lille, la crise toucha l'industrie du coton comme celle du lin. La dépression se creusa notamment au cours des années 1829 et 1831[79]. À ce moment, la ville connut deux fortes poussées de chômage. Le pourcentage des ouvriers sans travail dans la filature de coton passa de 20 % en 1828 à 50 % en 1829 tandis qu'il atteignait 10 % dans la filterie de lin. Après une brève interruption, le chômage reprit des proportions importantes à la fin de 1830 et surtout en 1831. L'absence de renseignements et l'imprécision des termes utilisés ne nous ont pas permis d'estimer même approximativement le nombre de chômeurs de la ville. Les documents que nous avons trouvés parlent « d'un grand nombre de bras inoccupés » sans jamais avancer de chiffres. Le manque de travail dut cependant atteindre un pourcentage très élevé, puisque dès la fin d'août 1830, il y avait déjà 200 chômeurs à Lille et les licenciements se poursuivirent durant l'hiver 1830-1831[80]. Il est toutefois possible de situer l'importance des renvois d'ouvriers dans les filatures de coton en se basant sur les chiffres de Roubaix, ville voisine. En 1830, le nombre total de personnes employées dans ces fabriques s'élevait à 5 000, en 1831, il se réduisait à 3 470, soit une diminution de 31 %[81]. À Lille, le chômage ne s'atténua que dans les quatre derniers mois de l'année 1831, lors de la reprise progressive d'activité des filateurs et des filtiers. À la fin d'octobre 1831, le Préfet du Nord demandait au maire de Lille un état des ouvriers occupés dans les fabriques et de ceux que le chômage privait de ressources. Ce dernier refusa prétextant l'inquiétude provoquée par une telle enquête, et l'inexactitude des chiffres que l'on aurait pu réunir. Dans sa réponse au Préfet, il notait « nos fabriques souffrent et les salaires sont modiques. Mais il n'y a aucun symptôme alarmant. Rien n'indique que le nombre d'ouvriers inoccupés soit considérable actuellement. L'hiver s'annonce beaucoup moins

---

[78] Nous nous sommes limités, dans le cadre de cet article à l'étude des conséquences sociales de la crise économique.

[79] Crise économique de 1826 à 1832 : *Archives Chambre de Commerce de Lille*. Dossiers 33, 39 et 1er registre des délibérations, 1828-1835. *Archives Départementales du Nord*. M 543-45. *Echo du Nord* 1825 à 1832.

[80] *Archives Départementales du Nord*, M 184-4

[81] *Archives Départementales du Nord*, M 547-2

effrayant que l'an dernier »[82]. Cependant, ce n'est qu'en mars 1832 que le chômage disparut. Nous sommes peu renseignés sur les travailleurs à domicile. Mais, vu la stagnation générale du commerce, il est probable qu'ils souffrirent eux aussi d'un chômage important, comme ceux des villes voisines[83].

Le manque de travail s'accompagna d'une chute rapide des salaires et de la pratique du travail à mi-temps, d'autant plus grave que les revenus ouvriers étaient déjà insuffisants en temps normal. Dans l'industrie du coton, les salaires baissèrent de 20 % environ en 1829 et de 15 % en 1831. Les prix de façon des ouvriers à domicile se trouvèrent aussi considérablement réduits. Seuls restèrent stationnaires les gains des filtiers, déjà si restreints que toute diminution aurait rendu impossible l'existence de cette fraction de la population ouvrière. Lors de la reprise des affaires, au cours de l'année 1832, les prix de main-d'œuvre restèrent encore très bas à Lille. En effet, quand leurs profits revinrent à leur taux ancien, les fabricants lillois, contrairement à ceux des villes voisines, prétendirent, selon leur habitude, « qu'ils n'avaient pas coutume de diminuer ou d'augmenter les salaires suivant l'activité plus ou moins grande de leur commerce » et, par ce biais, ils se refusèrent à tout réajustement des salaires. Les difficultés se prolongèrent donc pour les ouvriers, qui avaient dû faire appel au crédit de leurs fournisseurs : endettés, ils devaient supporter longtemps encore les conséquences de la crise économique.

La situation ouvrière fut rendue d'autant plus critique que le pain, suivant la hausse du prix du blé, avait augmenté dans de fortes proportions. Entre 1824 et 1828, le prix du pain de ménage qu'achetaient les ouvriers s'accrut de 47 %. En 1829, la hausse s'accentua (71,50 %) et après une légère baisse en 1850, elle atteignit encore en 1831 62,50 %. En septembre de cette même année, elle fut même de 84,21 % par rapport au prix de 1824. La baisse s'amorça légèrement au mois de juillet 1832 et se précipita à partir de septembre. Mais, même à cette date, le prix du pain était encore supérieur de 37 % à celui de 1824. On devine

---

[82] *Archives Municipales de Lille*. Registre des délibérations du Conseil Municipal, 27 octobre – 26 novembre 1831.

[83] À Roubaix, le nombre des tisserands diminua de 31 % (*Archives Départementales du Nord*, M 547-2) ; *Echo du Nord*, 30 mars 1832.

l'atteinte ainsi portée aux budgets des familles ouvrières où cette denrée tenait une place considérable.

L'extension de la misère.

Le développement extraordinaire de la misère marquée par la multiplication des mendiants[84] et par l'augmentation des indigents souligne l'ampleur de la crise.

De 1825 à 1831, le nombre total des indigents à Lille évolua de la manière suivante[85] :

Années	Indigents secourus par quinzaine	Indigents secourus en cas de maladie	Nombre total
1825	19 957	8 780	28 737
1826	20 151	9 081	29 232
1827	25 093	5 659	30 752
1828	25 671	5 993	31 664
1829			25 671
1830			30 900
1831	24 200	8 743	32 943

Si, de 1825 à 1828, le nombre total d'indigents n'augmenta que de 2 927 (soit de 10,10 %), celui des indigents secourus chaque quinzaine augmenta de 5 714 soit de 28,60 %. En 1828, 45 % de la population lilloise étaient inscrits sur les registres du Bureau de Bienfaisance et 36 % recevaient des secours à domicile tous les quinze jours. La nette réduction du total des indigents en 1829 est due à une révision très stricte des listes d'indigents ordonnée par le Préfet Villeneuve-Bargemont et appliquée avec beaucoup de rigueur. Mais la réforme avait été trop brutale et beaucoup d'indigents firent appel des décisions prises à leur

---

[84] Dans l'arr^t de Lille, le nombre de mendiants passa de 8 000 à 16 000 entre 1824 et 1829 (*Archives Départementales du Nord*, N 2-6).

[85] *Archives Bureau Bienfaisance de Lille*, 71 E/10-11-12-13-14. En 1832, on ne procéda pas ai recensement annuel des indigents, on se basa sur le chiffre moyen de 26 000.

égard. Même ramené à ces proportions, le total des personnes secourues par le Bureau de Bienfaisance groupait encore 30 % de la population. Les amendements apportés à cette réforme et les nécessités de l'hiver 1829-1830, particulièrement rigoureux, avaient déjà reporté le nombre des indigents à 30 900 au début de 1830. Malgré ce chiffre énorme qui représentait 46 % de la population lilloise, ce total augmenta encore au cours de l'année 1831, montant jusqu'à 32 943 soit 47,6 % des habitants de la ville. 24 200 (soit 35 % des Lillois) devaient recevoir des secours chaque quinzaine et 8 743 (12,60 %) des secours provisoires. En 1833, une révision des listes d'indigents, opérée lors de la reprise économique, ramena leur total à 22 205. Le Préfet expliquait cette différence par la stagnation complète de l'industrie dans les années antérieures. « On considérait alors comme privilégiés ceux qui travaillaient les trois-quarts de la journée, la population ouvrière présentait un spectacle de *déguenillement* qui affligeait les regards en 1831 »[86]. Les quelques chiffres que nous avons donnés pour les années de crise économique peuvent d'ailleurs aider à situer la détresse de la classe ouvrière de Lille durant cette période.

En 1832, les ouvriers lillois, vivant dans une profonde misère, se présentent à nous épuisés par six années de privations que la crise économique avait multipliées. Les longues journées d'un travail pénible ne laissaient au repos qu'une durée bien insuffisante, surtout pour les enfants. L'entassement dans des quartiers surpeuplés, les mauvaises conditions de logement, l'exiguïté des revenus, tout contribuait à ruiner la santé. À l'atelier comme au domicile, les conditions d'hygiène étaient désastreuses. L'état des canaux qui traversaient certains secteurs pauvres augmentait encore l'insalubrité. Affaiblie, sous-alimentée, en proie à de nombreuses maladies, la classe ouvrière de Lille semble un terrain tout préparé pour une épidémie. Devant un fléau de ce genre, comme face à la misère, ses seules ressources étaient les faibles secours que lui abandonnaient la pitié des uns et les craintes des autres.

---

[86] *Archives Départementales du Nord*, X, 22-5. *Archives Bureau Bienfaisance de Lille*, 71 E. 14.

L'ÉPIDÉMIE DE CHOLÉRA

Mesures de sécurité contre le choléra.

L'approche de l'épidémie allait inciter l'administration municipale en étroite collaboration avec les Commissions communales de l'intendance Sanitaire et du Conseil de Salubrité[87] à prendre « les mesures que lui commandaient depuis longtemps la prudence et la salubrité publique »[88].

Les efforts portèrent surtout sur les classes pauvres que l'on savait les premières menacées par l'épidémie. Dès novembre 1831, le Préfet avait visité le quartier Saint-Sauveur de concert avec les autorités municipales et l'Intendance Sanitaire. À son retour, il s'empressa d'adresser au président de cet organisme une lettre où il reconnaissait une trop longue pénurie de l'administration locale et insistait sur l'urgence avec laquelle il fallait y remédier. Il ne voyait de meilleure solution que « l'ouverture des masses de maisons entassées sans ordre et sans plan, la démolition des hideuses cabanes et la clôture des caves pestilentielles où l'on aurait de la répugnance à loger les plus vils animaux ». Dans le même esprit, l'Intendance avait projeté en novembre 1831 l'évacuation d'un certain nombre de caves trop insalubres et le logement de leurs habitants dans des abris temporaires[89].

Mais des mesures d'une telle ampleur, suggérées par la révélation brutale de l'horrible misère des quartiers ouvriers, devaient bientôt être ramenées à de modestes proportions. Pour améliorer l'hygiène des habitations, un arrêté municipal décida d'employer des équipes d'ouvriers à badigeonner au lait de chaux l'intérieur des maisons des indigents. De 20 avril 1832, le journal *L'Écho*

---

[87] L'Intendance Sanitaire pour le département du Nord fut créée à Lille le 28 août 1831, conformément à l'ordonnance royale du 18 instituant un service de sécurité contre le choléra sur les frontières du Nord et de l'Est. Supprimée le 20 avril 1832 après l'éclosion du choléra en France, elle fut rattachée au Conseil de salubrité existant pour former un Conseil Central de Salubrité. Une commission communale fut fondée dans chacun de ces organismes pour s'occuper de tout ce qui intéressait l'hygiène et l'organisation du service sanitaire de la ville de Lille.

[88] J-B DUPONT (I), op. cit., p 121

[89] *Archives Départementales du Nord*, M 305-4 et 5.

du Nord signalait que ces ouvriers travaillaient avec zèle à l'accomplissement de leur tâche. C'est un total de plus de 4 000 chambres qui furent ainsi blanchies. On fit aussi réparer le pavé et les fils d'eau des cours afin d'empêcher l'eau d'y croupir[90]. Il y avait loin de ces simples travaux aux projets de destruction des taudis et de construction de logements provisoires.

Pour le commerce des légumes, des fruits, du poisson et de la viande, placé sous la surveillance de la police dès le mois d'avril 1832, les contrôles restaient difficiles et inopérants. Le 18 août, le Préfet attirait encore l'attention des autorités municipales sur l'état général de l'abattoir, des boutiques de tripiers et de revendeurs de basse viande. Il signalait en particulier que les environs de l'abattoir demeuraient aussi sales et qu'il importait de détourner rapidement les eaux qui recevaient le sang des animaux. Celles-ci pouvaient, en effet, devenir une cause épidémique qu'il fallait supprimer. Le 10 septembre, les membres des bureaux de secours sanitaires demandaient le rétablissement des experts ou égards pour juger la qualité du poisson, trop souvent avarié, et une surveillance plus sévère du commerce des fruits[91].

Plus que des réformes efficaces, on multiplia surtout les conseils beaucoup moins onéreux. Il fallait aérer les habitations, éviter les lieux bas et humides et le manque d'hygiène qui prédisposaient au choléra. L'alimentation devait être plus animale que végétale, les légumes avariés et les fruits verts bannis de la consommation. Mais la classe ouvrière restait sans moyens pour suivre ces avis. Les distributions gratuites de soupe gélatineuse de médiocre qualité n'auraient pu compenser, si les indigents s'y étaient rendus, l'insuffisance de la nourriture d'une population sous-alimentée depuis longtemps[92].

Les problèmes de l'hygiène du travail ne furent pas mieux résolus. L'Intendance suggéra aux fabricants d'éviter le passage subit des ouvriers du chaud au froid, de préparer une boisson, tiède de préférence, pour remplacer l'eau froide que trop souvent leurs employés buvaient au cours de leur travail, enfin,

---

[90] *Archives Municipales de Lille.* Registre des délibérations du Conseil Municipal, 3 avril 1832.
[91] E. ROLANTS, *La désinfection à Lille pendant l'épidémie de Choléra en 1832*, Lille, 1930, p 43.
[92] *Archives Départementales du Nord*, M 257-3 ; *Archives Bureau Bienfaisance de Lille*, 71 E. 14.

d'assainir les ateliers par l'aération et la désinfection avec des solutions de chlorure de chaux. En septembre 1832, on leur demanda même de veiller constamment au maintien de la santé de leurs salariés et d'alléger tout travail trop pénible ou trop prolongé. Les ouvriers furent aussi invités à se vêtir plus chaudement, à se mieux chausser et à ne pas sortir des fabriques le corps couvert de sueur pour éviter tout refroidissement. Il semble que ces recommandations ne furent pas suivies dans les ateliers puisqu'on en renouvela la demande à plusieurs reprises aux employeurs. Dans quelle mesure d'ailleurs pouvaient-elles être efficaces ?[93]

Les soins des organismes officiels dans la défense de Lille contre le choléra ne se bornèrent pas aux secteurs pauvres et à leurs habitants. Des mesures plus générales furent prises pour la ville entière. Elles eurent un triple objet : la voirie, les canaux et l'organisation du service sanitaire.

Obligation fut faite aux habitants de balayer tous les jours à une heure déterminée jusqu'au milieu de la rue et de réunir les immondices en tas avant le passage de l'entrepreneur de nettoiement. Il semble que les habitants aient obéi sans murmurer à ces décisions. On avait d'ailleurs nommé dans chaque rue un inspecteur de salubrité responsable. Mais, par endroits, la propreté de la ville nécessitait encore beaucoup d'améliorations[94].

Un sévère règlement de police menaça de fortes amendes tous ceux qui continueraient à déverser leurs latrines et à jeter des ordures dans les canaux. De plus, le Préfet confia au directeur des Ponts et Chaussées des travaux destinés à accroître le volume des eaux dans les canaux intérieurs de la ville, et les débarrasser ainsi des immondices qui les encombraient. Mais les modifications apportées furent aussi médiocres que les crédits alloués et en septembre 1832, alors que le choléra régnait partout dans la ville, les canaux étaient toujours en aussi mauvais état[95].

---

[93] *Archives Départementales du Nord*, 305-3. *Écho du Nord*, 12 septembre 1832.
[94] *Archives Municipales de Lille*, Registre des délibérations du Conseil Municipal, 3 avril 1832. *Écho du Nord*, 28 août 1832.
[95] *Archives Départementales du Nord*, M 305-3. *Écho du Nord*, 12 septembre 1832.

Il restait à organiser le service de traitement des malades. Dès le 5 avril, la municipalité avait prévu l'établissement d'un bureau de secours sanitaire dans chacun des cinq arrondissements de la ville que l'on ne mit en service que le 6 août. Les habitants devaient s'y adresser pour réclamer les premiers soins ou faire transporter les malades à l'hôpital. La répartition des 42 médecins de la ville, attachés à ces bureaux proportionnellement à la population pauvre de chaque arrondissement, s'établissait ainsi :

12 médecins pour le 3e arrondissement

10 médecins pour le 1er arrondissement

8 médecins pour le 2e arrondissement

7 médecins pour le 5e arrondissement

5 médecins pour le 4e arrondissement

Pour se procurer des médicaments, on ne pouvait se présenter chez les pharmaciens de la ville que munis d'un bon du médecin. Ce bon devait être remis à la mairie dans les vingt-quatre heures. Les prix étaient fixés selon un tarif unique établi par le maire de la ville. Cependant, ce système de distribution fut bientôt remplacé par un service de pharmacie de secours à domicile. De plus, deux pharmacies centrales devaient préparer gratuitement les ordonnances des indigents. Mais les médecins eux-mêmes ignoraient les moyens de lutter contre le choléra : « Nous sommes forcés, écrivait l'un d'eux, d'avouer l'impuissance de l'art contre une maladie dont la nature est encore couverte d'un voile épais ». Même à la fin de l'épidémie, le médecin-chef de l'Hôpital Saint-Sauveur déclarait : « Notre ignorance demeure sur la nature et la cause du mal, sur son mode de propagation, et notre incertitude sur le traitement curatif qui lui convient exclusivement »[96].

Tous hésitaient sur les remèdes à employer, aussi peu probants les uns que les autres : saignées, potions éthérées, vin chaud et rhum, bains de vapeur, potions vomitives. En fait, les médecins ne disposaient d'aucun moyen pour lutter efficacement contre le fléau.

---

[96] *Archives Départementales du Nord*, M 305-3. Th. Lestiboudois, op. cit., p 60 et 67.

Il restait à prévoir un accroissement du nombre de lits à l'Hôpital Saint-Sauveur, déjà insuffisant en temps ordinaire. L'Intendance Sanitaire avait d'abord prévu l'aménagement de 210 lits pour les cholériques à l'Hôpital Saint-Sauveur et dans les différents hospices de la ville, et de 130 lits de convalescence. Mais, en avril 1832, on estima que 110 lits au maximum seraient suffisants dans l'hôpital Saint-Sauveur : seulement 40 pour les femmes, 60 à 70 pour les hommes[97].

L'activité déployée par l'administration pour tenter de mettre la ville en état de défense contre l'épidémie n'eut que peu d'efficacité. Selon les paroles de Lestiboudois, « Lille avait peut-être changé d'aspect en quelques jours », mais les modifications apportées n'étaient que superficielles. De simples mesures administratives ne pouvaient apporter de changements importants dans l'état social. Les projets d'amélioration de l'hygiène de la ville, des habitations des ouvriers furent nombreux. Mais ils demandaient du temps et des crédits. Devant l'ampleur du mal, on eut conscience des travaux gigantesques à accomplir. Toutefois, malgré l'importance du fléau et le danger auquel était exposée la population, les crédits restèrent faibles. Encore les organismes officiels de Lille ne couvrirent-ils pas tous les frais occasionnés par la résistance au choléra. La charité publique dut y contribuer pour près de 30 %[98].

L'historique de l'épidémie.

L'épidémie de choléra frappa la ville de Lille le 31 mai 1832. Elle se poursuivit jusqu'au 9 novembre. À la fin de juillet, elle n'avait encore eu qu'une faible intensité : 2 cas en mai, 10 en juin, 25 en juillet.

Mais en août, surtout dans la seconde quinzaine de ce mois, elle atteignait son paroxysme : 1 036 malades et 428 morts, dont 646 malades et 255 morts pour les deux dernières semaines. En septembre, l'épidémie perdait beaucoup de sa

---

[97] *Archives Départementales du Nord*, 305-3-4. *Écho du Nord* du 7 août et du 29 août 1832.

[98] Lille ne dépensa que 70 000 fr pour résister à l'épidémie : 33 500 fr fournis par les fonds communaux, 16 500 par les fonds du Bureau de Bienfaisance, 20 000 par la générosité publique. La faible dépense de la commune semble paradoxale : les dépenses totales de la ville étaient en effet assez imposantes (950 000 en 1831, 895 000 fr en 1832). De plus le budget communal fut largement excédentaire en 1832 (*Archives Départementales du Nord*, M 305-12 et *Almanach du Commerce de Lille*, 1833).

vigueur : 417 cas et 210 décès. Cette régression se poursuivait en octobre, et en novembre, on signalait les dernières victimes 12 malades seulement et 2 décès[99].

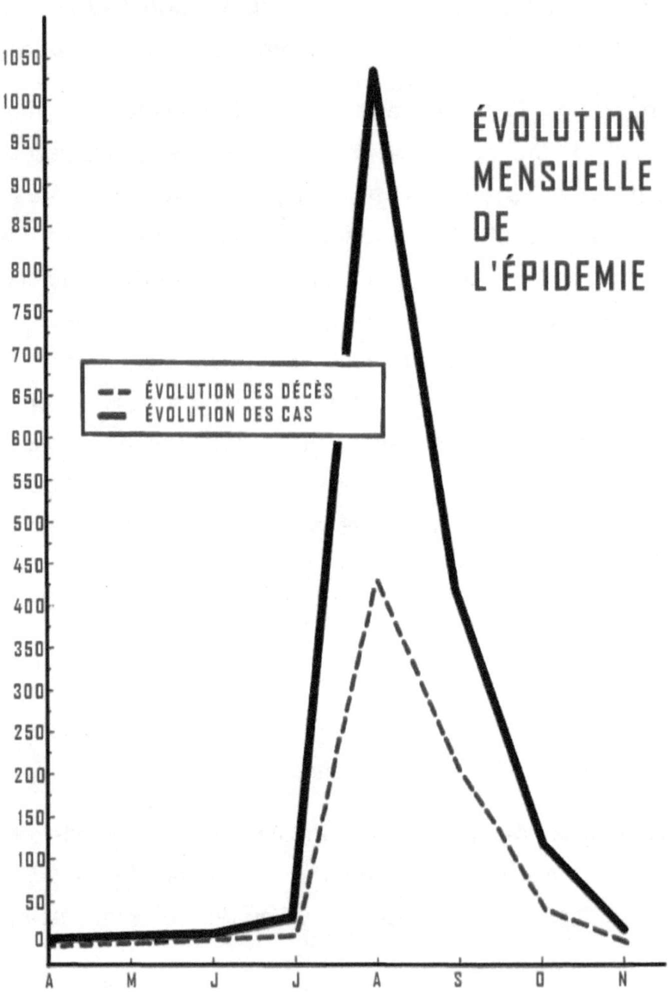

---

[99]*Archives Départementales du Nord,* M 305-8. (Cf. graphique de l'évolution mensuelle de l'épidémie). On nota cependant à Lille en 1833 une reprise de l'épidémie de choléra. Elle dura du 27 septembre 1833 au 29 septembre 1834, mais elle ne toucha que 131 personnes, dont 83 mortellement.

Le développement brutal de l'épidémie en août semble lié à la chaleur. À l'époque, on attribua en effet à la chaleur une influence favorable à la propagation du choléra. De plus, à ce moment de l'année, la vase des canaux se trouvait complètement à découvert et rendait l'atmosphère plus insalubre encore[100].

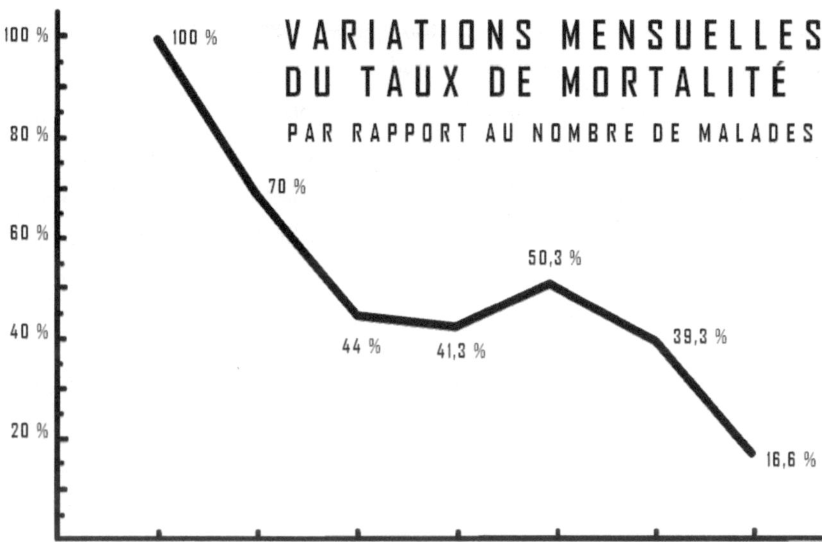

La répartition journalière des cas à Lille présente une certaine originalité. On remarque, en effet, que chaque semaine les cas les plus nombreux se situaient les dimanches et lundis, exception faite toutefois du 16 août, journée qui connut le plus de victimes (66 cas). Cependant, celle-ci peut être assimilée à un début de semaine, le 15 août étant un jour de fête.

Durant les cinq mois et demi d'épidémie, le choléra atteignit à Lille 1 619 personnes dont 706 mortellement soit 1 malade pour 42 habitants et 1 décès pour 97. Les individus morts du choléra représentaient 18 % du total des décès à Lille en 1832. Le fléau épargna presque totalement les établissements publics comme

---

[100] TH. LESTIBOUDOIS (II), *op. cit.* M MAREY, *Les eaux contaminées et le choléra* (Bulletin de l'Académie de médecine, Paris, 1884.

les écoles et les casernes. Par contre, il ravagea l'hospice général qui abritait 1 580 pensionnaires. On y dénombra 264 malades et 183 morts, soit 1 malade pour 6 pensionnaires et 1 mort pour 8 environ. L'hospice compta ainsi le 1/6 des malades et le 1/4 des morts, victimes du choléra dans toute la ville[101].

Sur les 1 619 cholériques de Lille, 524 seulement furent soignés à l'Hôpital Saint-Sauveur. Ce nombre représente 38,75 % du total des malades si l'on en exclut ceux de l'hospice général et de l'hôpital militaire[102]. La majorité des personnes atteintes par le fléau, 828 exactement, se firent soigner à leur domicile. Au début de l'épidémie, beaucoup refusaient d'aller à l'Hôpital qui avait mauvaise réputation et qui était l'objet des plus étranges rumeurs. Toutefois, lorsqu'elle prit plus d'intensité, les malades y vinrent très nombreux. Le 31 août, après le paroxysme de l'épidémie, la population de l'hôpital Saint-Sauveur passa à 235 personnes contre 185 le 31 juillet[103]. Selon un médecin de l'époque, vers les mois d'octobre et novembre, presque tous les cholériques se faisaient soigner à l'hôpital[104].

Le taux de mortalité moyen par rapport au nombre de malades pour l'ensemble de la ville fut de 43,6 %[105]. Il varia d'ailleurs sensiblement au cours de l'épidémie. Il décrut constamment passant de 100 % en mai à 16,3 % en novembre. Cependant il subit une remontée brusque et inexpliquée en septembre, où de 41,3 % il atteignit 50,3 %.

Il faut aussi remarquer que ce taux de mortalité ne fut pas identique dans toute la ville. Il fut en effet plus élevé à l'hospice général (69,30 %) et l'hôpital (57,82 %). Différentes causes peuvent expliquer l'intensité du fléau à l'hospice. Sa population composée surtout de vieillards débiles, affaiblis par une vie difficile, était sans résistance devant la maladie. Il y avait, de plus, des raisons

---

[101] *Archives Départementales du Nord*, M 305-8.
[102] À l'hôpital militaire, d'après les registres officiels, ni n'y eut que 3 malades.
[103] *Archives Départementales du Nord*, M 658-1.
[104] TH. LESTIBOUDOIS, *op. cit.* Nous n'avons pu contrôler son témoignage, car nous n'avons pas eu accès aux archives hospitalières de Lille qui ne sont pas ouvertes au public.
[105] Nous entendons par taux de mortalité la proportion de morts pour 100 malades. Cf. graphique de l'évolution mensuelle du taux de mortalité.

inhérentes à l'établissement lui-même : l'entassement de pensionnaires trop nombreux, le manque d'hygiène et l'insuffisance du régime alimentaire. Enfin, l'on doit souligner, comme nous le verrons plus loin, l'influence du canal de la Basse-Deûle tout proche de l'hospice. À l'hôpital Saint-Sauveur, l'importance du taux de mortalité ne peut nous faire préjuger de la supériorité des traitements à domicile. En effet, n'étaient soignés à Saint-Sauveur que les malades les plus pauvres et les plus gravement atteints[106]. Les villes voisines, Roubaix et Tourcoing, cités industrielles textiles elles aussi, eurent moins à souffrir du choléra que Lille. À Roubaix sur une population de 18 187 habitants, l'épidémie qui dura du 11 août au 11 décembre ne frappa que 30 personnes, dont 16 mortellement, soit un malade pour 606 habitants, 1 mort pour 1 136 (taux de mortalité moyen 53,33 %). À Tourcoing, pour une population sensiblement égale (17 793 habitants) on dénombra du 4 septembre au 1er décembre, période où sévit le choléra dans cette ville, 33 malades et 29 décès, soit un malade pour 544 habitants, 1 mort pour 619 (taux de mortalité moyen 87,87 %)[107].

Le tableau ci-après indique les résultats globaux du choléra pour les communes suburbaines de Lille, situées extramuros[108].

Communes	Pop.	Ma-lades	Décès	Ma-lades/po-pulation	Décès/popu-lation	Taux de mor-talité
Wazemmes	8 626	140	79	1/61	1/109	56,42 %
Esquermes	1 642	15	10	1/109	1/164	66,66 %
Fives	1 520	15	7	1/101	1/217	46,66 %
Marquette	1 316	9	6	1/146	1/219	64,44 %
Wambre-chies	3 322	1	1	1/3322	1/3322	100 %
Lambersart	920	1	0	1/920		

---

[106]TH. LESTIBOUDOIS (II), *op. cit. Archives Départementales du Nord*, M 305-8.
[107] *Archives Départementales du Nord*, M 305-8.
[108] Id., M 305-8.

On remarque que Wazemmes connut le plus grand nombre de cholériques : 140 malades, 79 décès. Mais aucune de ces communes, pas plus d'ailleurs que Roubaix et Tourcoing, n'atteignit une aussi forte proportion de malades que Lille (1 malade pour 42 habitants).

Ainsi Lille fut proportionnellement à sa population beaucoup plus touchée que les localités avoisinantes. Mais le taux de mortalité y fut de beaucoup inférieur. La plus faible densité de population et une plus grande hygiène dans les localités suburbaines expliquent en partie leur relative immunité, tandis que le plus grand perfectionnement de l'organisation sanitaire permettait peut-être au chef-lieu de restreindre le nombre de décès.

Les cas mortels de choléra en 1835 représentèrent à Lille 17,5 % du total des décès pour l'année entière. Celui-ci marquait d'ailleurs une forte augmentation par rapport à celui de 1831 : 3 992 contre 2 517. L'épidémie ne faisait qu'accentuer la disparition de tout accroissement naturel de la population causée par la dépression économique de 1826. Le nombre très élevé des décès en 1832 ne s'explique pas seulement par l'importance de l'épidémie, mais aussi par les extrêmes difficultés de la classe ouvrière au cours de l'année 1831[109].

Répartition par sexe et par âge.

On nota parmi les victimes une nette supériorité du nombre des femmes. Le tableau ci-après permet d'apprécier chaque mois cette constatation. Il donne également la répartition générale des victimes par sexe[110]. Le nombre de femmes atteintes par le choléra dépassa de 38,56 % celui des hommes ; pour les décès, la différence fut de l'ordre de 41,22 %[111]. De même, la proportion des décès par rapport au nombre de malades fut un peu plus élevée chez les femmes que chez les hommes.

---

[109] D'après *Archives Départementales du Nord*, M 475/33-34. Cf. graphique des mouvements de population de 1825 à 1833.

[110] *Archives Départementales du Nord*, M 305-8.

[111] En 1833-1834, lors de la légère reprise de l'épidémie, le nombre de femmes atteintes par le choléra dépassa de 66 % celui des hommes, le nombre de femmes décédées de 66,13 %. Des phénomènes identiques furent constatés à Lille lors des épidémies de choléra de 1848 et 1868.

Le calcul des taux de mortalité donne en effet un taux de 44,57 % pour les femmes et de 42,64 % pour les hommes[112].

MOIS	MALADES			DÉCÈS.		
	H	F	Inconnu	H	F	Inconnu
Mai	1	1	0	1	1	0
Juin	1	9	0	1	6	0
Juillet	9	16	0	3	8	0
Août	397	634	5	153	274	1
Septembre	150	262	5	78	132	0
Octobre	48	68	1	24	22	0
Novembre	6	6	0	1	1	0
Total	612	996	11	261	444	1

Ce fait s'expliquerait peut-être simplement par une plus grande proportion de femmes dans la population lilloise. Malheureusement nous n'avons trouvé aucune statistique de répartition par sexe des habitants de Lille.

Si le nombre de femmes décédées à Lille, dans les années voisines de l'épidémie, l'emportait parfois sur celui des hommes, les différences n'atteignaient jamais des proportions comparables à celles que nous pouvons constater pour le choléra.

Ceci apparaît nettement dans le tableau à la page suivante[113] .

---

[112] À l'hospice général, au contraire, le taux de mortalité fut plus élevé pour les hommes que pour les femmes : 74,57 % contre 67,8 %. Il en fut de même à l'Hôpital Saint-Sauveur : 60 % contre 56,2 %.
[113] *Archives Départementales du Nord*, M 475-33 et 34.

	Nombre d'hommes décédés	Nombre de femmes décédées	% de femmes par rapport aux hommes
Épidémie de choléra	612	996	41,2
Épidémie de choléra (sans compter l'Hospice)	559	786	40,6
1831	1 195	1 394	16,7
1832	1 841	2 072	12,5
1833	1 248	1 221	(2,2)
1834	1 020	1 079	5,8

Il semble bien que l'on ne puisse attribuer la disproportion que nous avons soulignée dans l'épidémie à un phénomène naturel de rapport de population, mais plutôt à une moindre résistance des femmes au fléau.

L'âge paraît avoir joué lui aussi un rôle dans la répartition des cas de choléra et dans les variations du taux de mortalité. Le tableau ci-après permet de s'en rendre compte[114].

On peut constater que les enfants ont été relativement peu touchés par le choléra. On ne compte que 125 malades et 49 morts de 0 à 10 ans, mais parmi ces derniers, les enfants de 1 à 4 ans fournirent davantage de victimes (58 malades et 27 décès). On remarquera enfin que les enfants en bas âge (0 à 1 an) ont été presque totalement épargnés. Chez les adolescents et les jeunes gens, le nombre des cas augmenta avec l'âge. On dénombre en effet 55 malades de 10 à 15 ans, et 59 de 15 à 20 ans.

Les adultes ont été les plus frappés : 862 malades et 324 décès de 20 à 60 ans, contre 239 malades et 84 décès de 0 à 20 ans, et 466 malades et 282 décès de 60 à 100 ans. Les malades de 40 à 50 ans furent les plus nombreux, puis ceux de 60 à 70 ans et ceux de 30 à 40 ans. Par contre, les personnes âgées résistèrent moins bien à la maladie et les taux de mortalité les plus élevés se rencontrent chez les

---

[114] *Archives Départementales du Nord*, M 305-8.

malades de 70 à 80 ans, de 80 à 90 ans, puis chez ceux de 60 à 70 ans, de 40 à 50 ans, de 30 à 40 ans, de 50 à 60 ans et 20 à 30 ans. On peut dire qu'exception faite pour les personnes de 50 à 60 ans, la résistance opposée au fléau par les malades fut d'autant plus forte qu'ils étaient plus jeunes. Chez les enfants et les adolescents au contraire, on peut constater que les chances de guérison augmentaient avec l'âge. Pour les enfants au-dessous de 5 ans, le taux de mortalité varia entre 20 % (4 à 5 ans) et 40 % (1 à 2 ans), sauf chez les enfants de 2 à 3 ans où la mortalité fut extrêmement forte (63,21 %), assez proche de celle des vieillards de 70 à 80 ans (67,56 %).

Y a-t-il concordance entre la répartition par âge des décès dus au choléra et des décès de l'année 1832 toute entière[115] ? Les résultats globaux de l'État civil correspondent à ceux de l'épidémie pour les âges de 10 à 15 ans et de 15 à 20 ans.

On constate en effet dans les deux cas une supériorité des décès de 10 à 15 ans sur ceux de 15 à 20 ans. Par contre, des différences notables apparaissent pour les enfants en bas âge. Ils jouirent d'une immunité quasi totale en face du choléra, alors que la mortalité infantile était très élevée à Lille (sur 526 enfants de moins d'un an morts en 1832, 4 seulement étaient des victimes du choléra). De même, chez les adultes, la décade de 20 à 30 ans fournit un nombre élevé de décès en 1832 (3e rang par ordre d'importance après les vieillards de 60 à 70 ans et de 70 à 80 ans) alors qu'elle fut la moins atteinte par le choléra.

Le tableau de la répartition des cholériques par âge et par sexe laisse apparaître à nouveau des différences notables entre les hommes et les femmes devant l'épidémie.

Les femmes ont donc été plus touchées que les hommes dans toutes les catégories d'âge sauf de 4 à 15 ans où les garçons furent les plus nombreux : 72 malades et 19 morts contre 45 malades et 16 morts de sexe féminin. De plus, on ne relève pas le plus grand nombre de malades aux mêmes âges pour l'un et l'autre sexe. Les personnes de 50 à 60 ans constituent la plus grande partie des malades

---

[115] *Archives Municipales de Lille*, Registre d'État civil, 1832

chez les hommes tandis que pour les femmes, ce sont celles de 60 à 70 ans. Le taux de mortalité des adultes de 20 à 80 ans s'accroît régulièrement pour les deux sexes comme dans le tableau général par âge, sauf pour les personnes de 30 à 40 ans où il baisse nettement dans les deux catégories. Les âges qui ont connu les taux de mortalité les plus élevés ont été pour le sexe masculin ceux de 70 à 80 ans, de 2 à 3 ans, de 60 à 70 ans, de 80 à 90 ans ; pour le sexe féminin ceux de 90 à 100 ans, de 0 à 6 mois, de 70 à 80 ans, de 80 à 90 ans, de 2 à 3 ans, de 1 à 2 ans et de 6 mois à 1 an. Ainsi, comme dans le classement général des victimes par âge, ce sont les vieillards et les enfants au-dessous de 3 ans qui ont présenté les taux les plus forts. Cependant, il faut remarquer que dans l'ensemble les hommes ont plus facilement succombé à la mort que les femmes, exception faite toutefois des individus de 0 à 5 ans, de 10 à 15 ans et de 80 à 100 ans.

À l'hospice général où l'importance de l'épidémie semble nécessiter une étude particulière, les femmes, comme en ville, ont été plus touchées que les hommes par le choléra. On compte 205 femmes contre 59 hommes parmi les malades et 139 femmes contre 44 hommes parmi les morts. D'autre part, il faut noter que les vieillards ont constitué la grande majorité des victimes alors qu'ils formaient à peine les 2/3 des personnes réfugiées dans l'établissement. Ils ont, en effet, représenté 81,35 % des malades et 86,36 des morts de sexe masculin et 84,87 % des malades et 88,48 % des morts de sexe féminin. Les enfants au contraire ont beaucoup moins souffert de l'épidémie. On ne compte que deux malades et un mort de moins de 10 ans. De 10 à 20 ans, par contre, les chiffres ont été un peu plus élevés 22 malades et 8 décès.

L'épidémie de choléra a donc surtout frappé à Lille les adultes et les vieillards. Les personnes de 40 à 50 ans ont fourni le plus de malades et celles de 70 à 80 ans le plus de décès, et dans l'ensemble le fléau menaça davantage les femmes que les hommes.

Âge (ans)	Malades			Morts			Taux de mortalité par rapport au nombre des malades		
	H	F	H et F	H	F	H et F	H	F	H et F
0—6 mois	0	2	2	0	2	2	0 %	100 %	100 %
6—12 mois	2	4	6	0	2	2	0 %	50 %	33,33 %
1-2	10	10	20	2	6	8	20,00 %	60 %	40,00 %
2-3	9	10	19	5	7	12	55,55 %	70 %	63 21 %
3-4	9	10	19	3	4	7	33,33 %	40 %	36,84 %
4-5	6	4	10	1	1	2	15,83 %	25 %	20 00 %
5-10	30	19	49	10	6	16	33,33 %	31,56 %	32,65 %
10-15	33	22	55	8	9	17	24,24 %	40,90 %	30,90 %
15-20	20	39	59	5	11	16	25,00 %	28 %	27,12 %
20-30	62	117	179	20	32	52	32,35 %	27,35 %	34,62 %
30-40	92	131	223	43	49	92	46,95 %	37,40 %	41,20 %
40-50	99	152	251	40	53	93	40,40 %	34,86 %	37,00 %
50-60	104	105	209	45	42	87	43,26 %	40 %	41,62 %
60-70	73	174	247	40	86	126	54,79 %	49,42 %	51 %
70-80	42	139	181	31	99	130	73,80 %	71,22 %	71,82 %
80-90	6	31	37	3	22	25	50,00 %	70,96 %	67,56 %
90-100	0	1	1	0	1	1	0 %	100 %	100 %
Âge inconnu (a)	15	26	52	5	12	18			
TOTAL	612	996	1 619	261	444	706			

TABLEAU DE LA REPARTITION DES CHOLERIQUES PAR AGE ET PAR SEXE

(a) Il faut y ajouter 11 malades et 1 mort, de sexe inconnu

La répartition topographique et sociale.

Le choléra frappa également les différents quartiers de la ville. On peut établir les classements suivants pour chacune des divisions administratives de Lille[116] :

Arrondissement	Malades
2ᵉ arr.	486
1ᵉʳ arr.	453
3ᵉ arr.	304
5ᵉ arr.	170
4ᵉ arr.	162

Paroisse	Malades
Magdeleine	455
Saint-Maurice	397
Saint-Sauveur	321
Ste-Catherine	170
Saint-Étienne	143
Saint-André	81

Cette nomenclature ne présente à première vue aucune caractéristique, puisque ce sont les paroisses les plus peuplées qui ont totalisé le plus de malades[117].

Une remarque s'impose pourtant. L'intensité du choléra à l'Hospice Général a considérablement accru le nombre de malades du 2ᵉ arrondissement et de la Paroisse de la Magdeleine où se situait cet établissement. Il faut donc retrancher les cas de l'Hospice du total de cette paroisse, et le classement des paroisses où le choléra exerça le plus de ravages s'établit ainsi en ordre décroissant : Saint-Maurice, Saint-Sauveur et enfin la Magdeleine. Il apparaît alors que les deux paroisses les plus éprouvées par le fléau furent celles où l'on comptait le plus d'indigents[118].

Les pourcentages de population pauvre par rapport à la population totale dans chaque paroisse apportent d'autres conclusions[119] :

---

[116] *Archives Départementales du Nord,* M 305-8 Cf Plan de la ville de Lille.

[117] Pour la population de chaque paroisse, voir tableau p.125.

[118] Pour les proportions d'indigents, voir plus haut, tableau de la répartition par paroisse des indigents.

[119] Le calcul du nombre d'habitants par paroisse a été fait d'après l'Annuaire du Dépt. du Nord et l'Almanach du Commerce de Lille (années 1829 à 1833). Mais ces documents ne nous ont pas permis de distinguer les paroisses St-André et Ste-Catherine.

Paroisse	Pop.	% d'indigents/paroisse	% d'indigents/pop. indigente totale	% malades/pop. totale
La Magdeleine	19 240	21,91 %		2,36 %
La Magdeleine (sans l'Hospice)	17 660	23,78 %	18,55 %	1,25 %
St-Maurice	16 333	32,12 %	23,80 %	2,43 %
St-Sauveur	14 812	45,17 %	29,43 %	2,22 %
St-André et Ste-Catherine	11 074	39,45 %	19,21 %	2,26 %
St-Étienne	7 614	26,81	8,98 %	1,87 %

On rencontre, en effet, la proportion de malades la plus élevée dans les paroisses Saint-Maurice, Saint-Sauveur, Saint-André et Sainte-Catherine, les plus surchargées d'indigents non seulement en chiffres absolus, mais aussi proportionnellement à leur population totale. Il est difficile de ne pas songer, en considérant ces chiffres, à une influence capitale de la misère sur la répartition de la maladie.

Cependant, cette répartition présente un certain paradoxe. En effet, la paroisse Saint-Sauveur qui comptait la plus forte proportion (45,17 %) et le plus grand nombre d'indigents ne subit pas les ravages les plus importants proportionnellement à sa population totale. Les pourcentages maxima se trouvent dans les paroisses Saint-Maurice, Saint-André et Sainte-Catherine. Comment expliquer ces différences ? Il est nécessaire de faire intervenir d'autres éléments : la misère, l'absence de canaux et aussi, peut-être, un nombre plus restreint de caves dans la paroisse Saint-Sauveur. Les paroisses Saint-Maurice, au contraire, était irriguée par le canal Béquerel dont nous avons souligné l'insalubrité, tandis que celle de Sainte-Catherine se situait entre le canal de la moyenne Deûle et ceux de la Baignerie, des Ponts de Weppes, de la Monnaie et du Cirque. Dans ces deux paroisses également, les caves étaient plus nombreuses qu'à Saint-Sauveur.

L'importance du rôle de la misère paraît confirmée par l'examen du classement des rues par ordre décroissant des cas de choléra. On remarque en effet que les plus pauvres ont été, en général, les plus touchés : Rues des Etaques, du Bourdeau, de Jemmapes, de la Baignerie, de la Halloterie, la cour du Coq d'Inde. D'autre part les neuf premières rues de ce classement appartiennent toutes au noyau le plus ouvrier qui s'étendait sur les paroisses Saint-Sauveur et Saint-Maurice entre les rues de Paris et de Tournai. Mais les canaux semblent aussi avoir exercé une influence décisive dans la répartition des malades par rue, en liaison avec la densité de population pauvre. Parmi les 15 rues les plus atteintes par le choléra, deux étaient en effet voisines des canaux de la Basse-Deûle et des Pénitentes, deux du canal de la Baignerie, sept du Béquerel. Parmi ces dernières, 3, les rues de Tournai, du Bourdeau, et Mahieu se classaient immédiatement après la rue des Etaques qui, en chiffres absolus, avait payé à l'épidémie le tribut le plus lourd[120].

L'étude comparative des proportions de malades par rapport à la population pauvre dans les rues voisines du Béquerel (Paroisse Saint-Maurice) et dans celles du quartier Saint-Sauveur confirme l'importance du rôle joué par les canaux[121].

Le quartier du Béquerel a donc été, proportionnellement à sa population, beaucoup plus éprouvé que le quartier Saint-Sauveur. Les rapports respectifs du nombre de malades aux habitants accusent une différence du simple au double. Même en chiffres absolus, aucune rue du quartier Saint-Sauveur, sauf celle des Etaques, n'a compté autant de cas que chacune des rues du Béquerel. Il faut remarquer pourtant que quelques rues ou cours du quartier Saint-Sauveur ont atteint une proportion égale à celles des rues voisines du Béquerel. Ce sont par exemple les cours Maître Charles, Neuve, Saint-Jean, l'Apôtre qui ont eu 1 malade sur 5 à 8 habitants comme la cour du Chaudron et la rue d'Antoing. Mais les cours étaient particulièrement pauvres et insalubres. Cependant, nulle part

---

[120] *Archives Départementales du Nord*, M 305-8. Cf. Plan de la ville de Lille.
[121] *Archives Départementales du Nord*, M 305-8. Pour la population par rue. Cf. Th. Lestiboudois (II), *op. cit.*

dans le quartier Saint-Sauveur on n'atteignit la proportion de 1 malade pour 3 ou 4 habitants, que l'on rencontre dans la cour du Coq d'Inde assise en quelque sorte sur le canal même.

L'influence des canaux dans la répartition des cas de choléra a été soulignée par tous les rapports contemporains. Le Bureau de Secours sanitaire du 1er arrondissement estimait que sur 132 cas apparus dans la ville du 8 au 25 août, 119 s'étaient manifestés chez des habitants riverains du Béquerel. Il constatait en outre que sur 68 décès survenus dans la même période « 6 seulement avaient été constatés dans des habitations éloignées de cet infect ruisseau »[122]. Brissez, enfin, l'un des 10 médecins attachés au service de santé du 1er arrondissement affirmait dans « un état sur la mortalité dans l'arrondissement Nord-Est de la ville »[123] que la presque totalité des cas observés dans cet arrondissement s'étaient déclarés autour du Béquerel. Ce même Brissez reconnut aussi une prédominance des décès dans les rues situées près du Canal de Paris.

---

[122] *Écho du Nord*, 12 septembre 1832.

[123] Nous n'avons pas trouvé cet ouvrage du DR BRISSEZ ; sans doute a-t-il disparu lors de l'incendie des archives municipales de Lille. Nous en avons trouvé des extraits dans les ouvrages suivants : M MAREY : *Les eaux contaminées et le Cholera* ; et J ARNOULD : *Quelques traits de l'histoire du Cholera à Lille de 1832 à 1866.*

Rues et Cours	n. malades	n. habitants	Rapport malades/habitants
Fin de la rue de Tournai	19	256	1/13 à 14
Cour du Chaudron	24	157	1/6 à 7
Rue de Boufflers	21	285	1/13 à 14
Rue Mahieu	27	591	1/21 à 22
Rue du Bourdeau	30	867	1/28 à 29
Rue d'Antoing	24	198	1/8 à 9
Cour du Coq d'Inde	25	92	1/3 à 4
Total	170	2 446	1/14 à 15
Rue des Etaques	54	1 024	1/18 à 19
Rue des Robleds	11	628	1/57
Cour Maître Charles	10	69	1/6 à 7
Cour Bateleur	1	76	1/76
Cour Muhau	0	53	0
Cour l'Apôtre	15	112	1/7 à 8
Cour Sauvage	3	120	1/40
Cour des Faces	0	58	0
Cour Saint-Denis	1	41	1/41
Cour Neuve	6	39	1/6 à 7
Cour à Clous	8	116	1/14 à 15
Cour des Jardins	9	157	1/17 à 18
Cour des Bourloirses	0	36	0
Cour du Vert Lion	3	105	1/35
Cour du Soleil	7	111	1/16
Cour Saint-Jean	18	102	1/5 à 6
Cour des Sots	4	181	1/45
Cour Noiret	7	102	1/14 à 15
Cour du Vert-Debout	0	64	0
Cour Lottin	9	224	1/25
Cour Jeannette	9	338	1/37 à 38
Cour du Ghâs	8	145	1/18
Cour Touret	2	209	1/14
Cour du Puits	0	29	0
Cour Cysoing	2	92	1/46
Cour Joyeuse	0	49	0
Cour du Rouge-Debout	0	80	0
Cour Saint-Hubert	0	65	0
Total	188	4 578	1/24 a 25

Deux éléments essentiels, la misère et les canaux, semblent bien avoir déterminé la répartition de l'épidémie dans la ville. La misère est intervenue seule dans la paroisse Saint-Sauveur.

Les canaux s'y sont joints dans les paroisses Saint-Maurice, Sainte-Catherine et la Magdeleine. Dans cette dernière, les rues, les cours et l'Hospice qui étaient voisins du canal de la Basse-Deûle eurent également un grand nombre de cholériques.

Selon Arnould, les canaux auraient ainsi joué pour les habitations qui en étaient proches le même rôle général que la misère, l'incurie et la malpropreté sous toutes ses formes dans la rue des Etaques et autres.

Les catégories les plus diverses furent frappées par le choléra. Cependant, l'examen détaillé du tableau des malades et des décès par profession confirme ce que la répartition topographique laissait pressentir : la classe pauvre a payé le plus lourd tribut au fléau.

En effet, sur 1 619 cholériques, on peut dénombrer 969 personnes de la classe pauvre : ouvriers d'ateliers ou travailleurs à domicile, ouvriers des métiers traditionnels ou gens de maison. On peut encore y ajouter les malades de l'Hospice Général, ce qui donne un total de 1 243 malades, soit 76,77 % de tous les cas. Ces catégories les plus déshéritées fournirent aussi un pourcentage extrêmement important des décès dus au choléra : 74,70 % (528 cas).

Les classes riches jouirent au contraire d'une immunité quasi totale. Ce fait semble particulièrement frappant lorsque l'on considère certaines catégories sociales qui comptaient parmi les plus aisées, celles des propriétaires et des industriels (6 cas seulement, dont 2 mortels)[124]. Les victimes de ces classes ne furent d'ailleurs atteintes qu'au mois de septembre, alors que l'intensité de l'épidémie avait beaucoup diminué.

---

[124] On comptait à Lille, dans les industries de la filature de coton et de la filterie de lin seulement, 106 chefs d'entreprise.

Professions	Malades		Total	Décès		Total
	H	F		H	F	
Journaliers Ouvriers du textile (en ateliers)	114	272	386	43	55	98
Ouvrier s du textile (a domicile)	25	268	293	10	104	114
Autres ou d'ateliers	27		27	11		11
Ouv. des métiers traditionnels et gens de maison	64	26	90	28	10	38
Commerçants	37	16	53	19	11	3 o
Employés, prof. libérales	7	1	8	3	1	4
Industriels, propriétaires	5	1	6	1	1	2
Rentiers	4	12	16	3	6	9
Infirmes, mendiants	6	4	10	3	0	3
Sans profession[125]	87	277	364	57	192	249
Enfants			159			55
Divers	25	9	34	10	4	14
Total			1 619			706

Jusque-là, on n'avait dénombré que des pauvres parmi les cholériques[126]. On remarque cependant le nombre assez élevé de commerçants (53 malades, 30 décès), mais tous ne faisaient sans doute pas partie des milieux riches de la ville. On y relève entre autres des épiciers, des cabaretiers, des colporteurs.

Il serait intéressant de pouvoir établir des proportions exactes d'ouvriers atteints par la maladie dans chacune des professions. Mais l'imprécision des termes de journaliers, journalières, rend difficile ce calcul. En effet, dans cette catégorie d'ouvriers, nombreux étaient ceux que l'on employait aux besognes les plus dures dans les manufactures, en particulier les filatures de coton. Ils devaient notamment mouvoir les métiers dans les fabriques encore dépourvues de machines à vapeur. La plupart avaient d'ailleurs coutume de se réunir

---

[125] Ces chiffres se composent en grande partie des malades et des morts de l'Hospice (264 malades et 183 décès).
[126] TH. LESTIBOUDOIS (II), op cit.

chaque jour sur une place de la ville où les contremaîtres venaient les embaucher[127]. Mais nous ne pouvons savoir dans quelles proportions ces ouvriers journaliers se répartiraient entre chaque profession.

Même en excluant les ouvriers des métiers traditionnels, on compte chez les victimes de l'épidémie 879 ouvriers actifs, employés surtout dans l'industrie textile, parmi lesquels on enregistre 302 cas mortels. Ces chiffres correspondent à 54,73 % des cholériques de toute la ville et 42,59 % des décès.

Si l'on retranche du total des malades et des morts, ceux de l'hospice qui constituait un cas très particulier, les ravages du choléra pour le reste de la ville s'élèvent à 1 355 malades et 523 morts. Les ouvriers actifs représentent alors 64,87 % des malades et 57,93 % des décès alors qu'ils n'étaient environ que 21 000, soit 30,40 % de la population lilloise totale. Ici encore, les statistiques montrent la grande vulnérabilité de la classe ouvrière.

Les catégories d'ouvriers les plus durement atteints par le fléau furent les journaliers, les dentellières, ceux qui travaillaient dans les filatures de coton et enfin les filtiers d'ateliers. Ces trois dernières professions du textile étaient d'ailleurs, nous l'avons remarqué, celles qui rassemblaient à Lille le plus grand nombre d'ouvriers. À défaut de pourcentages précis, nous avons établi le tableau approximatif qui semble corroborer les conclusions apparues antérieurement les ravages importants du choléra dans les milieux ouvriers[128]. Il faut rappeler que, pour ce tableau, nous avons dû omettre, dans le total des ouvriers d'ateliers, le nombre de journaliers qui travaillaient dans chacune des professions et celui des malades de cette catégorie. Ceci fait probablement diminuer le pourcentage de malades, car les journaliers furent sévèrement décimés par le fléau.

La faiblesse de la classe ouvrière est aussi attestée par un taux de mortalité très élevé qui pour aucune de ces professions n'est inférieur au taux moyen de la ville (l'hospice exclu). Si celui des dentellières en est assez voisin, celui des

---

[127] H. LOYER *Recueil pour servir aux archives du comité ou chambre syndicale des filateurs de coton à Lille,* Lille, 1873.
[128] *Archives Départementales du Nord,* M 205-6 et M 653-12.

fileurs ou des tisserands lui est largement supérieur. Il ne semble pas apparaître de fortes différences à cet égard entre les ouvriers qui travaillaient en atelier et ceux qui exerçaient leur profession à domicile, entre les ouvriers de l'industrie et ceux des métiers traditionnels.

Profession	% pop.	% malades / malades toute la ville (hospices exclus)	% décès (hospice exclu)	Taux de mortalité (hospice exclu)
Dentellières	7,45	16,3	16,44	38,9
Ouv des fil. de coton	6,39	6,49	7,64	45
Filtiers de coton slmt.		5		45
Filtiers (en ateliers)	3,63	5,09	6,11	60
Tisserands	0,36	0,95	1,33	46,3
Taux de mortalité moyen par rapport au nombre de malades pour toute la ville (sans compter l'hospice)				53,8

On notera cependant le taux de mortalité très important des fileurs de coton proprement dits (60 %) qui avaient, nous l'avons vu, un travail particulièrement pénible dans une atmosphère surchauffée ; puis celui des tisserands qu'un séjour continuel dans les caves humides où ils actionnaient leur métier prédisposait au choléra ; des filtiers, catégorie d'ouvriers très débiles, et enfin des dentellières, défavorisées par les maisons et les caves misérables où elles demeuraient constamment. Mais plus que l'insalubrité du travail, un médiocre niveau de vie et la misère jouèrent un rôle important dans la répartition de l'épidémie. L'un et l'autre se rencontraient chez tous les ouvriers et confondaient leurs possibilités d'échapper au fléau.

Lorsque la maladie se déclarait dans un foyer ouvrier, elle faisait peser une lourde menace de mort non seulement sur le malade lui-même, mais aussi sur tous les membres de la famille. Le rapport d'un bureau de secours sanitaire le souligne avec force, sans nécessiter de commentaires : « on a vu des malheureux sans chemise couchés sur le plancher, plongés dans l'ordure ou la matière de leurs déjections ; les individus sains étaient groupés ou entassés auprès des malades et des mourants, des cadavres gisaient encore au milieu d'eux dans la même chambre, quelquefois dans le même lit. Chez un grand nombre, une mauvaise toile d'emballage, jetée à terre et dans laquelle ils s'enveloppaient leur servait de coucher... »[129]. Ceux qui appartenaient à la classe ouvrière avaient non seulement plus de risques d'être touchés par le choléra, mais atteints ils avaient moins de chance de guérir[130].

L'intensité du choléra dans la classe ouvrière peut nous permettre d'expliquer la particularité de la répartition journalière que nous avons soulignée plus haut le plus grand nombre de cholériques au début de chaque semaine. Certains auteurs, comme le Dr Bailly, ont lié ce fait à l'intempérance des ouvriers les jours qui suivaient la paie[131]. Mais peut-être est-il possible de l'attribuer non pas tant aux excès de boisson qu'à l'irrégularité du régime alimentaire. En effet, entre la nourriture de chaque dimanche et celle des autres jours de la semaine, il y avait dans les familles ouvrières un déséquilibre considérable.

La peur est-elle la cause de la forte proportion de femmes dans les cas de choléra, caractéristique de l'épidémie lilloise ? Le système nerveux des femmes plus impressionnables aurait laissé une plus grande emprise à la panique, et la peur aurait joué le rôle d'un facteur important de contagion ? Une forte proportion d'ouvrières travaillaient à domicile et demeuraient ainsi perpétuellement dans l'atmosphère malsaine des cours ; lors de l'épidémie, elles furent aussi davantage en contact avec les malades de leur famille et par conséquent plus menacées. Il faut d'ailleurs remarquer que parmi les ouvrières victimes du choléra, celles qui travaillaient à domicile ont été beaucoup plus nombreuses que celles des ateliers (268 contre 55). Enfin le régime alimentaire des femmes dans la

---

[129] *Écho du Nord*, 12 septembre 1832.

[130] Parmi les morts du choléra, ou relève les noms de 36 Belges. Mais nous n'avons pu connaître le nombre précis d'ouvriers belges qui travaillaient à Lille en 1832, et par conséquent nous n'avons pu déterminer dans quelle proportion ces immigrants avaient été frappés par la maladie. Il n'existe à Lille aucune statistique concernant ces ouvriers avant 1851. Vers 1830, ils étaient encore peu nombreux : moins de 750 (*Archives Municipales de Lille*, Fonds Gentil, 222-703).

[131] BAILLY *Recherches statistiques sur l'épidémie de Choléra qui a régné à Lille en 1848 et 1849.*

classe ouvrière était peut-être inférieur à celui des hommes et ceci pouvait contribuer à les rendre moins résistantes.

Les réactions de la population face à l'épidémie.

La population lilloise refusa tout d'abord de croire à l'approche du choléra. Elle la considérait comme une pure invention de la police destinée à faciliter les mesures de salubrité qui venaient d'être prises[132]. Mais bientôt, elle dut se rendre à l'évidence : fin mai, le choléra s'installait dans la ville. L'importance du fléau allait engendrer les bruits les plus absurdes.

On murmura que les victimes du choléra étaient intoxiquées en particulier par l'eau des pompes publiques que l'on disait empoisonnées par ordre du gouvernement. Ces fausses nouvelles se répandirent dans les milieux pauvres, notamment dans les fabriques[133]. L'adhésion des indigents à ces rumeurs se traduisit par le refus de se rendre aux distributions gratuites de soupe gélatineuse, et surtout de se faire soigner à l'hôpital. On prétendait non seulement que les malades y étaient empoisonnés, mais aussi brûlés. Il fallut pour détruire cette conviction toute la persuasion des médecins, et aussi la preuve des bons soins reçus dans l'établissement qu'apportèrent ceux qui en sortaient guéris[134].

Si ces bruits semblent analogues à ceux qui circulèrent dans la capitale lors de la même épidémie de choléra, on est loin de constater à Lille une agitation comparable à celle de Paris : pas d'émeutes, pas de manifestations contre les hôpitaux ou les pharmacies. Et on peut s'étonner de ne pas assister dans la ville à de courtes, mais violentes explosions de colère de la part des classes pauvres cruellement éprouvées par le fléau qui semblait épargner les riches. Mais face à ce privilège, comme face à la baisse des salaires, au chômage ou à la misère, la classe ouvrière lilloise resta entièrement passive. Était-ce dû au caractère calme des habitants comme le prétendaient les contemporains, à la crainte de la menace que laissait peser une forte garnison et une garde nationale

---

[132] *Archives Départementales du Nord*, M 137-40.
[133] *Archives Départementales du Nord*, M 184-17.
[134] *Archives Bureau Bienfaisance de Lille*, 71 E 14. *Écho du Nord*, 12 septembre 1832. TH. LESTIBOUDOIS, *op. cit.*, p. 61.

nombreuse, à un esprit de soumission et de résignation particulier à une population assistée en grande partie par des organismes de bienfaisance ? On ne sait, mais l'immunité des classes riches devant le fléau laissa les ouvriers lillois sans réaction.

La panique, dont témoignent les rumeurs dont nous avons parlé, eut aussi pour conséquence une exaltation du sentiment religieux. Celle-ci se manifesta de plusieurs manières bruits de miracle à propos d'un pèlerinage des pensionnaires de l'hospice à Notre-Dame de Loos, village voisin de Lille, miracle qui aurait fait cesser la violence de l'épidémie dans l'établissement, et l'organisation de prières publiques autour de statues de la Vierge dans les rues de la ville. Ces rassemblements provoquèrent en septembre quelques incidents sans grande portée. Ils opposèrent, semble-t-il, les partisans de journaux locaux, l'un orléaniste l'autre carliste, mais leur faible ampleur ne leur donna qu'une signification politique très restreinte. Le Maire de Lille en rejetait d'ailleurs toute la responsabilité sur le parti légitimiste, assurant que « depuis l'invasion du choléra dans la ville, les ennemis de la révolution de Juillet, et de la dynastie qu'elle avait fondée, cherchaient à exploiter le fléau dans l'intérêt de leur parti, usant de la superstition comme d'une arme contre la liberté »[135]. Mais il semble qu'il ait voulu surtout se montrer un zélé défenseur du régime nouveau en grossissant des faits sans importance, car l'action politique des carlistes paraît avoir été particulièrement effacée pendant l'épidémie.

L'étude du choléra à Lille en 1832 nous montre l'éclosion et le développement de l'épidémie dans une cité industrielle. Lille fut aux prises avec la maladie du 31 mai au 9 novembre 1832. Proportionnellement aux villes voisines, elle fut beaucoup plus sévèrement éprouvée. On y compte 1 malade pour 42 habitants, 1 décès pour 97. Ces chiffres élevés s'expliquent en partie par l'insalubrité générale et le surpeuplement d'une ville qui, encore entourée de remparts, ne pouvait s'agrandir.

---

[135] *Archives Départementales du Nord*, M. 305-11.

De nombreux facteurs influencèrent la répartition des cas. Elle varia d'une part suivant l'âge et le sexe. Si les enfants en bas âge échappèrent au fléau, les adultes et les vieillards au contraire furent les plus touchés. De plus, parmi les cholériques, les femmes furent beaucoup plus nombreuses que les hommes. D'autre part, les résultats de l'épidémie différèrent suivant les secteurs de la ville. On peut en attribuer la cause à deux facteurs principaux : la misère et la présence de canaux nombreux et malsains à Lille. Les quartiers pauvres ont tous été très éprouvés par la maladie, mais ceux qui étaient proches des canaux ont connu une épidémie plus meurtrière encore.

Aussi les effets du choléra furent très diversement ressentis suivant les classes sociales. Il épargna les plus riches (industriels, propriétaires) et décima les ouvriers, les indigents. Ceux-ci comptèrent 76,77 % des malades et 74,70 % des décès dus au choléra. Les ouvriers actifs, travaillant surtout dans l'industrie textile, qui représentaient environ 31 % de la population totale, fournirent à eux seuls 64,87 % des malades et 57,93 % des décès, si l'on exclut du total des victimes les pensionnaires de l'Hospice Général qui succombèrent au mal.

Le choléra accentua donc nettement l'inégalité devant la mort, qui existait déjà dans la ville, entre les différentes catégories sociales. On ne peut s'étonner que les ouvriers aient payé le plus lourd tribut au fléau si l'on songe à la lutte sévère que devait mener leur organisme contre les épouvantables conditions de logement et de travail, contre l'insuffisance d'une nourriture médiocre, malsaine par surcroît, contre les privations multipliées depuis six ans par une crise économique. Ceux-là mêmes qui menaient une existence dure et terne souffrirent davantage des faiblesses techniques de la société où ils vivaient. Pour eux, les ravages du choléra furent la rançon de la misère.

LES DÉPARTEMENTS NORMANDS

Jean VIDALENC

L'épidémie de choléra de 1832 semble avoir revêtu dans les divers départements normands des caractères très différents, et avoir eu des effets singulièrement inégaux, en relation apparemment fort nette avec les possibilités de communication vers la région parisienne d'où semble être venue la contagion. Celle-ci se trouve en effet curieusement limitée, et elle eut une ampleur sans rapport avec les chiffres de la population respective des divers arrondissements.

Le recensement de 1831 avait constaté la présence d'habitants bien plus nombreux que de nos jours. On en comptait 693 683 dans la Seine-Inférieure, 591 284 dans la Manche, 494 702 dans le Calvados, 441 881 dans l'Orne et 424 248 dans l'Eure.

L'épidémie de l'année suivante commença le 8 avril dans la Seine-Inférieure ; elle devait y prendre fin le 10 décembre, après avoir touché 159 communes, fait 6 190 malades et causé 2 804 décès.

L'Eure fut ensuite touchée, du 13 avril au 6 octobre, affectant des habitants de 140 communes et le nombre des malades s'éleva à 1837, avec 851 décès.

Dans le Calvados, l'épidémie commença le 20 avril pour cesser le 4 octobre, mais elle ne toucha que 29 communes, avec 848 malades et 395 décès.

Dans la Manche, où la contagion se manifesta seulement le 23 mai 1832, mais où la fin de l'épidémie ne fut enregistrée que le 14 janvier 1833, 17 communes seulement furent touchées, avec 745 malades et 342 décès.

Dans l'Orne enfin, l'épidémie commencée dès le 30 avril prit fin le 16 novembre, ayant touché 13 communes, avec un total de 339 malades, mais la proportion exceptionnellement élevée de 233 décès.

Ces chiffres bruts, conservés aussi bien aux Archives Départementales de l'Eure dans un rapport récapitulatif que dans le 1er volume de l'Annuaire des Cinq Départements de l'ancienne Normandie (p. 112, 113, 114), semblent d'ailleurs susceptibles de rectifications de détail et exigent d'être précisés pour donner une idée plus exacte de ce que fut l'épidémie. On peut cependant en retenir comme exacte l'impression essentielle d'un contraste fort net entre la Basse-Normandie et la Haute-Normandie, la première relativement épargnée, l'autre sévèrement touchée.

Dans l'Orne, le premier cas signalé par le *Journal d'Alençon et du département de l'Orne* du 16 avril 1833 est celui d'une femme de Carrouges, arrivée ce jour même de Paris, en date du 9, soit trois semaines avant la date officielle, si l'on peut dire, du début de la contagion. Il est permis de penser qu'il s'agissait d'une de ces paysannes qui élevaient en nourrice des enfants de la capitale, ainsi que le fait est expressément signalé pour une autre malade habitant à Chandai près de Laigle à la fin du mois. Il est en tous cas certain que les communes touchées se rencontrent exclusivement dans les arrondissements de Mortagne, d'Argentan, et autour de Laigle, dans une moindre mesure autour d'Alençon, c'est-à-dire dans les régions le plus fréquemment en rapport avec la capitale.

Il est probable, sans qu'on puisse l'affirmer absolument, que l'épidémie connut des arrêts, puis des reprises. C'est ainsi que le journal du 7 novembre signalait des cas survenus à Vimoutiers, dans l'arrondissement d'Argentan et à Longni, dans l'arrondissement de Mortagne alors qu'on estimait le 29 octobre que la maladie avait entièrement cessé ses ravages dans cette région. Il est plus probable encore que l'isolement relatif du département, à l'écart des grandes routes, contribua à limiter l'extension de l'épidémie à un nombre très limité de communes. La rançon de cette situation fut peut-être l'absence ou la médiocrité des secours que purent recevoir les malades, et qui peuvent expliquer dans une certaine mesure le pourcentage relativement élevé des pertes, près de 60 %.

Il est toutefois permis de se demander de quelle efficacité pouvaient bien être les dispositions prises après qu'une circulaire préfectorale insérée dans le numéro 10-11 du recueil des actes administratifs eût affirmé, en invoquant l'unanimité des médecins de Paris, et cela à la fin du mois d'avril, que la maladie n'était pas contagieuse. La mesure la plus efficace avait assurément consisté à installer à l'hospice départemental un appareil à fabriquer le chlorure de chaux et à conseiller des aspersions de ce produit ; on suggérait aussi, il est vrai, de les accompagner de fumigations de chlore ou de vinaigre. Encore à la fin du mois d'août, une circulaire préfectorale publiée dans le n° 21 du même recueil mettait en garde contre le rouissage, « opération qui altère et qui corrompt les eaux », et conseillait de prendre des précautions sinon pour détruire, mais pour atténuer les inconvénients d'une opération qu'on ne se résignait pas à interdire en raison de son importance pour l'industrie. Le *Journal d'Alençon* donnait dans son numéro du 29 octobre un bilan des pertes subies jusqu'alors dans le département, et les évaluait à 319 malades et 137 décès. Si ce chiffre était exact, il faudrait admettre aussi que la fin de l'épidémie fut particulièrement meurtrière — à moins de supposer que le rédacteur, qui ne voulait pas étouffer des nouvelles dont l'importance était soupçonnée par la population, comme le montrerait son article signalant dès le début d'avril les premiers cas de l'épidémie, n'ait cru cependant nécessaire de passer sous silence un certain nombre de nouvelles, perdues en quelque sorte dans la masse, afin de diminuer l'effet moral d'une calamité dont la malveillance, toujours aux aguets selon l'optique des journalistes gouvernementaux, aurait pu rejeter la responsabilité sur le ministère.

Dans la Manche, l'évolution de l'épidémie semble avoir également dépendu dans une large mesure des rapports avec l'extérieur. Il est révélateur qu'un rapport de gendarmerie du 23 septembre 1832 signale 518 cas, dont 21 de militaires, et 244 décès, dont 13 militaires, ce qui attire l'attention sur la garnison de Cherbourg, en rapports constants à travers la baie de la Seine avec les ports de la Haute Normandie où la mortalité était la plus forte de toute la province. Dès le mois de juillet, d'ailleurs, un autre rapport avait signalé que des cas avaient été relevés dans 13 communes de l'arrondissement de Cherbourg, dans 5 de celui de Valognes, dans une de celui de Coutances et dans une de celui de Saint-Lô, ce qui correspond presque point par point avec les facilités relatives de communication vers la basse Seine, mais donne, six mois avant la fin de l'épidémie, un nombre de communes contaminées supérieur de deux à celui qui fut retenu dans la statistique récapitulative. Il semble d'autre part que la fin de l'épidémie fut en quelque sorte moins brutale et moins meurtrière que ses débuts : le 10 octobre 1832, la gendarmerie signalait en effet qu'il y avait déjà 617 cas et 281 décès constatés, ce qui ne laisserait que 128 cas et 61 décès pour les trois derniers mois d'une contagion qui en avait duré près de huit.

Des constatations analogues peuvent être faites dans le Calvados où les archives départementales n'ont pas connu les destructions survenues à Saint-Lô. S'il faut en croire la société de médecine, l'épidémie se manifesta en premier lieu à Bénouville, petite commune à l'embouchure de l'Orne dont les marins allaient souvent au cabotage au Havre et à Rouen ; elle gagna ensuite diverses communes du littoral. La liste des localités contaminées établie par la gendarmerie le 30 juin 1832 est très caractéristique des conditions de la contagion. Étaient alors touchées les communes littorales, ou presque, de Honfleur, Trouville, Ouistreham, Benouville, la Délivrande, et dans l'intérieur Reux, Pont-l'Évêque, Lisieux et Caen, toutes en relations fréquentes avec la région rouennaise. Les 29 communes qui avaient été touchées au cours de l'épidémie se trouvaient presque exclusivement dans les trois arrondissements de Caen, Pont-l'Évêque et Lisieux ; ceux de Falaise et de Vire, plus isolés dans leur bocage, n'avaient connu que des cas sporadiques.

Il était toutefois curieux d'observer que nul cholérique n'avait été remarqué dans l'arrondissement de Bayeux ; il avait pourtant des relations fréquentes soit avec les ports de la Basse Seine pour l'exportation des beurres en particulier, soit avec les marchés de Routot et de Poissy où les conducteurs de bétail pouvaient rencontrer des acheteurs venus de Rouen ou de Paris, c'est-à-dire des deux centres qui semblent avoir été le plus souvent à l'origine de l'épidémie en Normandie. Peut être faut-il accorder quelque valeur à cette opinion d'un médecin qui voyait dans la nourriture plantureuse par rapport à celle des ouvriers qu'était celle des marins, des domestiques des herbagers et des bouchers une garantie de bonne santé et de résistance à la contagion.

On peut en tous cas affirmer que l'effort très réel du corps médical pour essayer de combattre le fléau relevait encore de méthodes empiriques. La municipalité de Caen et l'administration préfectorale avaient donné des indications par tous les bulletins officiels dont elles pouvaient disposer, créé des commissions de surveillance, dont faisaient partie tous les médecins de la ville et ceux du département qui voulurent s'associer à leurs échanges d'observations. Les malades amenés à l'Hôtel Dieu furent partagés en deux groupes, l'un soigné avec des excitants, l'autre selon la méthode de Broussais qui sembla donner de meilleurs résultats, ou du moins s'accompagner de moins de décès sur un nombre égal d'entrées. À la Délivrande, on avait aussi employé de « fortes applications de sangsues » avec un résultat très satisfaisant. La seule ville de Caen eut cependant 91 décès, mais ils firent moins d'impressions, semble-t-il, que les pertes proportionnellement plus lourdes de certains villages côtiers, comme celles de Luc-sur-Mer où six personnes étaient mortes en une semaine au mois de juillet.

La situation dans l'Eure est connue avec une précision certaine grâce à un rapport détaillé établi par les services de la préfecture le 24 octobre 1832, soit quinze jours après la fin de l'épidémie selon le rapport général cité plus haut. Le premier cas avait été constaté à Évreux même le 13 avril, et c'était, assez paradoxalement aux yeux de l'administration, « une femme âgée d'environ 65 ans, depuis longtemps souffrante qui n'avait eu aucun rapport avec des personnes venant de lieux atteints, mais dont l'habitation était humide et mal aérée ». Par contre, à Gisors, dans l'arrondissement des Andelys sur la route de Paris à Rouen, et où l'épidémie allait en fin de compte faire 82 victimes sur une population de 3 533 habitants, le premier décès avait été celui d'un notable, M. de Chennevière, revenu de la capitale trois jours avant d'être atteint par le mal, et emporté en vingt-quatre heures. À Bernay, où l'épidémie avait également éclaté au mois d'avril, c'était un garçon limonadier « qui n'avait aucun rapport avec des personnes venant de lieux atteints » qui avait été la première victime, mais le sous-préfet s'étonnait de voir que bien que deux voyageurs venant de la Manche et un venant de Bernay fussent morts du choléra les uns à la Barre-en-Ouche et l'autre à Brionne, aucun autre habitant de ces localités n'avait été touché. À Louviers, on attribuait l'introduction du fléau à un ouvrier peintre en bâtiment, récemment venu de Rouen, qui avait d'ailleurs été guéri, et il y avait eu dans la ville 87 décès, dont 41 à l'hospice qui avait abrité 115 des 249 malades de la localité. Dans l'arrondissement de Pont-Audemer, c'était une domestique, venue d'Oissel, en Seine-Inférieure, où son maître venait de mourir du choléra, qui avait introduit l'épidémie. On incriminait aussi un mendiant venant du Calvados, qui avait contaminé Foulbec ; puis deux marins, l'un de Ronfleur et l'autre de Rouen, qui étaient morts à Quillebeuf, mais quinze jours avant le début de l'épidémie dans ce petit port dont les pilotes montaient sur tous les bâtiments se rendant à Rouen ou en provenant. Les autorités étaient d'ailleurs tout aussi désorientées que dans d'autres départements. À la maison centrale de Gaillon, un détenu était mort du choléra, et, dans une lettre au ministre du 23 avril, le préfet envisageait, comme précaution sanitaire, de prescrire aux prisonniers le port de chaussettes et de ceintures de laine : il n'y eut heureusement aucun autre cas. Une « instruction populaire » extraite des rapports publiés par l'académie royale de médecine suggérait dans les cas de choléra des bains de jambes, des sinapismes, et des infusions de fleurs de guimauve.

On fut beaucoup plus incertain sur les causes du mal ; certains incriminèrent l'insalubrité des zones marécageuses bien qu'il n'y eut pas eu de victimes dans les communes du Marais Vernier, de Sainte-Opportune et de Bouquelon, qui présentaient la plus grande surface de marécage et de tourbières, et dont les chaumières étaient parfois dépeintes comme autant de taudis. Ailleurs on incriminait l'ivrognerie ; parfois, avec plus de bon sens comme le sous-préfet de Bernay, on notait que « la maladie n'attaquait que des individus affaiblis soit par l'âge ou les maladies, soit par la mauvaise ou incomplète nourriture, ceux qui habitent dans des lieux humides ou mal aérés, ceux enfin adonnés à l'in-tempérance ». De même à Vernon, où il n'y avait eu que 20 cas, mais 16 décès, dont ceux des 10 femmes atteintes, on avait noté que les seules victimes étaient des militaires et des indigents.

Il n'y eut, semble-t-il, aucune panique même dans des communes de faible im-portance comme Pont-de-l'Arche où les 1483 habitants avaient fourni 148 ma-lades, ou à Criquebeuf dont les 1202 habitants avaient vu 147 des leurs touchés par le mal ; peut-être ce calme venait-il de la mortalité relativement faible qui n'atteignait respectivement que 37 et 33 personnes. Au contraire, à Broglie, les 1007 habitants avaient vu 33 malades et 24 décès. Il est toutefois possible que dans certains cas les médecins aient considéré comme des cas de choléra des indispositions intestinales moins caractérisées et de moindre gravité, fré-quentes, selon la société de médecine, pendant les mois d'été où l'épidémie at-teignit son maximum.

La Seine-Inférieure fut de très loin le département le plus touché et aussi celui où les répercussions psychologiques de l'épidémie semblent avoir été les plus violentes. La presse locale a conservé le souvenir de cette période pour laquelle les rapports préfectoraux semblent malheureusement disparus ou inacces-sibles. Dès le 24 février, tout en signalant que l'invasion du choléra était dou-teuse, la rédaction du *Journal de Rouen* publiait une « instruction relative au cho-léra morbus » qui allait être de nouveau insérée à plusieurs reprises et faire l'objet d'une brochure largement diffusée chez tous les libraires au prix de 10 centimes. On publiait aussi des articles sur divers modes de prévention, de détection et de traitement de la maladie signalés par des médecins ou des phar-maciens dont les arrière-pensées n'étaient pas toujours simplement philanthro-piques. On publiait même des poèmes inspirés par l'épidémie parisienne, em-preints des considérations romantiques et morales auxquelles pouvait donner lieu un fléau apparu pendant les jours de fête du carnaval. Le 6 avril, le journal rendait compte de la réunion d'une commission d'intendance sanitaire et con-cluait « d'après ce qui est déjà arrêté, la maladie arrivant ne nous prendrait pas au dépourvu, demain tout sera complètement organisé ». Le lendemain on publiait en effet le règlement de la police sanitaire divisant la ville en ressorts de bureaux sanitaires avec liste des médecins et pharmaciens correspondant à chaque secteur.

Le premier cas de choléra fut enregistré à Rouen le 9 avril, un jour après l'apparition du fléau qui selon l'expression d'un journaliste « semblait suivre le cours de la Seine », dans une commune située en amont, à Oissel. Le premier décès survint le 12, et il ne se passa plus de jour, pendant plusieurs mois, où cette rubrique de l'épidémie ne fût trop bien remplie, même en tenant compte d'une circulaire du maire aux rédacteurs de journaux les invitant à ne pas annoncer des cas de choléra inexacts qui fut publiée dans la presse dès le 14 avril. Le même jour, l'organisation de bureaux sanitaires était étendue à toutes les communes du canton d'Elbeuf. Les médecins, chirurgiens, officiers de santé, pharmaciens, élèves en chirurgie ou en pharmacie, employés des hôpitaux furent dispensés du service ordinaire de la garde nationale en raison de leurs obligations professionnelles. Des cours furent organisés à l'Hôtel-Dieu sur la manière de diagnostiquer et de soigner le choléra ; les malades furent le plus souvent concentrés dans les salles de l'Hôtel-Dieu, de l'hospice général, et à l'annexe de Saint-Yon. On prévoyait même que tous les membres du corps médical pourraient assister aux trois visites que le médecin-chef de l'hospice, le docteur Blanche, faisait chaque jour à huit heures, deux heures et six heures pour observer les cholériques.

Habitués de longue date à utiliser les techniques d'Outre-Manche, les Rouennais ne négligèrent pas l'appoint que l'expérience des médecins anglais dans les pays tropicaux pouvaient leur apporter, et il est révélateur de ce point de vue d'observer que dès le mois de juin 1832 le docteur Carault faisait une large place, dans son exposé sur le choléra devant la Société Libre d'Émulation de Rouen, aux études faites par Scott et Paiseley à Madras, par Thompson à Trinquemalé entre autres. Il insistait d'ailleurs également sur le rôle du moral dans la contagion et, pour éviter les paniques, conseillait aussi bien l'établissement d'hôpitaux temporaires, recevant tous les cholériques sans formalités, que des « actes énergiques qui produiraient plus d'effet que la presse elle-même » par lesquels les autorités prêcheraient d'exemple pour rassurer les malades comme les autres sur les possibilités de guérison d'une maladie moins contagieuse que la rumeur publique ne le supposait.

Il semble d'autre part que les particuliers avaient fait de leur côté un effort sérieux pour organiser une sorte de prévention empirique par les moyens à leur disposition et la presse regrettait une hausse sensible des prix de toutes les combinaisons du chlore considérées comme les meilleurs désinfectants. Cette situation explique probablement que certains foyers d'épidémie furent repérés dans des maisons insalubres d'une saleté repoussante : le commissaire de police et les hommes des ateliers de charité furent ainsi envoyés chez des logeurs du quartier Martainville pour procéder d'office au balayage des chambres, des cours et des escaliers et au déblaiement des ordures entassées depuis longtemps avant de tout arroser d'eau chlorurée.

Dès la fin du mois d'avril, les autorités municipales avaient été obligées de prévoir une imposition extraordinaire de 7 centimes par franc des quatre contributions pour alimenter le budget, mais cette mesure n'arrivait pas à calmer une nervosité réelle dans les milieux populaires qui se jugeaient abandonnés et, selon les journaux, témoignaient de trop de méfiance envers les hôpitaux, n'y menant les malades que trop tardivement, si bien que les soins ne pouvaient plus être efficaces. La méfiance se manifestait dans des allusions désobligeantes pour les notables, et, après que le maire eût visité le 30 avril les quartiers populaires de Saint-Sever, du clos Saint-Maclou et de Martainville, le chirurgien du bureau de bienfaisance de Saint-Maclou se crut obligé de publier la liste des malades soignés ce jour-là pour démentir le bruit selon lequel il n'y avait plus qu'un malade dans son secteur quand une personnalité avait cru pouvoir s'y risquer plusieurs semaines après le début de la contagion. Il ne semble pas, cependant, qu'il y ait eu, à la suite de cette émotion populaire, d'incidents d'une réelle gravité en dépit de l'ampleur du fléau, surtout dans la ville : d'ailleurs le 15 mai, on comptait déjà 238 décès à Rouen alors qu'il n'y en avait encore que 7 dans les autres localités de l'arrondissement.

On peut penser que l'épidémie avait alors commencé à décimer dans le chef-lieu du département : un rapport de gendarmerie du 29 septembre y signale en effet depuis le début de la contagion un total de 550 cas et 290 décès alors que l'arrondissement en comptait respectivement 691 et 394. Les autres arrondissements avaient été frappés de façon très inégale ; celui de Neufchâtel, le plus épargné, comptait 113 malades et 73 décès, celui d'Yvetot, où des cas nouveaux étaient signalés, pour la veille, 406 malades, et 198 morts, celui de Dieppe comptait 646 cas et 442 décès, et enfin dans l'arrondissement du Havre, s'il n'y avait que 447 cas, on comptait non moins de 339 décès, une proportion sensiblement supérieure à celle des autres localités. Il est possible que cette mortalité exceptionnelle puisse expliquer les remous de l'opinion publique havraise dès les premiers jours de la contagion et les bruits fantaisistes qui circulèrent alors.

Le début de l'épidémie le 20 avril avait coïncidé avec des orages violents et avec l'apparition dans la baie de la Seine d'une quantité considérable de poissons morts. Une véritable panique se manifesta dans les milieux populaires, en particulier chez les pêcheurs qui crurent à une manifestation de la colère divine présageant la fin du monde, et, comme la politique ne perd jamais ses droits, le bruit courut que c'était une punition du ciel pour avoir expulsé le souverain légitime qu'il convenait de rappeler pour éviter de nouveaux fléaux. Un rapport médical explique l'ampleur de cette inquiétude par l'état sanitaire généralement satisfaisant de la ville où les maladies pestilentielles étaient inconnues depuis un temps immémorial ; il est toutefois possible que la nervosité ait été accrue par l'usage presque exclusif d'alcool en grande quantité employé par toutes les classes de la société, mais plus particulièrement dans le peuple, comme préventif contre les miasmes du choléra.

L'épidémie de 1832 semble donc avoir eu dans les départements normands des caractères très variables, et une variété d'intensité tout aussi nette. Dans l'ensemble, en dépit des réserves que firent certains administrateurs, mettant en avant l'apparition inexplicable du phénomène, il semble bien que la maladie fut apportée par des personnes venant de la capitale, soit directement, surtout dans la vallée de la Seine, soit indirectement après un trajet maritime plus ou moins long ; la contagion rayonna ensuite au hasard des relations des victimes, ou de personnes avec lesquelles elles avaient pu se trouver en rapport. Il semble bien qu'une partie importante des cas de choléra peut être attribuée à des déplacements de nourrices vers la capitale : la chose a été expressément signalée dans l'Orne et on ne peut guère s'expliquer autrement que, dans nombre de petites localités rurales, autour de Pacy-sur-Eure ou de Neufchâtel-en-Bray, ou de Gisors, les rares décès — un ou deux — correspondant numériquement aux seuls cas déclarés, soient ceux de femmes. Il est cependant possible, dans certains villages, qu'ils soient ceux de domestiques revenant au pays, un exemple en a été donné pour l'arrondissement de Pont-Audemer, mais on ne saurait négliger le fait que les nourrices normandes tenaient une place importante dans l'économie du pays et que très souvent elles avaient en pension dans leur village de petits Parisiens, dont l'afflux aura pu augmenter avec le désir de parents de les éloigner de la capitale.

On pourrait peut-être trouver ainsi une explication à la prépondérance quasi générale des personnes du sexe féminin parmi les malades et les décès dans les départements normands. On compte en effet dans la Seine-Inférieure 3552 femmes malades et 1582 décédées contre 2638 et 1222 hommes. Dans l'Eure, les chiffres sont respectivement de 743 malades et 346 décès parmi les hommes, mais de 1094 malades et 505 décès parmi les femmes. Dans l'Orne, on trouve 116 malades et 90 décès parmi les hommes et 223 malades et 143 décès parmi les femmes. Les chiffres accessibles pour le Calvados ne distinguent point entre les sexes, mais, dans la Manche, on a 364 malades et 178 décès parmi les hommes, 381 malades et 164 décès parmi les femmes. Il est probable que la contagion frappa dans ce département en premier lieu les marins qui fréquentaient les ports de la Basse Seine, qu'ils fussent employés sur des bâtiments civils ou sur ceux de l'état, qui effectuaient régulièrement le transport des dépêches au départ du Havre vers les ports de la Manche. On ne saurait dire que les autorités aient trouvé dans l'épidémie une raison suffisante à une politique sanitaire de quelque envergure. Certes les administrations locales firent dans l'immédiat ce qu'elles pouvaient dans l'état de la médecine du temps, et en tenant compte des invraisemblables suppositions alors en cours sur les conditions de propagation de la maladie, elles firent aménager des salles d'hospice, nettoyer les locaux insalubres, mais ce ne fut qu'un feu de paille — et il est révélateur de ce point de vue de voir qu'en 1833 le conseil général de l'Eure ramena de 50 à 47 fr 50 les crédits départementaux destinés à lutter contre les épidémies. Les réactions de la population semblent avoir été en quelque sorte normales : elle manifesta surtout sa commisération pour les victimes, n'eut pas plus recours que d'ordinaire aux remèdes de bonne femme, peut-être même moins, sauf à Rouen, semble-t-il, où les milieux ouvriers paraissent avoir témoigné en face des hôpitaux d'une méfiance indéniable, que justifiait en partie une mortalité d'autant plus forte que n'y étaient souvent conduits que des cas désespérés. Les secours exceptionnels apportés par le gouvernement, les articles publiés dans la presse locale pour exalter la générosité du souverain qui donna des sommes importantes — 3000 francs à Louviers, 10 000 francs à Rouen pour ne retenir que deux exemples d'autant plus caractéristiques qu'il était chaque fois spécifié qu'il entendait voir les sommes affectées au soulagement de la classe indigente — n'eurent pas d'effet sensible sur l'évolution de l'opinion. Il en fut de même de la psychose apparue un instant à Rouen au début de l'épidémie, signalée dans la presse dès le 21 avril, qui attribuait à des empoisonneurs désireux d'éliminer les pauvres une épidémie dont les victimes étaient surtout des personnes aux ressources limitées. Quant aux explications données par les milieux populaires havrais, pour fantaisistes qu'elles puissent apparaître, elles ne semblent pas avec le recul plus invraisemblables que celles qu'offrait dix-sept ans plus tard à ses lecteurs l'organe du parti de l'ordre dans l'Eure : « On sait d'ailleurs qu'en temps d'épidémie les agitations morales ajoutent beaucoup à l'intensité du mal : c'est ce qui explique que la dernière recrudescence du choléra ait coïncidé avec les inquiétudes suscitées par les rouges et par les montagnards de l'assemblée. La journée de jeudi dernier, dans laquelle on s'attendait à une nouvelle prise d'armes, est celle aussi où il a été admis le plus grand nombre de nouveaux cholériques dans les hôpitaux. On assure que beaucoup de ces infortunés étaient porteurs de journaux socialistes les plus avancés, ou qu'ils ont avoué qu'ils en faisaient habituellement la lecture ».

BORDEAUX

Docteur FREOUR

C'est au cours de l'année 1832 que l'épidémie de choléra-morbus qui s'est largement répandue sur toute l'Europe au cours de l'année précédente s'est étendue sur la France.

Paris et la moitié Nord du royaume sont atteints dès le mois de mars. À Bordeaux, les premiers cas n'apparaissent qu'en août. La maladie reste pratiquement localisée à l'agglomération urbaine, 1/100 des habitants à peine sont touchés.

On peut se demander pourquoi ce grand port commercial, dont la population comptait déjà 10 000 habitants, n'a pas été plus envahi et plus sévèrement touché, alors qu'il se trouvait en relation constante avec le littoral de la Baltique et de la Mer du Nord, largement infecté depuis le mois de février 1831, et avec l'Angleterre qui avait été envahie quelques mois plus tard. Tout se passe comme si l'épidémie dans sa marche progressive et inlassable d'Est en Ouest, venait aboutir dans une dernière vague amortie sur les portes de l'Océan. Mais il est vrai que les hauts fonctionnaires responsables de la Cité bordelaise avaient pris toutes les mesures de protection jugées utiles à cette époque. Peut-être ont-elles été suffisantes et efficaces.

L'objet de cette étude est de montrer simplement les faits qui sont survenus dans les mois qui ont précédé l'envahissement de la maladie et au cours de l'épidémie. L'histoire des événements se déroule en trois temps. De février 1831 à février 1832, c'est l'application des mesures de police sanitaire intéressant exclusivement le trafic maritime. À partir de février, c'est la mise en place d'un dispositif de mesures contre une épidémie éventuelle. À partir du mois d'août, c'est la lutte contre l'épidémie.

Pendant les premiers mois de l'année 1831, quelques personnes averties connaissent certainement l'existence de l'épidémie, et sa progression en Pologne et en Russie. Au mois de mai, l'intendance sanitaire reçoit une lettre du Consul de France à Dantzig annonçant l'apparition de quelques cas de choléra dans cette ville, et l'on se demande s'il ne serait pas opportun de prendre quelques mesures à l'égard des navires venant de ce port. L'incertitude à ce sujet ne durera pas longtemps, dès le début du mois de juin, l'envahissement par la maladie d'un certain nombre de ports de la Baltique est confirmé. À Paris, le Ministre du Commerce et des Travaux Publics prend des mesures générales de protection maritime.

La circulaire du 10 février 1831, adressée à l'intendance sanitaire de la Gironde, demande l'application des dispositions de l'ordonnance du 7 août 1822 relative aux provenances de pays affectés par une maladie contagieuse, le choléra venant d'être classé dans cette catégorie. Elle détermine le régime des patentes pour les navires venant de la Baltique et le régime sanitaire applicable à ces navires relâchant dans les ports français. Enfin elle désigne pour Bordeaux la rade de Trompeloup.

Le 15 juillet une nouvelle circulaire adressée au Préfet lui demande de compléter le personnel des intendances et commissions sanitaires et de fixer les règlements locaux qui doivent être appliqués immédiatement en cas d'envahissement de la maladie par *communication maritime*.

On s'est en effet aperçu qu'un très grand nombre de navires quittent la Baltique pour l'Océan.

C'est l'intendance sanitaire qui sera chargée de l'application des directives ministérielles, car si son rôle est de proposer aux hautes autorités administratives toute mesure judicieuse concernant la salubrité publique, elle dispose de pouvoirs étendus en matière de police sanitaire maritime. Elle s'acquittera de sa tâche avec beaucoup de zèle. Le registre des procès-verbaux de ses délibérations en fait foi. Elle s'est réunie 5 fois au cours du premier semestre, elle tiendra 25 réunions au cours du second.

Les premières mesures prises concernent la police sanitaire du port : tout navire à destination de Bordeaux doit s'arrêter au mouillage de la rade de Trompeloup à Pauillac, où se trouve le lazaret. Une commission du lazaret comprenant des membres de l'intendance et un médecin, après avoir procédé à une inspection du bord et recueilli les renseignements utiles auprès du commandant, place le navire sous patente brute, suspecte ou nette, selon la provenance d'un port contaminé ou suspect. Elle statue sur le régime sanitaire sous lequel il sera placé. Ce régime est fonction de la patente et du genre de marchandises transportées, non susceptibles ou susceptibles (ballots de laine, de coton, etc.).

Ce régime sera donc essentiellement variable selon les cas. Quarantaine de 5 à 21 jours, désinfection du navire et des marchandises par simple évent, lavage ou fumigation au chlore selon les procédés du sieur Labarraque. À la fin de la quarantaine, la libre pratique est donnée par la commission après une nouvelle inspection de bord et une enquête sur l'état sanitaire de l'équipage.

Les autres mesures concernent la surveillance du littoral du département.

Huit agents sanitaires nommés par le Préfet sont répartis entre La Teste et Soulac, sous les ordres immédiats des commissaires de l'Intendance. Ils ont des attributions d'officiers de police judiciaire et peuvent requérir la force publique, laquelle, en l'absence de gendarmerie et vu le peu de confiance qu'on peut accorder à la garde nationale des villages de l'intérieur, sera représentée par une dizaine de postes militaires répartis sur le littoral. La mission de ces agents est d'inspecter les débarquements clandestins et de mettre en isolement matériel et personnel des navires naufragés.

Le lazaret doit être réorganisé, un crédit extraordinaire est annoncé par le ministère. Il offre du reste aux équipages séquestrés des bâtiments bien aérés, une infirmerie avec linge et médicaments, des « promenades agréables », et ce, gratuitement. On règle la question du personnel qui doit être lui-même séquestré. Enfin on étudie le moyen de préserver les médecins de la contamination au cours des visites aux malades, et de les « purifier » à la sortie. Il est décidé que l'emploi d'une blouse pourra assurer le but recherché.

Les nouvelles de l'épidémie qui parviennent à l'intendance par les circulaires ministérielles sont assez succinctes. Elle reçoit heureusement des renseignements plus substantiels grâce à M. de La Boutraye qui se fait un devoir de tenir cette assemblée au courant des progrès de l'épidémie et de son importance sur le littoral de la Baltique, par une correspondance suivie. Dès le début de juin, le choléra est apparu en plusieurs points de la côte, à l'est, à Dantzig-Riga, Polanga, mais aussi à l'ouest de l'Oder, à Rügen, Rostock. Au cours du mois de juillet, toute la Prusse orientale est submergée. En août, la propagation est confirmée vers toute la partie Ouest du littoral. De Stettin, dernier port atteint, l'épidémie progresse vers Berlin. À la fin du mois de septembre, 3 mois après le début de l'épidémie, il adresse à l'intendance un long mémoire sur le choléra morbus, résultat de ses observations, et les renseignements qu'il a pu recueillir auprès des médecins les plus distingués. Ouvrage un peu confus d'où il se dégage quelques notions sur la marche de l'épidémie et le caractère de l'affection.

La contagion, malgré certains faits, est loin d'être établie, soit qu'elle puisse se faire par contact humain, ou par l'intermédiaire des vêtements, hardes ou marchandises, celles-ci ne comprenant certainement pas toutes les marchandises susceptibles. « Le choléra voyage par les miasmes et c'est l'atmosphère qui les transporte, il suit donc en quelque sorte une direction tracée à l'avance et s'arrête partout où il trouve des sujets prédisposés ». M. de La Boutraye insiste longuement sur ce dernier point. La maladie progresse par bonds rapides, imprévus, frappant surtout les villes populeuses, franchissant d'un seul coup de longues distances et cela malgré les mesures de protection les plus sévères, cordons sanitaires multiples, et quarantaines étroitement surveillées Le fléau frappe d'abord la classe pauvre et les soldats, mais s'étend également dans la bourgeoisie, la cause favorisante étant chez ces derniers la peur du mal. Une petite statistique pour Dantzig indique sa puissance — dans la ville, 1 044 décès pour 1 434 cas — dans la province, 15 000 morts pour 20 000 personnes atteintes.

Ce mémoire bien peu rassurant, avait le mérite d'être pour Bordeaux le premier document qui apportait quelques renseignements sur le choléra. Il devait être communiqué sur la demande de son auteur à toutes les intendances et commissions sanitaires, et dans ce but, il fut imprimé à tirage limité peut-on supposer et on en comprend facilement la raison.

À partir du mois d'octobre, l'épidémie déborde la Baltique où elle est en régression, son mouvement s'accélère vers l'Ouest sur les côtes de la Hollande et de la Belgique. Le commerce bordelais commence à ressentir quelque inquiétude. En effet, le 3 novembre, on annonce l'épidémie à Hambourg qui est en communication fréquente et directe avec Bordeaux, et quelques jours plus tard, les premiers cas sont signalés en Écosse et dans le Nord de l'Angleterre.

Le régime sanitaire des patentes brutes est renforcé depuis quelque temps. Il n'est plus laissé au libre arbitre des commissions sanitaires. Les navires venant des ports infectés sont toujours au nombre de 15 à 50 ou davantage dans la rade de Trompeloup. Cependant les mesures de police sanitaire paraissent avoir été assez étroitement observées. De temps à autre on signale quelquefois un navire qui a échappé à la surveillance. Le fait est rare. Au mois de février 1832, la surveillance sanitaire du port dure depuis 8 mois.

Mais les choses ne vont pas en rester là longtemps. Le 20 février une dépêche ministérielle annonce l'apparition du choléra à Londres.

Le 28 février au cours d'une séance de délibération de l'intendance sanitaire, après un exposé sur la marche de l'épidémie en Angleterre, le Préfet de la Gironde demande la nomination d'une commission de 4 membres « pour étudier les mesures à prendre contre une épidémie éventuelle », et le Docteur Mabit, médecin consultant de l'assemblée, demande à être envoyé en Angleterre aux frais du lazaret pour étudier la maladie sur place. Ces dispositions sont instantanément adoptées.

Quelques jours auparavant, le 23 février, le maire a pris un arrêté « sur les mesures propres à assurer la propreté et la salubrité de la ville ». Cette période de transition sera courte. En effet, un mois après, le 30 mars, l'intendance est convoquée « extraordinairement » par le préfet pour délibérer « sur les mesures propres à prévenir l'invasion du choléra, et à combattre les effets au cas où il viendrait à se manifester ». Cette convocation extraordinaire est due à une nouvelle, encore officieuse : l'invasion de la capitale par le choléra. On sait que les premiers cas sont apparus quelques jours auparavant. La nouvelle n'en sera officielle que le 2 avril et placardée en ville par les soins du maire le 6. Les renseignements obtenus montrent d'emblée dans la capitale une situation alarmante. On dénombre chaque jour près d'un millier de nouveaux cas, près de la moitié de décès. La vindicte publique accuse d'empoisonnement les corporations des bourriers. Ceux-ci, soi-disant lésés dans leur travail par les nouveaux arrêtés municipaux, s'insurgent, des émeutes populaires explosent, difficilement réprimées.

Dans Bordeaux, ces événements sont rapidement connus, plus ou moins faussement interprétés. Les journaux locaux commentent longuement sur plusieurs colonnes. Les bulletins sanitaires indiquent la marche de l'épidémie, on compte bientôt près de 10 000 cas en une quinzaine de jours. La menace de l'épidémie se précise, car on ressent mieux maintenant sa marche inexorable. À l'effroi suscité par le choléra s'ajoute dans les milieux de commerce la crainte de la stagnation des affaires, de l'arrêt même de transactions commerciales. On a déjà su par des dépêches de Londres en février le marasme qui s'est étendu sur ce grand port.

Nous entrons maintenant dans une nouvelle période de la vie de la cité. Les autorités vont prendre, le plus rapidement possible, toutes les mesures jugées utiles pour prévenir l'invasion du fléau. Au cours des séances de l'intendance des 3 et 5 avril, le Préfet et le Maire adoptent les propositions faites par la commission le 28 février. La ville est divisée en 10 arrondissements sanitaires se superposant aux arrondissements de police existants. Dans chaque arrondissement :

- 1 agent sanitaire salarié, placé sous l'autorité du Maire avec les attributions d'officier de police judiciaire, doit veiller à l'exécution des règlements de police sanitaire.

- 1 commissaire délégué de l'intendance dirigera l'action de ces agents.
- 1 maison de secours est équipée pour assurer les premiers soins aux malades recueillis sur la voie publique.
- 1 bureau, comprenant un président et un secrétaire choisis parmi des médecins et 3 conseillers, désignera les médecins de service en ville, et observera la marche de l'épidémie.
- 2 salles de l'hôpital général isolées sont prévues pour l'hospitalisation des malades.
- 2 hôpitaux temporaires seront désignés par la suite

Le Maire par un arrêté du 11 avril complète les dispositions relatives à la salubrité publique pour l'assainissement de la ville et fixe les attributions des agents sanitaires.

Enfin, le 14 avril, dans une séance de l'Hôtel de Ville, l'adjoint au Maire présente un projet pour la création d'une commission générale de secours extraordinaire. Il s'agit de constituer un Comité central et 10 Comités d'arrondissement qui recueilleront par voie de souscription et quêtes les fonds qui devront être distribués aux indigents atteints de choléra. Ces mesures ne font que reproduire les directives ministérielles et les recommandations des commissions générales de salubrité, notamment celle du département de la Seine dans son instruction populaire « sur les principaux moyens à employer pour se garantir du choléra-morbus et la conduite à tenir quand la maladie est déclarée », et dont 400 exemplaires ont été adressés à la Préfecture de la Gironde par les soins du gouvernement.

L'ensemble de ces mesures va être du reste l'objet de la plus grande diffusion possible auprès de la population. Une véritable campagne de presse est déclenchée. Les journaux locaux, *l'Indicateur*, *l'Observateur*, *la Feuille du Dimanche*, organe officiel de la Mairie, publient et reproduisent les instructions et arrêtés ainsi que différents opuscules imprimés et vendus en librairie. Bientôt également seront édités dans des brochures les résultats des observations recueillies par les médecins sur les lieux de l'épidémie. Notamment celle du Docteur Mabit, de retour de Londres le 15 avril, « sur les dérangements de santé précédant l'invasion de la maladie et les moyens à prendre pour arrêter promptement ces dérangements ».

On essaie aussi d'éclairer la population sur la nature du mal et les causes favorisantes : les émotions trop fortes, la colère, la peur, les passions violentes, la débauche, d'où la nécessité de la tranquillité d'âme qui reste le plus grand préservatif contre le fléau. On souligne la nécessité des mesures d'hygiène générale et individuelle pour se garantir de la maladie, le caractère d'urgence des soins, facteur important pour assurer la prompte guérison. On insiste surtout sur l'assurance de l'aide matérielle et de secours qui seront prodigués à la classe indigente et laborieuse dont les membres sont obligés d'arrêter leur travail le plus tard possible en cas de maladie pour nourrir leur famille. Cette classe représente en effet la préoccupation majeure et constante des autorités. Rebelle aux soins, crédule, elle est la proie facile du charlatanisme et de la malveillance qui suscite l'émeute. Augmentée dans ce grand port d'une population flottante misérable, vivant dans des conditions lamentables souvent chez des logeurs, dans les hôtels des miracles et dans les dépôts de mendicité, elle est destinée comme partout à être atteinte d'emblée et représentera le foyer dangereux d'où le fléau s'étendra dans la bourgeoisie. D'après les avis les plus autorisés, les soins qu'on lui apportera représentent l'un des moyens les plus efficaces contre l'extension du fléau. D'où la nécessité d'une aide matérielle qui devra être réalisée dès le début de l'épidémie.

La campagne de presse continuera pendant plusieurs semaines, car elle apportera une aide à l'autorité dans l'exécution des mesures prévues dont certaines seront impopulaires et d'autres d'application difficile

Dans le courant du mois d'avril, les principaux dispositifs sont en place : les agents sanitaires et les délégués ont pris leurs postes. Les bureaux d'arrondissement sont constitués, un président et le secrétaire nommés par scrutin individuel et à majorité des voix, 3 conseillers au scrutin de liste. Dans chaque arrondissement des maisons sont louées qui doivent être équipées en maison de secours, dans le 5e arrondissement l'Archevêque a offert des locaux dans sa propre maison. Enfin, le 27 avril, se tient à l'Hôtel de Ville, la première réunion du comité central de secours extraordinaire aux indigents. Réunion importante dont la réalisation du programme proposé permettra à la municipalité de faire face aux dépenses qui lui incombent.

Heureux temps pour un gouvernement, la notion de désastre national n'existe pas encore. Le ministère du Commerce a simplement envoyé quelques subsides pour l'entretien du lazaret. « Il est superflu de vous dire, rappelle une des dernières circulaires ministérielles, que les dépenses sont à la charge des communes et des départements. Si les dépenses étaient trop élevées, la bienfaisance des habitants y suppléerait sans doute, leurs sentiments d'humanité les porteraient à fournir les secours nécessaires, et leur intérêt bien entendu le leur conseillerait aussi, car combattre la propagation de l'épidémie, c'est affaiblir l'intensité, et diminuer les chances d'être atteint ».

Ces suggestions venaient de trop haut pour ne pas être scrupuleusement suivies dans les indications données à la propagande à faire dans la bourgeoisie. En même temps un arrêté du Maire prévoyant que la célébration de la Fête du Roi le 30 avril et 1er mai se ferait sans éclat, une partie des sommes habituellement prévues pour les réjouissances devaient être mises en réserve pour le soulagement des malades indigents qui seraient atteints par le choléra, et les habitants étaient invités à faire de même pour les sommes qui auraient été employées pour les illuminations et autres démonstrations extérieures. Dès le début du mois de mai, les souscriptions sont recueillies par les comités d'arrondissement. Le quart des sommes est perçu immédiatement, le reste le sera en cas d'invasion par la maladie. On reçoit également les dons en nature : barriques de vin, vinaigre, linge, vêtements et même du chlorure de chaux. En moins d'un mois, tout est terminé. D'après la liste des donateurs publiée dans les journaux, on peut estimer le montant de la souscription à 100 000 francs, somme importante pour l'époque. On peut dire que la classe possédante a fait son devoir, quel que soit l'esprit dans lequel elle l'a accompli.

Par contre la réalisation des maisons de secours devait être plus mal accueillie, elle devait être même impopulaire. Selon les vœux de l'intendance, 3 d'entre elles sont prêtes à fonctionner, équipées pour assurer les soins d'urgence, elles sont desservies par un personnel important, 2 médecins et 2 élèves, 1 pharmacien et un aide, et 6 infirmières, les médecins sont également appelés à donner leurs soins à domicile, et à fournir les observations utiles pour suivre la marche de l'épidémie. Elles sont désignées à l'attention publique par une lanterne jaune. Rapidement les bruits tendancieux circulent à leur sujet, on les redoute comme on craint le transfert à l'hôpital. « Elles seront les maisons de contagion et de mort dont la lampe sépulcrale annonce leur bien triste destination », on va arracher les malades au sein de leur famille, des remèdes meurtriers et des cercueils les attendent. Les Sœurs soignantes sont même dénoncées comme empoisonneuses. Il faudra plusieurs semaines pour calmer les esprits et l'intervention de la Haute Autorité ecclésiastique qui dans une lettre pastorale lue dans toutes les églises demandera aux fidèles « de détromper les rumeurs horribles et absurdes qui ont une origine diabolique ».

Mais une partie du programme prévu s'avère difficile et même impossible à réaliser : il s'agit de l'assainissement de la ville. Les multiples rapports des agents sanitaires et commissaires délégués à la Mairie et à l'Intendance indiquent un état sanitaire de la ville plus que déplorable. L'intendance demande à plusieurs reprises au Maire de donner suite aux propositions urgentes des agents. La ville est entourée de marécages dont les plus importants sont à l'ouest, et que les ruisseaux ne peuvent drainer vers la rivière. À l'intérieur, les égouts en nombre insuffisant sont envahis par la vase sur tout leur trajet et ne permettent pas l'écoulement des eaux. Les ruisseaux qui traversent la ville, alimentés par les marais, ne sont que des égouts à découvert. La Devèze et le Peugue, cloaques infects, ne peuvent arriver à drainer les résidus des travaux d'une foule de mégissiers, tanneurs, laveurs de laine. Le curage de ces ruisseaux est redoutable, en 1805 le nettoyage du Peugue a fait 3 000 victimes.

Le service des vidanges est plus qu'insuffisant malgré les ordonnances royales du siècle dernier et un édit de l'empire ; beaucoup de maisons sont sans latrines, et quand celles-ci existent, elles ne servent le plus souvent qu'aux propriétaires et ne sont jamais vidées. Les immondices, les fumiers, les excréments s'accumulent partout. Les fossés des promenades sont de véritables latrines publiques. La ville est surpeuplée. Les hôtels de passage sont submergés par une population flottante misérable. Les hôtels des miracles pour indigents sont des assemblages de cabanes sans fenêtres ni plancher, en contre bas d'un sol fangeux, séparées par des latrines à découvert et des parcs à cochon ; il s'y abrite deux à trois cents personnes. L'eau est insuffisante en quantité et en qualité : 20 pouces[136] fontainiers, soit environ 1 pouce pour 1 000 habitants alors qu'à Londres on compte 1 pouce pour 214 personnes.

Les agents sanitaires visitent les quartiers, les maisons, essayant de faire appliquer les règlements sanitaires. Ils ont l'ordre de n'employer les voies de rigueur qu'après avoir épuisé tous les moyens de persuasion. Leur action se heurte à la mauvaise volonté de la plus grande partie de la population. En fin de compte l'intendance nomme une commission qui présentera un jour un projet d'assainissement et l'on se contente de courir au plus pressé. On pave quelques rues, on améliore le service des bourriers, des vidanges et des équarrisseurs. On fait surtout passer à la chaux l'intérieur des maisons habitées par des familles pauvres, une dépense publique est même prévue « pour que ce moyen puissant puisse être employé chez ceux qui ne peuvent en assurer les frais ».

Au cours des semaines écoulées, les journaux ont publié le bulletin sanitaire de la capitale. Dès le mois de mai après la flambée des dernières semaines l'épidémie a nettement régressé, on ne compte plus que quelques dizaines de cas par jour. Par contre elle s'est étendue aux départements voisins, puis vers le Nord de la France et vers l'Ouest, et le 1er mai Nantes est atteint : on n'y dénombre encore que quelques cas par jour, on ne constate par la suite aucune progression au sud de la Loire.

Dès le début de juin, on ne donne plus d'information sur l'épidémie. Des troubles ont éclaté dans l'ouest en faveur de la Duchesse de Berry. Celle-ci est arrêtée le 8, l'agitation légitimiste fait long feu, on ne reparle plus de l'épidémie.

---

[136] Le pouce fontainier (ou pouce de fontainier) est une unité de débit de l'Ancien Régime (environ 13 litres par minute).

On peut croire à Bordeaux que l'on a quelque raison d'y échapper lorsque, le 5 août, le Docteur Mabit annonce à l'intendance l'apparition des deux premiers cas de choléra dans la ville.

La veille, en effet, deux cholériques ont été traités et sont morts à l'hôpital. Pour le premier, les symptômes étaient discrets. Pour les deux cas, l'autopsie a confirmé le diagnostic. Le premier malade est un batelier qui avait passé la nuit sur son bateau, le second hospitalisé dans la soirée a passé une partie de la journée à curer un puits profond. La maladie semble s'être déclarée spontanément chez chacun d'eux, on note comme cause favorisante le refroidissement.

Après cette communication, le Maire rend compte des dispositions prises, elles sont jugées suffisantes.

Jusqu'au 9 août, on ne constate pas d'autres cas. À partir de cette date on dénombre 3 à 4 malades par jour, une dizaine de jours après vers le 20 août le nombre des nouveaux cas est en moyenne de 8 et dépasse quelquefois la dizaine. Le nombre des décès est par contre relativement élevé puisque 3 malades sur 4 succombent.

L'épidémie a débuté dans la partie ouest de la ville, les premiers cas apparaissent dans les quartiers les plus malsains, dans les demeures misérables, surpeuplées, chez les logeurs, dans les hôtels de passage qui forment de petits foyers épidémiques. Puis elle s'est répandue sur l'ensemble de la ville, quelques rues présentent des cas assez groupés, il arrive que dans certaines maisons 2 ou 3 membres d'une même famille soient atteints. Mais en général, la maladie semble assez dispersée. C'est la classe pauvre, la classe laborieuse qui est exclusivement atteinte, ouvriers et journaliers, mais également et souvent en proportions à peu près égales les artisans et les boutiquiers.

Dès le début il est rappelé à la population que les maisons de secours ne doivent recevoir que des malades atteints sur la voie publique et qu'on ne contraint pas les cholériques adressés à ces organismes à aller à l'hôpital. La crainte de l'hôpital est en effet générale. Ne s'y laissent transporter que les gens isolés, sans famille ou sans ressources, le plus souvent les matelots des bâtiments étrangers, les éléments de la population flottante dont les logeurs veulent se débarrasser dès le début de la maladie. Les agents sanitaires parcourent les secteurs pour essayer de dépister les malades que viendront visiter les médecins de service pour donner leurs soins et établir les feuilles d'observation. Mais le plus souvent on redoute une assistance étrangère, les malades ne sont signalés que tardivement, et les décès surviennent en général dans la même journée ou le lendemain.

Si un certain effroi s'est répandu dans la population, le calme règne dans la ville. Les cas restent peu nombreux et dispersés. Depuis le 15 août, les journaux publient chaque jour les bulletins sanitaires de la ville avec le nombre des nouveaux cas et des décès dans les 24 heures, le plus souvent sans aucun commentaire. En fin de mai, on indique la statistique mensuelle de mortalité générale de la ville qui est favorable, seulement en augmentation de 55 cas par rapport à l'année précédente et dans laquelle on compte 27 marins de bâtiments étrangers et 19 ouvriers de la population flottante.

Le 11 septembre des indications plus complètes sont données par le Docteur Mabit dans son rapport à l'intendance sanitaire :

- pour les 3 premières semaines : 90 cas — 50 décès
- pour les 4 premières semaines ; 170 cas – 113 décès
- pour les 5 premières semaines : 234 cas — 168 décès

Pour 152 cas traités à domicile, il y a eu 111 décès. Pour 82 malades traités à l'hôpital, la mortalité est supérieure avec 57 décès.

Il se croit autorisé à porter un pronostic favorable. On sait en effet que dans un grand centre comme Bordeaux l'épidémie dure en principe trois mois, les pertes des deux derniers mois sont à peu près équivalentes à celle des deux premiers. D'autre part il a observé dès la fin du mois d'août la diminution des cas cyaniques, signe de bon augure qui a été constaté à Londres et à Paris peu avant la régression de la maladie. Ce pronostic sera valable dans son ensemble. En effet à partir du 25 septembre, la régression est très sensible. On ne compte plus que 2 ou 3 cas en moyenne par jour, et à partir du 28 octobre il n'est plus signalé de nouveaux cas dans toute la ville. Pour cette période du 4 août au 28 octobre, le bilan de cette poussée épidémique reste modeste même au plus fort de son action. D'après les bulletins sanitaires fournis par la mairie à la Préfecture, on relève un total de 341 cas, dont 275 décès. Une centaine seulement a été hospitalisée, une majeure partie à l'hôpital général. La mortalité est en moyenne de 70 %.

Au cours des trois mois écoulés, les cas se répartissent de la façon suivante :

- du 4 août au 19 août : 32 cas
- du 20 août au 23 sept. : 289 cas
- du 24 sept. au 27 sept. : 70 cas

On ne compte que quelques cas dans la classe aisée en fin d'épidémie. Cependant d'après le rapport d'un agent sanitaire ils auraient été plus nombreux et auraient guéri pour la plupart.

La répartition par âge et sexe d'après une statistique partielle que l'on peut établir sur le tiers des cas est assez significative :

- de 0 à 15 ans : 21 %   (cas avec mortalité 73 %)
- de 15 à 50 ans : 46 %   (cas avec mortalité 48 %)
- plus de 50 ans : 33 %   (cas avec mortalité 92 %)

Les hommes ont été moins fréquemment atteints que les femmes. Les femmes âgées représentent à peu près le quart de la totalité des cas.

L'épidémie est restée on peut dire localisée à l'agglomération de Bordeaux. Dans les communes immédiatement avoisinantes, on ne compte que 27 malades pour une population de 10 000 habitants environ. Pour les arrondissements de Bazas, Libourne et Blaye, 7 cas seulement pour une population un peu supérieure.

Cependant les choses n'en restent pas là… Dans le courant du mois de novembre, il se produit une recrudescence de l'épidémie, mais chose curieuse, elle n'a eu que peu de répercussions. On n'en trouve en effet aucune trace dans les documents habituels, et les journaux n'y font aucune allusion, alors qu'ils ont publié régulièrement jusqu'alors le bulletin sanitaire journalier. Elle est pourtant presque aussi importante que la première poussée, puisque le nombre des nouveaux cas s'élève à 358, mais elle est restée à peu près exclusivement localisée aux dépôts de mendicité, et le chiffre de la mortalité avec 104 décès n'atteint pas 30 %. Il n'y a eu que peu de cas dans la ville.

En tout cas on peut considérer que l'épidémie de choléra a persisté jusqu'aux premiers jours de 1833. Le 5 janvier en effet, un ordre du jour de l'intendance sanitaire édicte que les patentes délivrées par Bordeaux porteront textuellement « que la ville et ses environs habituellement sains présentent en ce moment des cas isolés de choléra ». Ce sont certainement les derniers ! Quelques jours après, le 10 janvier, il est prescrit « que les patentes seront délivrées nettes, le choléra ayant disparu depuis 8 jours ».

MARSEILLE

Pierre GUIRAL

À Marseille rien ne se passe comme ailleurs[137].

Le choléra de 1832 éclate en 1834-1835, mais il faut dire qu'il rattrape son retard et sème la plus affreuse alarme. « Marseille est peut-être de toutes les villes de France que le choléra a visitées celle où la peur a agi avec le plus de force[138] ».

Ce qui se comprend. Non seulement Marseille vivait dans la hantise de la peste de 1720 ; des cérémonies religieuses en rappelaient le souvenir ; on montrait les lieux où s'étaient amoncelés les cadavres, mais encore elle était particulièrement exposée. D'après le recensement de 1831, une population de 145 215 habitants, 121 272 intramuros, 29 943 extra-muros, mais, ce qui importait davantage, une population souvent entassée autour du Port et dans certains quartiers tel celui des Grands Carmes, une ville sale et par les déchets de l'industrie et

---

[137] Nous ne donnerons ici que quelques indications bibliographiques. En dehors des trois gros dossiers sur le choléra, série O. G. des Archives de la Chambre de Commerce de Marseille, des registres de délibération de la Municipalité notamment I D 53, des journaux locaux : *Sémaphore de Marseille, Garde National* et surtout *Gazette du Midi*, on consultera avec profit quatre brochures et ouvrages de l'époque :
- *Le Cholera à Marseille (1834-1835)* Marseille, Mille et Sénes, 1835, 125 pages, in-8, Arch. Dep., 1271.
- *Le Cholera à Marseille Seconde Invasion 1835 pour faire suite au Cholera à Marseille Première Invasion 1834-1835* par J. FRANC et L. MERI Marseille, Feissat et Demonchy, 1836, 53 pp., in-8 Arch. Dep., 1275.
- *Histoire du Cholera-morbus asiatique…*, par A. FABRE et F. CHAI-LAN, 2ᵉ édition. Marseille, Marius Olive, Paris, Hivert, 1836, 473 pp, Arch. Dep., 1274.
- *Le Cholera Morbus à Marseille. Poème en strophes de huit vers alexandrins* par A. SAPET de Marseille. Se vend chez Fauteur, rue d'Aubagne, n° 6, Marseille, Imprimerie de Ronchon, 1836, 62 pages Arch Dep, 1273.

D'utiles renseignements dans la thèse de A.-W. JOYCE : *La vie locale dans le département des Bouches-du-Rhône sous la Monarchie Censitaire.* Aix, 1951, p. 62-65.
Les abréviations Arch. C. C. M. signifient Archive de la Chambre de Commerce de Marseille ; Arch. Mun., Archives Municipales ; S. M., Sémaphore de Marseille ; G. M., Gazette du Midi.
[138] *Le Cholera à Marseille*, 1834-1835, p. 25.

par la mauvaise organisation du nettoiement, un esprit émotif, impulsif, des méthodes curatives défiant le bon sens. Écoutons le rapport fait par Favart à la Société royale de Médecine sur l'épidémie de variole qui a sévi à Marseille en 1828[139]. Pas de vaccination. En revanche, quand un enfant est soupçonné d'être atteint par la maladie, « on lui fait boire une verrée de vin, puis une seconde, enfin une tasse de café, puis on lui donne quelques biscuits trempés dans des vins doux et alcooliques (sic) et, si quelque voisine a des liqueurs fortes, ou elle les offre ou on lui en demande, afin, dit-on, de procurer au malade des forces suffisantes pour faciliter l'éruption des boutons de la petite vérole[140] ».

Ce put dès lors paraître une grande chance pour Marseille d'avoir échappé au fléau en 1832. Il l'avait pourtant menacée de divers côtés. En 1831 le brick *Abraham*, venant d'Odessa, avait débarqué un de ses matelots atteint du choléra morbus qui était mort huit jours après[141]. En juillet 1832, le brick *l'Emile*, parti du Havre pour Alger, n'avait pas été reçu à Alger parce qu'au cours de sa traversée, il avait perdu 7 de ses passagers du choléra-morbus. Marseille l'avait accueilli, mais en multipliant les précautions pour éviter la contagion. « Tous ces passagers vont être baignés, leurs effets lavés et aérés, et les hardes appartenant à ceux qui sont morts dans le voyage soumises à des ventilations et à des purifications extraordinaires dans l'eau chlorurée[142] ». À l'automne de 1832, le choléra avait atteint Arles[143]. Cependant Marseille avait été épargnée. Quand le fléau disparut de Paris et d'Arles, « Marseille fut pleinement rassurée, elle eut foi dans son ciel, dans sa belle position sur les bords d'une mer qui a des brises salutaires, dans ce mistral auquel ses anciens habitants élevèrent des temples à l'imitation d'Auguste[144] ».

Toutefois Marseille avait eu peur et cette peur lui avait déjà inspiré des démarches et des mesures significatives. Le premier réflexe des Marseillais avait

---

[139] *Archives Départementales*, 1268 *bis*.
[140] P. 13-15
[141] Archives Chambre de Commerce de Marseille (Choléra de 1832), et également LUCAS-DUBRETON : *La Grande Peur de 1832* Paris, 1932, p. 33.
[142] *Ibid.*
[143] *Sémaphore de Marseille*, 2, 11, 14, 17, 118, 19, 22, 23, 25, 27, 30 octobre ; 18, 19 novembre 1832.
[144] *Le Cholera à Marseille*, p. 17.

été de demander qu'on isolât leur ville du reste de la France par un cordon sanitaire. La crainte, certes, les inspirait, mais aussi le désir de ne pas être victimes des quarantaines qu'imposeraient à leurs navires les divers pays. La Chambre de Commerce avait présenté la suggestion qui, on s'en doute, ne fut pas retenue. Le 10 avril 1833, le Ministre du Commerce adressait la réponse suivante :

« La Chambre de Commerce de Marseille me demande l'établissement d'un cordon sanitaire qui sépare les départements où la maladie a pénétré de ceux qui en sont encore préservés. Je vous prie de faire connaître à la Chambre de Commerce que le gouvernement du Roi est dans l'impossibilité absolue d'accueillir pareille demande. Après que l'expérience a si complètement démontré l'inefficacité des cordons sanitaires contre les progrès du choléra, comment pourrait-on songer à opposer à la maladie cette vaine barrière dans l'intérieur même du pays ? Il est bien à craindre sans doute que quelques états du Midi ne prennent contre nous de semblables précautions, mais l'évidence des faits ne tardera pas à leur ouvrir les yeux sur l'inutilité de ces restrictions, et d'ailleurs le commerce souffrirait bien plus des entraves apportées aux communications intérieures[145] ».

Malgré la netteté de cette réponse, il semble que les dirigeants marseillais n'aient pas abandonné leur idée. Les responsables de l'intendance sanitaire réunirent à cet effet les autorités de la ville, mais on était au lendemain de la tentative de la duchesse de Berry. Le lieutenant général déclara que « les troupes qu'il avait sous ses ordres suffisaient à peine pour la police des villes, qu'il ne pouvait les faire sortir sans exposer leur tranquillité[146] ». Les Marseillais se résignèrent.

Ils entendaient du reste se défendre sur place contre la menace du fléau. En avril 1832 des instructions précises furent répandues par la Municipalité sous forme d'une brochure de 16 pages. On recommandait d'éviter les émotions

---

[145] *Archives de la Chambre de Commerce de Marseille* (Choléra de 1832). Cf. également le rapport de CUVIERE, REY et ROUSSET, brochure de 72 pages.
[146] Le Bureau de l'Intendance Sanitaire à la Chambre de Commerce Marseille, le 19 mai 1832. *Ibid.*

fortes, la colère, la frayeur, les plaisirs trop vifs, de ne pas laisser séjourner urine et matières fécales dans les vases de nuit, de s'entourer le ventre d'une ceinture de flanelle, de faire usage de chaussons de laine, de se laver souvent les pieds à l'eau chaude. Bien entendu de ne pas manger trop de fruits frais. Rien que d'anodin ou comme l'écrit Dory, de bien mesquin[147].

On ne pouvait s'en tenir là. La municipalité décidait d'envoyer à Paris pour y étudier le choléra trois médecins, MM. Cuvière, Rousset et Rey, qui partaient sans tarder et descendaient rue de Tournon, hôtel de l'Empereur Joseph.

L'Intendance Sanitaire leur adjoignait le docteur Roux, la Préfecture expédiait les docteurs Giraud, Martin, Ducros. Ils poursuivirent honnêtement leur enquête. Le 1er mai 1832, les trois derniers expliquaient la méthode qu'ils avaient suivie. « Chacun de nous attaché plus spécialement à un hôpital y observe à sa visite du matin tous les nouveaux malades admis depuis la veille ; il assiste ensuite à toutes les ouvertures faites sur les corps des malheureux qui ont succombé au choléra ; nous nous réunissons ensuite à deux heures pour mettre en ordre et rédiger le résultat de ces observations. Dans l'après-midi, nous nous rendons tous ensemble dans les établissements qui renferment le plus de cas graves afin que chaque membre de la commission puisse voir une fois par jour tous les malades qui méritent quelque intérêt[148] ».

En outre la Municipalité créait le 18 avril sur le territoire communal 32 commissions de salubrité et de secours. Elle les engageait à faire blanchir la demeure du pauvre au lait de chaux et comptait à cet effet sur la philanthropie des propriétaires. « L'indigent doit être spécialement l'objet des recherches des Commissions, c'est chez lui que doivent être portés les premiers secours et, s'il est possible, des soulagements pour les prévenir[149] ».

Cependant le plus gros effort consistait dans l'adoption d'un nouveau système du nettoiement des rues de la ville. Jusqu'en 1825, la propreté des rues, si l'on

---

[147] Archives Municipales, Brochure, 1610 ; A. DORY : *Retour au Christianisme de la part d'un ancien Saint-Simonien*. Marseille, Marins Olive, 1834, p. 138.
[148] *Archives de la Chambre de Commerce de Marseille* (Choléra de 1862).
[149] Archives Municipales. Brochure, 1209.

peut dire, avait été laissée à des balayeurs privés, dits *escoubiers*, qui revendaient les immondices aux cultivateurs du terroir. En 1825, un ancien notaire, Blanc, avait reçu le service en monopole, mais, ayant fait de mauvaises affaires, il avait, en 1830, résilié son contrat et la ville avait même dû lui verser une indemnité de 2 600 francs. Un nouveau bail avait été signé pour trois ans avec un nouvel entrepreneur et les résultats avaient été encore plus déplorables. Jamais la ville n'avait été aussi dégoûtante. Le Conseil Municipal décida donc, en avril 1832, que désormais le nettoiement serait fait par ses soins et commença d'expérimenter le système dans les 10e et 11e sections, c'est-à-dire dans les quartiers du centre[150]. Ces efforts ne furent pas vains. Il semble que, quand le choléra éclatera en 1834-1835, le maire ait été écouté. Il obtint, « comme par enchantement, une propreté permanente dans les rues d'ordinaire les plus sales[151] ». La peur, puis la présence du fléau avaient été le début d'une propreté inattendue.

Dès 1832 d'autres conséquences avaient été moins heureuses. La légitimiste *Gazette du Midi* avait utilisé le fléau pour souffler sur des passions qui restaient vives. Elle avait appuyé les vaines démarches de la Chambre de Commerce et dénoncé « l'inconcevable apathie avec laquelle on laisse dévorer tout le royaume par le choléra »[152], elle avait réservé quelques sarcasmes à Louis-Philippe, qui, non contagionniste en principe, se garde pourtant de visiter les hôpitaux, elle avait fait état d'un rapport du préfet qui aurait affirmé redouter le pire si le choléra atteignait des populations dont l'hostilité au régime n'était pas douteuse[153].

Pour l'heure les quarantaines étaient plus préoccupantes. Dès cette époque les autorités niçoises, napolitaines, majorquines se montraient particulièrement sévères. En octobre 1832, les provenances du Midi de la France étaient repoussées à Naples comme à Palma. Le Bey de Tunis exigeait que les bâtiments venant de Marseille purgent leur quarantaine dans un lazaret en dehors de ses États qui n'en possédaient point. En mars 1833, sur l'avis que le choléra n'avait pas

---

[150] *Archives Municipales,*1D 53
[151] *Le Cholera à Marseille*, p. 31.
[152] *Gazette du Midi*, 25 avril 1832
[153] *Ibid.*, 2 mai 1832

disparu du sol français, le magistrat de la santé de Naples rétablissait les quarantaines pour les navires marseillais. Il fallait attendre le mois de décembre de cette même année pour que Naples réduisît à 7 jours les quarantaines pour les provenances du Midi de la France et pour que toute mesure de rigueur disparût à Palma et à Civita-Vecchia[154].

Peu de gêne pourtant, comparées à celles dont devait souffrir Marseille lorsque le choléra fut là. Car il finit par arriver. Comme l'écrivait le médiocre poète André SAPET :

> *Non content d'affliger les peuples de l'Asie,*
> *L'air pestilentiel du Gange et de l'Indus,*
> *Traversant le Tibet vient par la Sibérie,*
> *Apporter jusqu'à nous le choléra morbus.*
> *Ce terrible fléau, tel que la politique,*
> *Pour désoler la France acharne sa fureur,*
> *À Marseille surtout, son souffle épidémique*
> *Frappe les habitants de mortelle frayeur*[155]

Il apparut dans les premiers jours de décembre 1834, exactement le 7, venant vraisemblablement d'Oran et, quoiqu'on dise Sapet, il n'effraya pas trop encore la masse de la population laborieuse. Peu de morts (17 dans ce premier mois), et pour la plupart dans les classes élevées. Malgré tout, « le mois de janvier s'ouvrit sous de tristes auspices, le jour de l'an et le carnaval se ressentirent des préoccupations sérieuses du moment ». En janvier, plus de 10 000 personnes, parmi les plus riches, partirent. En général elles n'allèrent pas trop loin. Leurs maisons de campagne les reçurent ou les villes voisines : Aix, Toulon, Arles. Cependant ce départ commençait d'affecter le monde ouvrier qui craignait de manquer de travail. Mais, comme le choléra avait encore respecté les quartiers

---

[154] *Archives de la Chambre de Commerce de Marseille.* (Choléra de 1832)
[155] André SAPET : Le Cholera Morbus à Marseille, p. 11.

populaires, les travailleurs ne firent pas trop entendre leurs plaintes. « Sauf quelques huées qui retentirent autour de quelques chaises de poste, le départ des fuyards s'exécuta sans péril et sans le moindre signe de mécontentement de la part des habitants pauvres ».

Cette peur put paraître sans fondement. Fin janvier début février, le choléra décime. Le 28 janvier, *la Gazette du Midi* signalait à peine trois cas. Le 15 février, il n'y eut aucun décès dû au choléra et la courbe de mortalité fut jugée moins inquiétante que celle des précédentes années. L'autorité décida de ne plus publier de bulletin quotidien. On organisa au Grand Théâtre un bal avec loterie qui fut brillant. Les émigrants revinrent[156].

Le fléau, cependant, se mettait à attaquer les quartiers pauvres. Celui des Grands Carmes, au cours du premier assaut de l'épidémie, fut le plus atteint, tandis que celui de la Plaine, également élevé, était relativement préservé. Le 2 mars, on compta 83 décès, dont 51 cholériques. Les riches recommencèrent de partir. Sébastien Bertaut, qui adressait une lettre à la Gazette du Midi, ne voulait pas les accabler, mais ne pouvait manquer d'ajouter : « Je ferai seulement observer que, si jamais plus beau privilège ne s'est attaché à la richesse, en revanche la pauvreté que son gagne-pain condamne à l'air pestilentiel d'une épidémie n'a jamais dû paraître et n'a jamais paru plus digne de pitié »[157].

Pour chasser les miasmes, les Marseillais comptaient sur le mistral. Quand il se mit à souffler, la maladie redoubla. Alors les imaginations travaillèrent.

« Des bruits sinistres circulèrent dans les vieux quartiers, on parla d'empoisonnement de fontaines publiques, de viandes, des contes absurdes s'accréditèrent, les médecins ne pouvaient pas sans s'exposer à des injures exercer leurs fonctions, on jetait le ridicule sur leurs remèdes ».

---

[156] *Le Cholera à Marseille*, p 18-23, S. PIRONDI et A. FABRE : *Étude sommaire sur l'importation du choléra et les moyens de le prévenir*. Paris, Baillière, 1865 (*Arch. Mun.*, brochure 324 quater), p. 19.
[157] *Gazette du Midi*, 3 mars 1835.

La répulsion était particulièrement vive contre les bains chauds dont on prétendait qu'ils asphyxiaient les malades[158].

Au milieu de ces alternances de pause et de recrudescence, le fléau à nouveau s'atténua. Le 30 mars, à peine comptait-on un cholérique. L'été devait ramener la terreur. La chaleur était propice à la propagation du fléau et au début de juillet, les Toulonnais, décimés par la maladie, arrivèrent très nombreux à Marseille dans le dénuement le plus complet. Le 11 juillet, la Gazette du Midi écrivait dans son éditorial. « Ce n'est pas isolément ni en petit nombre que les réfugiés de Toulon arrivent dans nos murs ; c'est par centaines à la fois, tous les moyens de transport sont bons pour ces malheureux fugitifs et, quand ils leur manquent, ils n'hésitent point à franchir à pied sous un soleil ardent les 16 lieues de poste qui nous séparent de la ville désolée. Arrivés dans nos murs, le soir, sans amis, sans indications suffisantes pour se conduire et le plus souvent sans aucune ressource pécuniaire, ces malheureux se jettent au hasard dans les plus sales gîtes ou même restent exposés à la dangereuse fraîcheur de la nuit. Hier des familles entières dormaient sur les bancs du Cours ». Si nombre de Marseillais accueillirent fraternellement ces réfugiés, d'autres abusèrent de leur détresse. Une seule chambre de médiocre grandeur contenant sept lits, dans l'un expirait un cholérique, « le logeur tirait 14 francs par jour de cette chambre ».

Il semble que ce soit cet afflux de Toulonnais qui ait réveillé la maladie.

Arrivant de Toulon son effroyable rage

Faisant pendant trois jours un horrible carnage

Poussa jusqu'à l'excès sa cruelle fureur.

Les Marseillais atteints de crampes douloureuses

Que tâchaient d'apaiser les fomentations

---

[158] *Le Cholera à Marseille*, p. 24. *Le Sémaphore de Marseille* du 11 août 1835 signale effectivement des médecins menacés aux Camoins, à Saint-Marcel, à Endoume. Les choses allèrent assez loin pour que le Procureur du Roi fît arrêter un individu qui s'était signalé par son attitude hostile.

Ne pouvant résister à ces crises affreuses

Expiraient accablés d'âpres convulsions.[159]

Cependant la Gazette du Midi du 24 juillet incriminera aussi l'abus des fruits frais, notamment des abricots, alors que la vente aurait dû être interdite.

Le 13 juillet, on compta 16 cholériques ; le 16, 25 ; le 18, 44 ; le 20, encore 44 ; le 23, 80. Le mal bondissait. Le 24 on atteignait le chiffre de 121 ou 123 morts dus au choléra, le 25 ; le chiffre record de 210 ; le 26, celui de 173[160].

Contrairement à tout ce qu'on aurait pu penser, le mal abattait de préférence les hommes en pleine force, les femmes en pleine santé :

« Rien ne peut être comparé à la bizarrerie de cette maladie, on assurait que les vieillards, les personnes habituellement malades, les gens timides étaient le plus exposés à cette atteinte, mais, dans cette seconde invasion, le mal est encore venu, sous ce rapport, démentir les paroles de la science, il a broyé des personnes saines et bien constituées et a épargné des valétudinaires, les imprudents ont été quelquefois oubliés, tandis que ceux qui usaient de toutes sortes de précautions ont souvent succombé au milieu de l'attirail permanent de leurs préservatifs »[161].

Le quartier le plus frappé était, cette fois, celui du Grand Théâtre qui comptait nombre de marins et de filles publiques. Beaucoup plus que lors de la première épidémie, les ouvriers et les militaires étaient atteints.

---

[159] André SAPET : *Le Cholera-Morbus à Marseille*, p. 25.

[160] Les chiffres sont quelque peu différents selon que l'on consulte la presse ou la relation sur la *Seconde Invasion du Cholera*, par J. FRANC et L. MERY. D'après l'ouvrage postérieur de O. GRIMAUD DE GAUX : *Études sur le choléra faites à Marseille en septembre et octobre 1865* Paris, 1865 (*Arch. Mun.*, broch. 324), p 10, note 1, le chiffre des morts du 25 juillet devrait être porté à 235, et ceux des jours qui suivent devraient être de même augmentés de manière notable, le secrétaire de la mairie lui ayant confié que pendant quatre jours on inhuma les cadavres dans diverses parties de la ville sans venir en faire la déclaration à la mairie.

[161] La plupart des communautés religieuses, le séminaire, le collège loyal, les prisons furent préservées. *Histoire du Cholera-Morbus asiatique*, p. 306-367

	1re invasion		2e invasion	
Professions libérales	52	décès	198	décès
Professions commerciales	81	«	220	«
Professions mécaniques	62	«	401	«
Professions salariées	195	«	1 004	«
Militaires	18	«	110	«
Sans profession ou profession inconnue	380	«	537	«
	788	«	2 470	«[162]

Parmi les notabilités qui étaient emportées, on notait le médecin Reymonenq, Combaz, chef d'institution, Cauvin, membre du Conseil Municipal, le pharmacien Laurens, Mme Luce Benet, le négociant Reymonet, Boyer, jeune médecin envoyé en mission par le ministre du Commerce. Marius Olive, administrateur de la Gazette du Midi, perdait en 48 heures sa belle-mère, son frère, le beau-frère d'une de ses sœurs, lui-même était obligé de s'aliter[163].

Tous ceux qui l'avaient pu avaient fui. La seconde émigration dépassait de loin la précédente. « On évalue à 25 000 le nombre des personnes qui abandonnèrent la ville dans la journée du 25. Nous ne croyons pas, ajoutent Augustin Fabre et Fortuné Chailan, qu'il soit resté à Marseille plus de 60 000 habitants vers la fin du mois de juillet ». Sur 29 notaires, à peine 10 restèrent dans la cité[164].

---

[162] *Le Cholera à Marseille, seconde invasion*, p. 8, 22
La distinction entre professions mécaniques et professions salariées est évidemment arbitraire et peu satisfaisante. On comprenait dans les professions mécaniques les tailleurs, les cordonniers, chapeliers, couturiers, métiers du bâtiment, métiers du fer, métiers du bois, auffiers, cordiers, voituriers, bijoutiers, dans les professions salariées, les cultivateurs, les cochers et domestiques, les pêcheurs, mariniers, poissonniers, les balayeurs, les charbonniers et marchands de bois, les boulangers, les portefaix, les journaliers. *Le Cholera à Marseille*. p. 107.
[163] *Sémaphore de Marseille*, 26-27 juillet, 13 août 1835. *Gazette du Midi*, 29 juillet et A. FABRE et F. CHAILAN, *op. cit.*, p 327.
[164] *Histoire du Cholera-Morbus Asiatique*, p 315, 328-329.

Où allèrent ces fuyards et quel fut leur sort ? Beaucoup allèrent à Allauch, d'autres à Château-Gombert[165]. La Gazette du Midi du 27 juillet nous apprend qu'il se forma un véritable camp à Mazargues, tout près de la ville. « Sans doute est-il heureux sous un point de vue que le choléra trouve désormais moins d'aliments à son intensité dans une ville où la population ne sera plus aussi agglomérée, nous voudrions pouvoir nous rassurer sur le sort des émigrés par la certitude qu'ils emportent des médicaments en cas de malheur. Rien n'est plus essentiel que la promptitude des remèdes, il serait déplorable que nos compatriotes se trouvassent peut-être au milieu de leur fuite privés des premiers secours ». Tout ceci d'autant plus dangereux que beaucoup couchaient en plein air. D'où le péril des orages. Fabre et Chailan, après avoir montré les émigrés de Mazargues et de Montredon mondés par la pluie, ajoutent : « D'autres familles aussi malheureuses s'étaient réfugiées le long du Jarret[166], le lit de ce ruisseau déborda et les eaux s'accrurent avec tant de force que plusieurs personnes eurent à peine le temps de se soustraire à une mort imminente »[167].

Il semble que la lâcheté ait été pourtant sagesse. Il n'y eut guère, croyons-nous, que Château-Gombert qui ait été touché par le fléau[168]. On comprend d'autre part cet exode si l'on se rend compte de l'arrêt des affaires, de la terreur qui pesait sur la ville, de son silence de plomb, de son odeur de cadavre, du spectacle de mort qui trop souvent vous saisissait, des enterrements à la lueur des torches qui ne pouvaient qu'achever d'affoler une population impressionnable[169].

Dès le 25 juillet, *Le Sémaphore* notait que la vie économique était pratiquement arrêtée : « depuis deux jours la Bourse est déserte, les sommités commerciales et sociales n'ont d'autre occupation que de faire distribuer des secours aux cholériques et à leurs familles. Dans cet état de choses les affaires commerciales

---

[165] *Sémaphore de Marseille*, 29 juillet 1335 ; *Gazette du Midi*, 6 août 1835.

[166] Le Jarret est un médiocre ruisseau qui, à moins d'une pluie d'orage, ressemblait en été à un égout à ciel ouvert.

[167] *Histoire du Cholera-Morbus asiatique*, p. 329.

[168] *Gazette du Midi*, 6 août 1835 ; *Histoire du Cholera-Morbus asiatique*, pp. 365-366.

[169] *Gazette du Midi*, 26-27 juillet 1835.

sont nulles et sans quelques liquidations d'huiles la semaine se serait passée sans transactions commerciales ».

Plus impressionnant encore le tableau qu'ont tracé Fabre et Méry. « Malgré toute l'activité déployée par l'administration, le service des inhumations fut un instant entravé[170] ; les caisses et les bières manquaient au transport des cadavres, et les cadavres augmentaient à chaque moment, le spectacle des rues eut quelque chose d'horriblement étrange. Des bières mal clouées laissèrent échapper le cadavre qui roula nu sur le pavé ; on jetait des cadavres à pelletées dans des tombereaux ; les voisins, les parents, les amis transportaient en toute hâte les corps dans la fosse commune, les sillons larges creusés par les fossoyeurs ne suffirent plus, on entassait les défunts dans les cimetières, et le vent en passant sur cet amas de morts dispersait, dans l'air, l'odeur infecte des tombeaux »[171].

Exagération, pensera-t-on, tableau trop chargé d'horreurs pour emporter la conviction. On trouve cependant à travers la presse bien des traits épars qui confirment cette page. « À la paroisse de Saint-Joseph (faubourg de Rome), une famille a été réduite à porter sur un matelas un cadavre à l'église. Des cadavres n'ont pu être enlevés des maisons qu'après 36 heures, plusieurs ont séjourné je ne sais combien d'heures dans des églises qu'ils avaient remplies d'une odeur

---

[170] À en croire Augustin Fabre et Fortuné Chailan qui sont de tendance libérale, le service des inhumations fonctionna mal, parce que, « d'après un malencontreux décret impérial, c'est l'évêque qui nomme les employés aux inhumations », *op. cit*, p 330 note. Ce qui est sûr, c'est que le service fut débordé. Divers jeunes gens prirent alors en main cette tâche ingrate, notamment Edouard Fabre, courtier de commerce, Henri de Lescazes, contrôleur à l'Hôtel des Monnaies, allié par sa mère à la famille de Villeneuve, et le négociant Boy de La Tour. Ils rencontrèrent de grandes difficultés, faute de main d'œuvre, mais les entrepreneurs du bassin de carénage, Ponsard et Beisson, mirent à leur disposition plus de cent ouvriers qu'ils convainquirent en se rendant eux-mêmes sur les lieux et en payant de leur personne. « Toutes les fosses nouvelles furent ouvertes à la profondeur d'un mètre et demi, conformément aux règlements qui dès longtemps étaient violés, et l'on étendit d'épais lits de chaux sur les inhumations précédentes ». (FRANC ET MÉRY, op cit, p 910, A. FABRE et F. CHAILAN, *op cit*, pp 335-336). Sapet les a, bien entendu, chantés lui aussi :
    Lescazes, Olivier, Fabre et Boy de La Tour,
    Insignes citoyens dont l'âme bienfaisante
    Se livra sans relâche au fraternel amour (*Op cit*, p 26).
[171] *Le Cholera à Marseille Seconde Invasion*, p. 9.

repoussante »[172]. Il est non moins sûr que le principal cimetière, le cimetière Saint-Charles, ne pouvait suffire ; il fallut ouvrir « ceux de Saint-Victor, de Saint-Laurent, de la Major, de la Chanté et de l'Anse de l'Ourse qui depuis quinze ans étaient abandonnés »[173].

Comme disait le poète :

> *L'impitoyable faux, dépeuplant les asiles,*
> *L'on ne voyait partout que gens vêtus de deuil*
> *Et par surcroît de maux la plupart des familles*
> *Ne trouvaient pour leur mort ni bières ni cercueil*[174].

En dehors de ces bouleversants spectacles, la ville restait comme assoupie, dolente, « les fenêtres, les portes restaient fermées, les maisons ne donnaient signe de vie que pour rejeter les corps que le choléra y avait tués, peu à peu tous les lieux publics furent clos, dans les cafés, dans les cercles, une morne solitude, le silence de la tombe était partout »[175].

Par une malchance supplémentaire, le maire, Max Consolat, jugeant le fléau fini, avait quitté Marseille, d'abord pour Paris, où il allait témoigner dans le procès des accusés d'avril, puis pour Vichy où il pensait prendre les eaux. Il se hâta de revenir. La responsabilité pesa donc un certain temps sur Julliany, esprit fin, très au courant des questions commerciales, caractère courageux, mais de santé médiocre et n'ayant pas autant que Consolat l'expérience de l'administration.

Quant au préfet, il était également absent, ce qui laissait la partie belle à la *Gazette du Midi*. Le 30 juillet, elle demandait à nouveau : « Que fait M. le préfet Thomas ? Où a-t-il passé ? Qu'est-il devenu ? »[176]. Par l'entremise du *Garde*

---

[172] *Gazette du Midi*, 28 juillet 1835.

[173] A. FABRE et F. CHAILAN, *op. cit.*, p. 333.

[174] SAPET, *op. cit.*, p. 31.

[175] *Le Choléra à Marseille Seconde Invasion*, p. 9.

[176] Sur CONSOLAT, *Encyclopédie départementale*, t. XI, pp 135-136 ; sur JULLIANY, *ibid.*, pp 278-279 ; sur Thomas, J. VIDALENC *Lettres de J.A.M. Thomas, Préfet des Bouches-du-Rhône à Adolphe Thiers, 1831-1836* Aix-en-Provence, 1953

National, journal officieux, on avait enfin de ses nouvelles. M. le Préfet était retenu à Paris par une attaque de goutte. « Nous devons espérer, ricanait la Gazette du 31, que M. Thomas se dédommagera des regrets que son absence forcée de Marseille doit naturellement lui causer par sa contribution au secours dont la population pauvre a tant besoin ». Finalement M. Thomas revint à Marseille le 7 août. À l'en croire, il avait couru la poste nuit et jour de Paris jusqu'à Lyon, où il avait pris le bateau[177].

Cependant, à partir du 27 juillet, le choléra reculait. Le 27, 125 décès cholériques ; le 28, 96 ; le 29, à nouveau remontée à 125 ; le 30, 88 ; le 31, 76 ; le 1er août 68 ; le 2, 81 ; le 3, 64 ; le 4, 60 ; le 5, 62 ; le 6, 36 ; le 7, 32 ; le 8, 23 ; le 9, 37 ; le 10, 18 ; le 11, 23 ; le 12, 20 ; le 13, 15 ; le 14, 9. Malgré diverses petites poussées (30 décès cholériques, le 25 août ; 24, le 8 septembre ; 19, le 11), le mal était enrayé. Juillet avait compté 1476 décès dus au choléra ; août, 763 ; septembre, 194 ; octobre, 37[178]. D'après Franc et Méry, c'est le 23 octobre qu'aurait été enregistré le dernier décès[179]. On devine les réactions de la foule à mesure que les bulletins municipaux étaient plus rassurants : « le bulletin officiel des décès était, par les soins du Maire, placardé à la porte de l'Hôtel de Ville ; une foule qui, à mesure que le mal diminuait, grossissait chaque jour, attendait, devant cette porte, le moment de la communication de ce chiffre ; il fallut des sentinelles pour l'empêcher de prendre d'assaut les paisibles bureaux de l'état civil ; sa curiosité difficilement contenue se manifestait en trépignements et en cris, on eût dit que quelques minutes de retard la privaient d'un spectacle patiemment attendu. Un jour il y eut enfin une diminution considérable dans les décès. Ce chiffre imprévu fut accueilli par des salves d'applaudissements »[180].

Il serait intéressant d'étudier à loisir les remèdes employés. L'homéopathie fit ses premières armes. Parmi les médecins qui, de Paris, de Lyon, de Montpellier, vinrent à Marseille se trouvait le Dr J. Perrussel, homéopathe de Lyon, qui

---

[177] *Gazette du Midi*, 8 août 1835, et J. VIDALENC, *op. cit.*, p. 116.
[178] *Le Cholera à Marseille Seconde Invasion*, pp. 16-47.
[179] *Ibid.*, p 30
[180] *Ibid.*, p 12.

arriva fin juillet[181]. La nouvelle thérapeutique aurait fait sur place une recrue d'élite en la personne du Dr Chargé qui devait être appelé à une brillante réputation et à une belle carrière puisqu'il soigna plus tard le maréchal de Saint-Arnaud. De son propre mouvement, Chargé avait décidé d'accompagner à Toulon le Dr Lassus, membre de l'Académie de Médecine, qui avait été envoyé par le gouvernement pour étudier le fléau. « À peine arrivé à Toulon, le Dr Lassus fut foudroyé par le mal et mourut dans les bras de son jeune collègue. Le Dr Chargé, atteint lui-même, ne put regagner Marseille qu'avec les plus grandes difficultés ». C'est alors que, d'après une tradition familiale, il aurait été sauvé par l'homéopathie et converti à ses principes[182]. Pourtant, s'il soigna les cholériques marseillais avec le dévouement que récompensa une médaille, rien n'indique qu'il les soigna selon les méthodes nouvelles. Il les réserva, semble-t-il, pour les épidémies de 1849 et de 1854, comme le rappellent ses divers ouvrages[183]. En vérité, si l'homéopathie fit son apparition en 1835, ce fut une apparition discrète.

Autre thérapeutique : les bains d'étuves. Nous avons dit qu'ils répugnaient aux malades, surtout aux femmes et aux militaires. Non sans raison, puisque, pour ces deux catégories de patients, la proportion de mortalité fut plus élevée. Sur 103 individus mis dans les bains, on comptait 47 hommes dont 20 avaient guéri et 27 étaient morts ; 32 femmes, dont 9 avaient guéri et 23 étaient mortes ; 24 militaires, dont 5 avaient guéri et 19 étaient morts[184].

De son côté, le Dr Robert, médecin du Lazaret et correspondant infatigable des journaux, proposait un traitement préventif qui avait le mérite d'être simple et, si l'on peut dire, à portée de la main : c'était de prendre tous les matins « à jeun une ou deux cuillerées de bonne huile d'olive à laquelle on ajoute quelques gouttes de suc de citron ou de vinaigre, car on ne doit point ignorer que

---

[181] *Histoire du Cholera-Morbus asiatique*, p 323.

[182] Dr GAILHARD : *Le Dr Chargé dans La Propagation de l'Homéopathie*, 31 août 1909, pp. 169-180 et renseignements oraux communiqués par le Dr Gailhardt que nous remercions

[183] Dr CHARGE : *Traitement homéopathique préservatif et curatif du choiera épidémique, Marseille*, 1855, br., pet. in-8, 24 pp., et *L'Homéopathie et ses détracteurs à l'occasion de l'épidémie de choléra qui a régné à Marseille en 1854* (Paris Baillière 1855 232 pp).

[184] *Archives Municipales*, I D 57, p 65 Travail encarté de M. PLAUCHUD.

beaucoup de malades ont des vers qui, sans être la cause déterminante de l'épidémie, en sont du moins une complication et que l'huile dans ce cas pourrait devenir l'antidote de tout insecte cholérifère s'il en existait »[185]. Le traitement du Dr Vasquez, médecin espagnol, trois tasses d'huile à dix minutes d'intervalle suivies d'eau tiède pour faciliter les vomissements, devait, d'après d'autres, triompher du mal, quand il vous avait atteint. L'eau de Seltz à titre préventif, l'huile de capjut, le charbon à titre curatif, avaient également leurs partisans[186]. Comparées à celles de 1832, les instructions populaires de 1835 n'apportaient pas de progrès. Toujours les mêmes précautions de bon sens. Ne pas marcher pieds nus, changer de linge au moins une fois par semaine.

« On se lavera tous les matins le visage et les mains avec de l'eau tiède ou du moins qui ne sera pas sortie récemment du puits. On devra aussi se laver deux fois par semaine les pieds et les jambes avec de l'eau et du savon tièdes. Ces soins sont de première nécessité …»

« Le calme de l'esprit étant un des plus puissants préservatifs, on doit fuir, autant que possible, toutes les causes d'émotions fortes, de perturbation morale. C'est le cas de s'efforcer d'atteindre à la modération des passions »[187].

Le dévouement et l'ingéniosité des médecins ne sont pas en cause : il ne leur manquait que la science du fléau.

Quelles furent les conséquences économiques, politiques, religieuses du choléra ? Il n'est pas besoin de dire longuement que le choléra entraîna un marasme

---

[185] *Sémaphore de Marseille*, 6 mars 1835

[186] *Sémaphore de Marseille*, 11 juillet ; *Gazette du Midi*, 28 juillet, 7 août 1835. En 1832 avait été proposé également le *comestible oriental* à titre préventif « Il n'a que le goût du chocolat sans en avoir les nombreux inconvénients » (*Sémaphore de Marseille*, 1er septembre 1832). Le camphre avait été également indiqué (*ibid*, 11 octobre 1832). Des réclames avaient été faites pour le sachet antiépidémique du Dr Freind qui se portait sur le creux de l'estomac et devait préserver de la dysenterie, de la fièvre jaune, de la peste et du cholera-morbus (*Sémaphore de Marseille*, 1er janvier 1835). Enfin, le 7 mars 1835, *La Gazette* avait mis en garde contre la poudre purgative de Labourey qui affaiblissait le malade.

[187] Gazette du Midi, 11 août 1835.

redoutable. Comme l'écrivaient Fabre et Chailan, « le deuil public avait interrompu le cours des affaires et des travaux ». Les ouvriers étaient souvent réduits au chômage, encore que divers savonniers qui employaient généralement peu de main-d'œuvre et vivaient près d'elle aient continué de payer leur salaire à ceux qui étaient restés dans la ville[188]. En outre les divers ports méditerranéens s'étaient hérissés de quarantaines. Les maisons marseillaises qui commerçaient avec Tunis protestèrent, en particulier auprès de la Chambre de Commerce, contre les mesures prises par le gouvernement beylical qu'elles estimaient vexatoires.

« À la nouvelle de l'invasion du choléra-morbus à Marseille, le Bey, conseillé par des fonctionnaires étrangers qui recherchent les occasions de nuire à notre commerce, a pris l'inconcevable mesure de repousser toutes les provenances de notre port, on ne veut même pas recevoir les plis. Les capitaines Audiffren (?), Guiraud et plusieurs autres ont été envoyés à Malte pour y faire une quarantaine de 21 jours et purifier les lettres. Ainsi nous restons sans nouvelles de nos parents et de nos amis et cela depuis deux mois et avec de nombreux arrivages, aussi sommes-nous tout à fait démoralisés. Les affaires sont suspendues et tous les ordres pour votre place ont été retirés »[189].

Les choses allaient encore plus mal avec cette Algérie qui avait par Oran communiqué le mal à Marseille. Le navire *la Chimère*, sorti du port de Marseille, au moment où la maladie était dans toute sa force, apportait le choléra à Alger. Il apparaissait dans la nuit du 2 au 3 août 1835 et s'aggravait brusquement du 10 au 21, frappant surtout israélites et indigènes[190]. Nouveau coup pour le commerce marseillais, alors que les relations avec la conquête prenaient de plus en plus d'importance.

Mais, à dire vrai, c'est de tous côtés que les mesures de rigueur se multipliaient, s'atténuant par instant pour redoubler bien vite à la fâcheuse nouvelle que le

---

[188] *Histoire du Cholera-Morbus asiatique*, p. 331
[189] Marseille, le 9 mars 1835. *Archives Chambre de Commerce de Marseille* (Choléra de 1884-1835, 1re invasion).
[190] *Histoire du Cholera-Morbus asiatique*, pp. 395-396.

choléra se réveillait. Un avis publié dans la *Gazette du Midi* du 27 septembre 1835 par l'entreprise Mourries, entreprise de transport entre Marseille et Nîmes, apprend que ces relations avaient dû être interrompues du fait du choléra. Un autre renseignement du 21 novembre signale la cherté excessive du bois de chauffage qui frappe en particulier les pauvres bourses. Or, à la différence des bois de construction, ces bois venaient souvent de l'intérieur. Preuve supplémentaire que les relations avec le reste du pays avaient, elles aussi, souffert de l'épidémie, quoique dans une moindre proportion.

Dès lors il était naturel que l'on demandât de divers côtés un moratoire des effets de commerce Le 25 juillet 1835, le maire écrivait à cet effet à la Chambre de Commerce :

« Au milieu des circonstances déplorables où se trouve notre malheureuse ville, il est un sujet d'inquiétudes nouvelles pour un très grand nombre de citoyens sur lequel je crois devoir appeler votre attention. Je veux parler des prochaines échéances des effets de commerce. Vous pensez sans doute comme moi qu'en l'état de la cessation absolue des affaires, des préoccupations douloureuses de plusieurs négociants, de l'absence du grand nombre d'entre eux, il y aurait de graves inconvénients à ne pas proroger l'époque de ces échéances de manière à pouvoir faciliter les transactions commerciales. Cette mesure me semble trop bien justifiée par les circonstances pour que je fasse valoir des motifs à l'appui. Je me bornerai à vous rappeler qu'elle a été prise dans la plupart des villes où le choléra a sévi avec quelque intensité, notamment à Paris en 1832 et dernièrement à Toulon »[191].

Rien ne marque mieux la gravité de la crise économique née du choléra. Les attaques passionnées de *La Gazette du Midi* n'y avaient pas été étrangères. Il n'est pas besoin de dire que la feuille légitimiste avait réservé la plus large publicité à la lettre écrite d'Aix en Savoie le 26 juillet 1835 par Berryer, député de Marseille. Il disait sa sympathie et adressait 500 francs pour les cholériques[192].

---

[191] Archives Chambre de Commerce de Marseille (Choléra de 1834-1835, Seconde Invasion).
[192] *Gazette du Midi*, 31 juillet 1835.

Emportée par l'esprit de parti, elle avait accusé les méthodes administratives qui concentraient tout à Paris et enlevaient aux autorités locales tout esprit d'initiative. « La centralisation a trop habitué les fonctionnaires à suivre au jour le jour la routine administrative, dès qu'on les tire de l'ornière, ils ne savent plus où poser le pied et les ressources les plus puissantes demeurent sté-riles »[193]. *La Gazette* s'était rendue aux yeux de l'administration encore plus fau-tive : elle avait à diverses reprises présenté la situation sanitaire sous un jour plus inquiétant qu'elle n'était. Or, comme elle était le seul journal marseillais admis dans les ports étrangers, cela pouvait avoir des conséquences fâcheuses. Ce que prouvait cette lettre écrite de Nice le 16 octobre par le Consul de France aux Intendants de la Santé Publique à Marseille. Reproduisons-la dans son style embarrassé.

« Ce qui devient pour moi incontestable et que je vais signaler aux Ministres des Affaires étrangères et du Commerce, c'est que l'esprit aussi malveillant qu'empreint du venin le plus subtil de *La Gazette du Midi* qui, ainsi que vous ne l'ignorez point, s'étend sur tout ce qui est propre à déverser le blâme sur notre administration, ne se fait pas faute d'accompagner ses articles sur le choléra des récits les plus mensongers, presque tous sans exception portant le cachet de l'excitation contre cette même administration et d'autant plus dangereux par l'influence qu'ils exercent ici que ceux qui les lisent, ne pouvant point prendre connaissance des journaux de Marseille en raison de l'interdiction dont ils sont frappés à la frontière, ne se trouvent que trop portés, prédisposés comme ils le sont déjà, à prendre pour des plus véridiques les fables publiées par cette Ga-zette sur notre état sanitaire en Provence »[194].

Les conséquences religieuses ne furent pas moins remarquables. Avant que le choléra ne touche Marseille, le Marseillais Alphonse Dory qui avait fondé l'église Saint-Simonienne de Marseille avait été dès 1832 détaché de sa foi par le paganisme et le matérialisme du *Globe* : cette révolte devait le ramener au christianisme. Dory était un précurseur, car le choléra devait raviver ou

---

[193] *Gazette du Midi*, 14 juillet 1835.
[194] *Archives Chambre de Commerce de Marseille* (Choléra de 1834-1835, Seconde Invasion).

réveiller chez beaucoup l'attachement au catholicisme[195]. Dès la première invasion du fléau, la *Gazette* remarquait la recrudescence de piété que le choléra avait déterminée. Le 28 février elle écrivait : « L'épidémie qui ravage Marseille n'a fait que rendre plus vif le zèle religieux de ses habitants. Toutes les fois que le Saint Viatique est porté dans la nuit, une foule de citoyens se fait un devoir de se rendre immédiatement à l'Église pour l'accompagner. Hier dans la paroisse de Saint-Vincent-de-Paul et dans celles de la vieille ville on a compté plusieurs centaines de personnes marchant processionnellement avec des flambeaux. Sur le passage du cortège, toutes les fenêtres étaient spontanément illuminées. Les prières de 40 heures qui ont lieu annuellement dans les derniers jours du carnaval ont attiré une très grande affluence de fidèles dans les églises ». Et un peu plus tard elle donnait, le 7 mars 1835, ces renseignements non moins édifiants : « La dévotion des Marseillais pour l'antique chapelle de Notre-Dame de la Garde s'est accrue encore par le fléau qui frappe la cité. Chaque jour une foule de personnes gravissent la montagne pour aller offrir leurs vœux à la mère des affligés. Les églises sont toujours pleines et l'affluence des fidèles qui assistent aux prières contraste avec la solitude d'un grand nombre de quartiers ». Mais la piété marseillaise exigeait davantage : depuis les manifestations anticléricales qui avaient eu lieu en 1832 au Calvaire, les processions avaient été interdites. De nombreuses pétitions furent adressées pour demander une procession. Et même le très libéral *Messager de Marseille* s'y rallia. Le 7 mars on apprit que l'interdiction était levée. « Les bannières parcourant la ville pour tracer la route que devait parcourir la statue de Notre-Dame de la Garde furent saluées avec des cris et des larmes de joie par la population ». Malgré le mistral la statue fut apportée à la vieille cathédrale : « les femmes présentaient leurs enfants en pleurant de joie et tout le peuple élevait les mains avec un enthousiasme connu seulement dans le Midi ». Il faut dire que *Le Sémaphore* dont la pointe était encore anticléricale présentait la cérémonie sous un jour nettement moins favorable. « La descente de Notre-Dame de la Garde a eu lieu au milieu d'un grand concours de spectateurs et de curieux. Cette cérémonie qui n'avait pas eu lieu depuis longtemps a présenté le même spectacle

---

[195] A. DORY, *op. cit.*, pp 136-141.

qu'autrefois, c'est toujours le même cortège obligé de pénitents, de cierges, de compliments, de salves de boites. Cette cérémonie faite pour appeler la cessation du choléra par l'intercession de la Vierge Marie a été jugée d'une manière diverse par notre population. La conduite de l'autorité dans cette circonstance a été l'objet de plus d'un blâme motivé ». Une foule énorme se pressa alors à la cathédrale illuminée d'une infinité de cierges jusqu'au jeudi 12 où eut lieu à travers les rues de la ville la procession solennelle. Elle fut favorisée par un temps magnifique. « Dès le matin les ateliers avaient été abandonnés », les magasins étaient fermés, « et la ville couverte de tentures éclatantes, pavoisée de drapeaux de toutes les nations, a pris bientôt un aspect de fête »[196].

Cependant la seconde invasion avait lieu, plus redoutable. On décidait de célébrer avec une pompe particulière la Messe du Sacré-Cœur sur le Cours qui était le cœur de la cité. Le même soir à 4 heures une procession partirait de l'église Saint-Martin, emprunterait le Cours, les rues de Rome, de la Darse, Paradis, la Canebière, les rues Pavé d'Amour, Coutellerie, Belsunce, Grand'Rue, Caisserie et aboutirait à la place de la Tourette où le vieil évêque de Marseille, doyen de l'épiscopat français, bénirait encore une fois la foule des fidèles.

Ce programme ne se réalisa pas sans alarmes. La cérémonie commença bien : « Marseille presque entière, tout ce qui n'a pas fui ou n'est pas retenu auprès du lit des malades était accouru à la Messe du Sacré-Cœur. Qu'on se figure le Cours dans toute sa longueur, rempli d'un peuple immense, plus de 30 000 Marseillais prosternés devant les saints mystères, les fenêtres mêmes des maisons latérales garnies de spectateurs à genoux. Après la messe, l'évêque prononça l'amende honorable de Mgr de Belsunce, puis dit quelques mots ». Jusque-là tout était consolation et attendrissement, mais à l'instant où le clergé réuni sur la large estrade qui précédait l'autel s'est mis en mouvement pour s'approcher du dais qui devait recevoir le saint sacrement, un craquement affreux s'est fait entendre : l'estrade et l'autel s'écroulent à la fois et le nombreux clergé qui entourait le prélat disparaît avec lui. Un cri général d'épouvante et d'horreur retentit de toutes parts et qu'on se figure, s'il est possible, l'effet de

---

[196] *Gazette du Midi*, 8-9, 10, 11, 13 mars 1835 ; *Sémaphore de Marseille*, 8 et 9 mars 1835.

ce cri universel poussé de tous les coins du Cours, des fenêtres et des rues d'où l'on avait vue sur l'autel ». Heureusement les ecclésiastiques et le prélat avaient eu plus de peur que de mal. Les jeunes gens dételèrent la voiture du prélat. « Partout les applaudissements ont suivi le vénérable évêque »[197].

À en croire Sapet, Dieu n'aurait pas été insensible à cette désolation et à ces saintes cérémonies. Il le dit comme il peut, c'est-à-dire mal :

> *Alors le Tout Puissant aux vœux du Ciel propice*
>
> *Jetant dessus le Cours un regard paternel*
>
> *Reçut avec bonté le pieux sacrifice*
>
> *Que le pieux évêque offrait à son autel.*
>
> *Sa clémence aussitôt sur Marseille en prières*
>
> *Prononçant de son trône un généreux pardon*
>
> *Répandit, accordant l'Indulgence Plénière,*
>
> *Par la main du Prélat sa bénédiction.*[198]

Laissons l'épisodique : le fait indiscutable est que la maladie ranime la foi dans la ville. Or le pouvoir sait les dispositions peu favorables des milieux catholiques qui se confondent avec le parti légitimiste, il mesure la popularité des Mazenod, oncle et neveu, l'oncle évêque en titre, le neveu, désirant lui succéder. Comme l'écrivait un poète de Brignoles, Hippolyte M., à la date du 17 août :

> *Qu'il est beau, dominant ces têtes inclinées,*
>
> *Ce pasteur faible et doux, mais prêtre du Dieu fort,*
>
> *Vieillard, mais plus chargé de vertus que d'années,*
>
> *Tremblant, mais pas devant la mort !*
>
> *C'est notre Mazenod, c'est un Belsunce encore.*
>
> *La même palme les décore,*
>
> *Le même cœur bat dans leur sein.*
>
> *O mon Dieu les vertus dans les âges funèbres,*

---

[197] *Gazette du Midi*, 1er août 1835.
[198] *Le Cholera-Morbus à Marseille*, p 36.

Astres consolateurs, brillent dans les ténèbres
Pour tes invisibles desseins.[199]

Qui sait si, autant que le gouvernement du Roi était informé de ces sentiments effervescents, il n'a pas pensé qu'il serait de bonne tactique d'oublier ses griefs contre ces chefs trop remuants de la hiérarchie catholique et n'a pas admis plus aisément que Charles-Joseph-Eugène de Mazenod succédât à son oncle comme évêque de Marseille ?

En 1837 le choléra reparut à Marseille et sur 377 cas fit 196 décès. La peur aurait encore conduit le riche Marseillais à la superstition qui amuse Stendhal : « C'est alors un Napolitain, il allume des cierges pour plaire à la Vierge, il achète, au prix de 45 sous, une bague de fer qui, corroborée de cinq Pater et deux Ave, empêche la fièvre de s'établir. Cela est historique »[200].

On mesure en tout cas par quels traits Marseille est originale. Une peur précoce, un choléra tardif, comme sera tardive la crise économique de 1846. Ce choléra détermine avant qu'il n'éclate des thérapeutiques diverses qui déconcertent et, dès qu'il éclate, une émigration plus intense qu'en aucune autre région du pays[201]. À côté de dévouements admirables, une frayeur qui frappe même le conseil municipal, puisqu'un adjoint au maire, Baquère, devra donner sa démission[202]. Des attaques particulièrement âpres des légitimistes, une occasion qu'ils ne laissent pas passer d'incriminer le pouvoir et les méthodes centralisatrices. Le choléra sert la politique. Il sert aussi la religion. D'où ces cérémonies qui choquent les libéraux et révèlent une vie religieuse ardente, mais volontiers théâtrale. Accompagnant le tout en sourdine, le sentiment que Marseille et le Midi sont sacrifiés au Nord pour leur malheur. D'où l'invraisemblable

---

[199] *Gazette du Midi*, 22 août 1835.

[200] *Mémoires d'un Touriste* (Ed. Champion, 1932, T II, p. 421).

[201] L'émigration fut également considérable en 1835 à Arles et à Tarascon. À Arles, les deux tiers ou les quatre cinquièmes des habitants auraient pris la fuite. Cf. A.W. JOYCE, *op. cit.*, pp 64-65.

[202] *Gazette du Midi*, 2 septembre 1835

186

demande de cordon sanitaire. D'où ces vers du poète de Brignoles qui chantaient le dévouement des jeunes gens de la grande cité.

> *Et toi, du beau Midi, magnanime jeunesse,*
> *Ton noble dévouement a fait trembler la mort,*
> *Tu sauras bien ravir un jour le droit d'aînesse*
> *Aux générations du Nord.*[203]

Au moins le choléra laissa-t-il une œuvre magnifique en contribuant à faire construire le canal de Marseille qui, sous la ferme et habile direction de l'ingénieur Mayor de Nontricher, fut commencé en 1838 et entra en service en 1849.

Tout ceci ne bouleverse pas l'image qu'avant cette enquête nous pouvions concevoir. Il arrive que les fantômes que rencontre l'historien ressemblent à leur légende.

---

[203] *Gazette du Midi*, 22 août 1835.

LA RUSSIE

MME M.V. NETCHKINA[204]
K.V. SIVKOV — A.L. SIDOROV[205]

En 1830-31 un terrible fléau s'abattit sur la Russie : une épidémie de choléra engloutit un nombre immense de vies humaines.

Le gouvernement du Tsar se révéla incapable d'aider la population à lutter contre ce fléau ; les mesures coercitives, sans atteindre le but escompté, gênèrent et irritèrent fortement la population. Depuis longtemps, la colère et la haine s'accumulaient contre l'arbitraire et les violences du régime du servage, d'ailleurs tombé en décadence et devenu l'obstacle majeur au développement du pays. Le choléra accrut vivement ce mécontentement des masses populaires et fut le prétexte de troubles importants contre le gouvernement central et les autorités locales. C'est pourquoi l'épidémie de choléra et les événements qui s'y rattachent dépassent le cadre d'un simple épisode historique : c'est une étape assez significative, d'ailleurs complexe, du mouvement politico-social au cours des dernières décennies précédant la réforme de 1861.

Le choléra avait déjà fait son apparition en août 1829, mais il était d'abord resté cantonné dans le gouvernement d'Orenbourg, où la maladie avait été apportée par des caravanes venant de Boukhara. En octobre avec la venue des froids, les cas de choléra disparurent. Il en fut tout autrement en 1830.

Au milieu de juin 1830, le choléra se manifesta en Transcaucasie — plus précisément dans la province de Chirvan et dans les pêcheries de Salian. De là, le choléra se propagea dans les provinces de Bakou et de Koula, du Khanat, de Talychen, dans les régions de Chekin et le district d'Elisabetpol. En un mois, 4457 personnes tombèrent malades dont 2447 guérirent et 1653 moururent. À

---

[204] Membre correspondant de l'Académie des Sciences de l'U.R.S. S.
[205] Directeur de l'Institut d'Histoire de l'Académie des Sciences de l'U.R.S.S.

la fin de juillet, le choléra gagna Tiflis. Entre le 6 juin et le 8 octobre 1830, le nombre de malades en Transcaucasie s'éleva à 21 000 dont 11 000 succombèrent[206]. Du district de Salian, par la mer Caspienne et ensuite par la Volga, le choléra pénétra à Astrakhan. Favorisés par les chaleurs et les mauvaises conditions sanitaires de la population, les cas de maladie et la mortalité atteignirent un taux très élevé : en dix jours 1 229 personnes tombèrent malades, 433 succombèrent[207].

D'Astrakhan, le choléra remonta la Volga et ses affluents et gagna les gouvernements de Saratov, Penza, Simbirsk, Nijni Novgorod et autres. L'épidémie s'étendit en 1830 sur trente-trois gouvernements ou régions, mais n'atteignit pas Saint-Pétersbourg. Vers le 18 octobre, dans ces gouvernements et régions, le nombre des cholériques s'éleva à plus de 22 500, dont plus de la moitié moururent.

À Moscou, le choléra apparut au milieu de septembre 1830, lorsque les grandes chaleurs, qui favorisent la propagation rapide de l'épidémie, étaient déjà passées. C'est justement pour cette raison, peut-être, qu'elle ne prit pas une aussi grande ampleur que, par exemple, dans les villes riveraines de la Volga durant ce même été. Selon le témoignage des contemporains, les Moscovites « avant qu'elle ne se déclare, effrayés par les rumeurs de l'action meurtrière [du choléra] dans les contrées éloignées, partirent pour d'autres villes et pour la campagne, ou prirent différentes mesures plus ou moins utiles, s'approvisionnant en vivres dans la crainte que, non seulement tout Moscou, mais toutes les maisons soient isolées par un cordon sanitaire, s'enfermant dans leurs habitations et cessant toute relation avec leurs parents et connaissances. Dans les cours commencèrent à fumer des tas de fumier sur lesquels passaient ceux qui entraient et sortaient »[208].

---

[206] L. PAVLOVSKAÏA : *Les années de choléra en Russie*, St-Petersbourg, 1893 p. 2.

[207] N. SAMOÏLOV : *Notes d'histoire d'un habitant de Sibérie sur le cholera ayant sévi dans l'ancienne capitale de Moscou à partir de septembre 1830 fondées sur des données officielles et des témoignages authentiques.* I-II partie, Moscou, 1831, p. 2.

[208] N. SAMOÏLOV : *op. cit.* pp. 24-25.

D'après les renseignements officiels, à Moscou (qui comptait 300 000 habitants) du jour de l'apparition du choléra au 1er janvier 1831, en trois mois et demi, le nombre des cholériques s'éleva à 8299 dont 4497 moururent, c'est-à-dire 54 % des malades, et 121 restèrent diminués[209]. Comme, vers le mois de décembre, les cas de choléra et la mortalité baissèrent considérablement, le 6 décembre 1830 la quarantaine fut levée.

À Pétersbourg où les premiers cas de choléra furent enregistrés le 14 juin 1831, au début des chaleurs, l'épidémie se développa tout autrement qu'à Moscou[210]. En quelques jours seulement, elle prit une extension menaçante. Il mourait 600 personnes par jour. L'un des collaborateurs les plus proches de l'Empereur Nicolas Ier, le comte Benkendorf, chef des gendarmes, décrit ainsi la situation en juillet 1831 : « À Pétersbourg, à chaque pas, on voyait des vêtements de deuil et on entendait des pleurs ». Les chaleurs favorisèrent l'épidémie. « L'atmosphère était suffocante, le ciel embrasé comme dans le sud lointain et pas un seul nuage ne couvrait son azur, l'herbe se fanait sous l'effroyable sécheresse, on voyait partout des incendies de forêt et la terre se crevassait »[211].

Vers le 8 novembre, les cas de choléra cessèrent dans la capitale. Selon les renseignements de la police, le nombre des malades en 1831 à Pétersbourg s'éleva à 13 152 dont 9258, c'est-à-dire 70 %, moururent[212] : en moyenne il y eut 1850 décès par mois pendant cinq mois.

Le nombre total des décès dus au choléra, en Russie, d'après les renseignements du Ministère de l'Intérieur, s'éleva à plus de 42 000[213] pour l'année 1830, et au

---

[209] *Ibidem*, p. 125.

[210] P. GORIANINOV : *Second commentaire sur le cholera fonde sur les observations de l'épidémie a St-Petersbourg en 1831*, St-Petersbourg, 1832, p 3. En 1831, le cholera apparut d'abord dans le Gouvernement de Grodno (février), il pénétra dans ceux de Vilna et Minsk et, ensuite, en Biélorussie. Le cholera pénétra aussi en Pologne avec les troupes envoyées dans ce pays pour y réprimer l'insurrection.

[211] N. K. SCHILDER : *Empereur Nicolas I, sa vie et son règne*, St-Pétersbourg, 1908, t. I, p. 366.

[212] P. GORIANINOV : *Op. cit.* p. 25

[213] N. V. VARADINOV : *Histoire du ministère de l'Intérieur*, IIIe partie, livre I, St-Pétersbourg, 1862, p. 326.

total, de 1829 à 1831, selon les données officielles, certainement minimisées, plus de 100 000 personnes succombèrent[214].

Bien que le gouvernement et la bureaucratie étouffassent, par toutes leurs mesures, l'initiative publique dans la lutte contre le choléra, les meilleurs éléments sociaux s'empressèrent pour combattre le mal : les médecins, les étudiants en médecine, les volontaires firent tout leur possible pour alléger cette calamité sociale, localiser l'épidémie et apporter le secours de la médecine aux malades. Le représentant le plus distingué de la science médicale russe de cette époque, le professeur Matveï Yakovlevitch Moudrov, directeur de la clinique de l'Université de Moscou, élu à plusieurs reprises Doyen de la Faculté de Médecine, partit de Moscou en novembre 1830 et se rendit dans la région de la Volga (à Saratov), à la rencontre de l'épidémie qui débutait. En sa qualité de plus grand thérapeute de Russie, il devint membre de la Commission centrale d'État pour la lutte contre le choléra[215]. Il était accompagné de A.E. Evenius, professeur à l'Université de Moscou et de l'étudiant F. Koni. Ils furent rejoints par l'un des plus grands cliniciens de l'époque, le professeur I. E. Diadkovski. À Vladimir, étant en route pour la région de la Volga, Moudrov écrivit une « Brève notice sur la façon de se préserver du choléra, de s'en guérir et d'en arrêter la propagation ». Il retourna à Moscou à la fin de décembre pour continuer la lutte contre le choléra. Lorsque l'épidémie atteignit Pétersbourg, Moudrov y fut envoyé et prit la direction de l'hôpital spécial dans le quartier de la Natalité des Sables. En plus des soins qu'il donnait personnellement aux malades, il organisa les secours publics grâce aux fonds collectés par son initiative, un hôpital provisoire fut ouvert pour soigner les équipages des bateaux du port de Kalachnikov. Dans son discours d'inauguration, Moudrov exhorta la population à continuer les souscriptions en vue de créer de nouveaux hôpitaux au moyen des sommes ainsi collectées. Mais il succomba en juillet 1831 ayant contracté lui-même la maladie. Selon l'une des versions, il fut atteint à la suite de

---

214 N. V. VARADINOV : *ibidem*, p. 391.

215 M. Y. MOUDROV : *Izbrannye proizvedenia* (œuvres choisies). L'édition et l'introduction par A.G. GOUKASSIAM ; Moscou, 1949, pp. 43-47.

l'autopsie du cadavre d'un cholérique — acte auquel bien peu se risquèrent à cette époque.

La plaque de granit apposée sur sa tombe porte une inscription où l'on peut lire que Moudrov « ayant terminé sa carrière terrestre, après avoir été longtemps au service de l'humanité, fut emporté par le choléra, victime de sa ferveur chrétienne, en secourant les cholériques à Saint-Pétersbourg »[216].

Non seulement des professeurs, mais aussi des étudiants en médecine s'engagèrent dans la lutte contre le choléra. A.I. Herzen, à cette époque étudiant à l'Université de Moscou, témoigna plus tard que « toute la Faculté de Moscou — étudiants et médecins — se mit en masse à la disposition du Comité du Choléra ; ils furent répartis dans les hôpitaux comme internes, aides-médecins, garde-malades, secrétaires, sans aucune rétribution et à une époque où la crainte, si considérable, de la contagion dominait les esprits »[217].

Les désastres dus à l'épidémie provoquèrent des actes de bienfaisance de la part de particuliers (dons d'argent, de pain, d'objets, etc.). L'Ambassade de France en Russie y prit aussi part, procédant à une collecte à Paris pour les victimes du choléra : cette collecte rapporta 11 000 francs qui furent envoyés à Pétersbourg[218].

L'initiative publique dans la lutte contre le choléra se manifesta surtout à Moscou. A.I. Herzen en parle ainsi : « Le prince D.V. Golitsyne, Général-Gouverneur, homme faible, mais noble, instruit et très estimé, entraîna la société moscovite et tout se fit en quelque sorte en famille, c'est-à-dire sans l'intervention particulière du Gouvernement. Un comité d'honorables citoyens — riches propriétaires fonciers et commerçants — fut constitué. Chaque membre devint responsable d'un secteur de Moscou. Au bout de quelques jours, vingt hôpitaux furent ouverts sans qu'il en eût coûté un kopek au gouvernement — tout fut réalisé avec les fonds collectés. Les commerçants donnèrent gratuitement le

---

[216] M. Y. MOUDROV : *ibidem* p 47.
[217] A.I. HERZEN : *Le passé et l'Assemblée*, t. I, Edition de l'Académie. 1932, p. 106
[218] L. PAVLOSKAÏA : *op. cit.* p 61.

nécessaire aux hôpitaux : couvertures, linge, vêtements chauds pour les convalescents, etc. Les jeunes gens s'engagèrent bénévolement pour surveiller la répartition des objets donnés, afin que la moitié n'en fût pas volée par les employés »[219].

Les autorités locales de Moscou, lors de l'apparition du choléra, prirent une mesure rationnelle et utile, en fixant le prix du pain à 1 rouble 55 kopeks par poud[220] pour le pain de farine de seigle de première qualité et à 1 rouble 45 kopeks pour le pain de farine de seconde qualité, ce qui eut pour effet d'empêcher la hausse des prix. Les prix des autres vivres ne furent pas taxés.

L'activité énergique déployée dans la lutte contre le choléra porta ses fruits — l'épidémie, à Moscou, fut moins grave qu'ailleurs. Il n'y surgit pas non plus de troubles populaires en rapport avec le choléra et pour cette raison, Nicolas Ier n'eut pas à intervenir à Moscou pour une *pacification*.

Néanmoins, six escadrons de la 4e division de hussards furent envoyés à Moscou pour établir un cordon sanitaire autour de la ville. Ce cordon ne comprit que quatre postes de contrôle où le passage était possible : dans les villes de Serpoukhov, Kolomna, Bogorod et dans la bourgade de Serguiev. Les ponts sur les rivières furent enlevés, les barques, arrêtées et gardées à vue. De plus, l'ordre fut donné aux postes de Bogorod et de Serpoukhov de ne laisser passer les chars, les carrosses, la poste et les estafettes qu'après une quarantaine de 14 jours ; tous les piétons et les voyageurs à cheval durent revenir en arrière. Toutes ces mesures provoquèrent des protestations et amenèrent la hausse des prix[221].

Le Gouvernement de Nicolas Ier mena la lutte contre le choléra suivant des méthodes bureaucratiques et policières qui entraînèrent un arbitraire sans frein de la part de la police et des autorités, et des contraintes injustifiées pour la population : quarantaines, mises en état de siège de certaines contrées, etc.,

---

[219] SAMOÏLOV : *op. cit.* II partie, p. 3.
[220] Unité de masse utilisée en Russie, et abolie en1918, pour mesurer le poids des céréales, qui équivaut à 16,4 kg.
[221] L. PAVLOSKAÏA : *op. cit.* p. 54.

empêchèrent les mouvements des personnes et perturbèrent le commerce et l'artisanat. Dans les postes de quarantaine, les passants restaient des semaines, sans nourriture et sans argent : on ne leur assurait ni vivres ni logements. La police, en même temps que les malades, ramassa dans les rues des gens sains : un apprenti éméché, un paysan endormi dans un recoin, arrivé en ville pour y chercher du travail, ils étaient ramenés de force et jetés dans les baraques de cholériques où ils périssaient. Un malade souffrant de n'importe quelle autre maladie était déclaré « cholérique » et conduit de force dans les baraques de cholériques. Ces faits furent la source des rumeurs affirmant que le Gouvernement « inventait » le choléra pour massacrer le peuple.

« Il est tout naturel que les pauvres gens se considèrent perdus dès qu'il est question de les mettre dans un hôpital — écrivait un contemporain, le professeur A.V. Nikitenko, après avoir vécu les jours de choléra à Pétersbourg. Cependant, l'on y entasse sans faire aucune distinction des gens affectés du choléra ou d'autres maladies, et quelquefois des gens simplement pris de boisson, ramassés parmi la populace. Les malades ordinaires sont infectés par le contact des cholériques et périssent eux aussi du choléra. Notre police qui se distingue toujours par son insolence et ses extorsions, au lieu de montrer une plus grande activité et une meilleure compréhension en cette triste époque, aggrave seulement ses vices. Il n'y eut personne pour ranimer le courage du peuple et lui inspirer de la confiance envers le Gouvernement »[222].

Les règles de quarantaine, que le Gouvernement du Tsar appliqua en 1830 à Moscou et dans les gouvernements voisins, par exemple, entraînaient pour la population des entraves qui ressortent clairement de quelques lettres du grand poète russe, A.S. Pouchkine.

À la fin d'août 1830, alors qu'il n'y avait pas encore de cas de choléra à Moscou, Pouchkine partit pour le Gouvernement de Nijni Novgorod, au village de Boldino, notamment, afin de régler certaines questions d'intérêts à la veille de son mariage. L'apparition pendant la première moitié de septembre des premiers

---

[222] A. V. NIKITENKO : *Nouvelles de moi-même*, St-Pétersbourg 1904 t. I. p. 214.

cas de choléra dans les gouvernements voisins de Moscou, puis à Moscou même, et les mesures de quarantaine qui en furent la conséquence, obligèrent Pouchkine à rester longtemps à Boldino. Il essaya sans succès plusieurs fois au cours de l'automne de s'échapper de Boldino pour aller à Moscou. La liaison régulière avec Moscou par la poste était perturbée. Pouchkine écrivit dès le 9 septembre 1830 à sa future femme N. N. Gontcharova qu'il craignait que la quarantaine établie autour de Boldino ne le retînt longtemps au village[223]. Le 30 septembre, Pouchkine écrivit à N.-N. Gontcharova : « Je suis déjà presque prêt à me mettre en route, bien que mes affaires ne soient pas encore réglées et je suis découragé. Vous êtes bien bonne de ne prévoir pour moi que six jours d'arrêt à Bogorod (l'un des postes de quarantaine près de Moscou). L'on vient de me dire qu'entre ici et Moscou ce sont cinq postes de quarantaines qui ont été établis et que dans chacun d'eux, je devrai passer deux semaines, calculez-donc, et imaginez de quelle humeur de chien je serai »[224]. Dans une lettre du 4 novembre, il précisa qu'il y avait alors entre Loukoianova (à 50 verstes[225] de Boldino) et Moscou quatorze postes de quarantaines[226]. Au milieu de novembre, Pouchkine décide de partir de Boldino, mais après avoir parcouru 400 verstes, il dut retourner. Parti encore une fois de Boldino, fin novembre, Pouchkine atteignit le poste de quarantaine à Platov (à 75 verstes de Moscou) et on l'y arrêta. De là il écrivit à N. N. Gontcharova, le 2 décembre : « Si vous pouviez vous imaginer le quart seulement des désordres dus à ces quarantaines, vous ne pourriez pas comprendre combien il est difficile de s'y frayer un passage »[227].

---

[223] A. S. POUCHKINE : *Œuvres complètes en 10 volumes* (en russe), t. X, Moscou-Léningrad, 1949, p. 817.

[224] *Ibidem*, p. 817.

[225] La verste (en russe : верста, versta) est une ancienne mesure de longueur utilisée en Russie, valant 1067 m.

[226] *Ibidem*, p. 819.

[227] *Ibidem*, p. 827.

Comme s'il voulait résumer ses observations de quelques mois, Pouchkine écrivit le 9 décembre 1830 à son amie G. M. Khitrova à Moscou : « Le peuple est accablé et irrité, 1830 est une année triste pour nous »[228].

Si tel fut le voyage de Boldino à Moscou pour Pouchkine, poète déjà connu dans toute la Russie, homme aisé, voyageant dans sa propre voiture, accompagné de domestiques et ayant des relations dans les milieux influents, quels durent être les ennuis causés par les quarantaines et autres mesures pour les simples gens du peuple, les commerçants, etc. ?

Personne — y compris les autorités — ne connaissait alors les causes de propagation de l'épidémie. Se transmettait-elle par l'air, par le contact des objets ou des gens provenant des contrées déjà contaminées par le choléra, ou par d'autres moyens ? Personne ne savait non plus comment soigner les malades du choléra ; pourquoi, dans des conditions apparemment égales, les uns guérissaient, alors que d'autres — et en masse — mouraient. Tous furent stupéfaits par la rapidité de la mort — beaucoup moururent 4 à 5 heures après la déclaration de la maladie. Aux mesures de quarantaine, aux rafles policières, à l'installation par force de beaucoup de prétendus malades dans les baraques pour cholériques vint s'ajouter une « Notice pour reconnaître les signes du choléra, pour le prévenir et donner les premiers soins aux malades ». Editée en 1831 par le Ministère de l'Intérieur, le texte en était difficile à comprendre. D'ailleurs, les médecins et les aides-médecins, d'une qualification insuffisante dans leur majorité, furent souvent incapables de faire un diagnostic exact. Cela était naturellement plus difficile encore pour la population. En outre, on manquait de méthodes scientifiques pour le traitement des malades. Différents modes de traitement recommandés et appliqués se montrèrent tous inefficaces et la mortalité fut très élevée. Il en résulta une grande méfiance de la population envers les médecins, qu'elle accusa injustement d'avoir eu l'intention de faire mourir les gens. En ce qui concerna les mesures préventives contre le choléra recommandées par la « Notice », à côté de certains conseils rationnels (ne pas manger de fruits crus, ne pas boire beaucoup d'eau-de-vie et de kwas non fermenté, etc.),

---

[228] *Ibidem*, p. 835.

on y lisait de véritables sottises, créations caractéristiques de l'esprit bureaucra-
tique, telles que « ne pas habiter de logements étroits et malsains ». On recommandait aussi de porter des vêtements chauds et de ne jamais sortir non
chaussé[229] : ces conseils s'adressaient à une population écrasée dans sa majorité
par une misère ancienne et sans issue...

Tous les chefs furent avisés par un ordre spécial du Tsar que le choléra était
propagé « par l'haleine au cours des conversations[230] ». Au cours des quarantaines, en différents endroits, les gens furent soumis à des « observations » de
14 jours, pendant lesquels ils durent se laver tous les jours avec une solution de
chlorure de chaux. Il fut prescrit de laver, enfumer, puis aérer les objets domestiques. Tout en étant inefficaces, ces mesures, mal expliquées, n'étaient pas con-
vaincantes pour la population. D'ailleurs aucune mesure sanitaire efficace et
compréhensible pour le peuple ne fut prise. La population considéra les médecins de la même façon que les fonctionnaires — elle s'en méfia. Une opinion
largement répandue prétendit qu'ils faisaient volontairement mourir les gens,
qu'ils empoisonnaient les puits avec leurs drogues. La population considérait
voués à la mort tous ceux qui, manifestant des signes de maladie, étaient installés dans les hôpitaux ou les baraques de cholériques ; elle était convaincue
qu'il était impossible d'en sortir vivant. Les rumeurs populaires attribuèrent
aussi aux gros — propriétaires ou nobles — et à la police l'intention d'anéantir
le peuple ; affirmant que le choléra avait été inventé par la police pour toucher
des pots-de-vin et faire mourir les gens. C'est pour cette raison que « les révoltes
appelées *cholériques* furent l'expression spontanée des protestations de masse
de la paysannerie contre l'État fondé sur la féodalité et le servage et contre ses
mesures policières », ainsi que les caractérise l'historien du mouvement paysan
de cette époque[231].

« Les révoltes cholériques » gagnèrent les gouvernements de Tambov, Toula,
Novgorod, Kharkov et d'autres. Pour les étouffer, le gouvernement utilisa la

---

[229] N. K. SCHILDER : *op. cit.* p 368.
[230] *L'opinion de l'Empereur Nicolas Pavlovitch sur le choléra*, Rouskiy Arkhiv., 1888, n. 3, p. 296.
[231] I. T. LINKOV : *Aperçu historique sur le mouvement paysan entre les années 1825 et 1861*, Moscou,
1952 p. 25.

force armée, mais dans toute une série de cas, l'armée s'avéra peu sûre. Ainsi, lorsqu'à Tambov l'on donna l'ordre au bataillon local de charger les armes pour tirer sur les participants à la « révolte », des voix sorties des rangs du bataillon se firent entendre, déclarant que, quoique chargeant leurs armes, les soldats ne tireraient pas et que les premières balles seraient dirigées vers les fenêtres du gouverneur[232].

De grands troubles eurent lieu aussi à Pétersbourg.

« La terrible maladie — écrivit le général Schilder, biographe de Nicolas Ier — fit trembler toutes les classes de la population (de Pétersbourg) et surtout la populace qui considéra toutes les mesures prises pour protéger sa santé comme des empoisonnements prémédités : surveillance policière renforcée, cordon sanitaire autour des villes et même soins donnés aux cholériques dans les hôpitaux. Ils commencèrent à se rassembler en masse, à arrêter les étrangers dans les rues, à les fouiller pour trouver sur eux le prétendu poison et à accuser publiquement les médecins d'empoisonner le peuple »[233]. La capitale fut entourée d'un double cordon militaire pour arrêter toute communication entre les habitants de la ville et la population de banlieue.

L'un des contemporains, le comte Essen, aide de camp du gouverneur militaire, décrivit ainsi les événements qui précédèrent « la révolte » sur la place du Foin (près du Bazar, au centre de Pétersbourg). Dès l'aube, le 21 juin 1831, le peuple se précipita dans les rues ; il discuta d'abord, forma des détachements et se jeta, ensuite, de toutes ses forces à travers les rues principales, détruisant, jetant dans la rivière les voitures sanitaires pour le transport des malades, démolissant les guérites de la police, battant non seulement les employés subalternes, mais aussi beaucoup d'officiers, les traquant dans les caves, les sous-sols et les cantines ; il envahit les habitations des médecins, jetant leur mobilier dans la rue. Des foules nombreuses se précipitèrent vers les principaux hôpitaux

---

[232] Sur les troubles des paysans d'état en 1830-31 se rattachant au cholera, voir la monographie de l'académicien N. M. DROUJININE : *Les pays sans d'État et la reforme de P. D. Kisselev* (en russe), Moscou-Léningrad, 1946, ch. III.

[233] N. K. SCHILDER : *op. cit.* pp. 362-364.

provisoires de cholériques. L'hôpital de la Place du Foin fut démoli, les malades transportés dans les rues, ainsi que leurs lits, et les médecins saisis furent tués. Le chef général de la police de Pétersbourg estima que les troubles de ce jour-là touchèrent presque un tiers de la population de la capitale[234]. Les autorités de Pétersbourg furent complètement déconcertées, mais, enfin, à la suite d'une séance chez le général-gouverneur, celui-ci décida de se rendre sur le lieu principal des troubles, place du Foin. Après avoir traversé, non sans difficultés, les rues remplies de monde, le général-gouverneur arriva sur la place du Foin et se trouva entouré par cinq mille personnes La foule, en rangs serrés, entoura le carrosse, ne lui permettant pas d'avancer. De tous les côtés retentirent des cris « Qu'est-ce que vous nous chantez là ! Y a pas de choléra ! On nous fait mourir, oui, et on nous ruine ! Qu'il aille au diable le choléra ! On n'en a pas besoin ! ».

Lorsque l'auteur des mémoires demande à un commerçant de fruits, gaillard de 25 ans : « Qu'est-ce que tu brailles ?» Celui-ci s'écria. « Allons donc, on ne peut plus vivre ! Nous sommes ruinés par ce maudit choléra ! Chaque jour nous jetons des tas de fraises, des pêches, des prunes, des fruits de toutes sortes pourrissent par milliers ! Quel régime — personne n'achète, on dit que c'est interdit, ce n'est pas de choléra que nous mourrons ! ». Les gargotiers et les aubergistes criaient que les vivres se perdaient — on ne mangeait pas de salaisons ni de viandes fumées, leurs établissements étaient déserts. Les cochers se plaignaient que la police avait éreinté les chevaux en les faisant courir à travers les rues, pour transporter vers les hôpitaux des gens qui n'étaient pas malades. Les baigneurs se plaignaient qu'ils brûlaient inutilement leur bois, car le peuple n'allait plus prendre de bains. On criait partout que toutes les affaires étaient arrêtées, que, ni au marché ni à l'église, on ne pouvait bavarder en groupes, l'on était dispersé immédiatement : le choléra, disait-on, se propage par la foule. En ramassant tout le monde, les policiers menaçaient de vous enfermer à l'hôpital, « et de là tu ne sortiras pas, sans une bonne rançon ! ».

---

[234] BYVALY : *Le premier choléra à Petersbourg — Souvenirs d'un témoin*, Rouskiy Arkhiv., 1866 t. 64, pp. 225-226.

D'après Schilder, le général-gouverneur Essen « ne réussit pas à rétablir l'ordre et se vit obligé de se cacher pour éviter la fureur de la foule »[235].

L'on envoya un bataillon du régiment Semonov de la Garde impériale sur la place du Foin. Le peuple se dispersa par les rues latérales, mais le calme total ne se rétablit pas, bien que pendant la nuit les troubles se soient un peu apaisés.

Nicolas Ier décida de mettre fin aux troubles par son intervention personnelle. Arrivant de Péterhof dans la capitale, il se rendit sur la place du Foin. De son carrosse il adressa des paroles sévères à la foule considérable qui l'entourait, en reprochant au peuple d'avoir troublé l'ordre et l'appelant à se repentir et à implorer le pardon de Dieu. Il termina son discours par ces paroles « … à genoux ». La foule se mit à genoux. Un changement brusque s'opéra, apparemment. Cependant un état d'esprit alarmant persista encore dans la capitale, et le 25 juin, Nicolas Ier s'y rendit de nouveau. Le choléra ne cessait pas. Le 26 juin (8 juillet), l'Empereur écrivit au feld-maréchal Paskevitch « le choléra sévit chez nous depuis 13 jours, plus de 1 200 personnes de toutes classes ont été atteintes dont la moitié sont mortes. Mais le peuple n'y croit pas, et la fureur populaire a pris de telles proportions que deux hôpitaux ont été pillés et qu'un médecin et d'autres personnes ont été tués »[236].

Une grande insurrection provoquée par les mesures prises contre le choléra éclata dans les colonies militaires de « l'apanage Staraia Rousa »[237]. Il n'y eut pas beaucoup de cas de choléra aux colonies militaires de Staraia Rousa, la maladie n'y prit pas le caractère d'une épidémie de masse et les décès ne furent qu'isolés. « Les ouvriers des différentes catégories » de Pétersbourg, internés à la suite des troubles décrits, passant par la région des colonies militaires voisines de la capitale « y transmirent — suivant la circulaire secrète du gouverneur militaire — des rumeurs selon lesquelles il n'y avait pas de choléra, mais du poison, et

---

[235] N. K. SCHILDER : *op. Cit*, t. I. p. 364.

[236] *Ibidem*, p. 365.

[237] Il existe une vaste littérature sur les révoltés des colonies militaires de Novgorod. (La dernière étude — la plus détaillée — est la monographie de P. PEVSTATEV : *La révolté des colonies militaires du Gouvernement de Novgorod en 1831* (en russes) fondée sur des documents des archives. Préface de M Konstantinov, Moscou, 1934, 254 pp., tableaux.

que la faute en était aux autorités »[238]. L'oppression dans les colonies militaires dépassait toutes les limites de la patience paysanne : les durs exercices militaires devaient alterner avec le travail agricole : après de longues heures de marche et d'exercice avec l'équipement, ces soldats étaient obligés de creuser des canaux, sans aucune rétribution, de transporter des pierres, de nettoyer les champs, de construire des routes. Les lots de terre en étaient diminués, les artisans ruinés, les chefs volaient les colons, accaparant leurs ressources et leurs vivres, leur vie était soumise à une réglementation sévère et absurde, ils ne pouvaient pas disposer à leur gré de leurs propres biens, exercer leurs métiers, leurs industries complémentaires, etc. Aussi, les bruits selon lesquels le gouvernement commençait à empoisonner les gens tombèrent-ils sur un terrain bien préparé : la dernière goutte fit déborder la coupe, et l'insurrection éclata à Staraia Rousa le 11-(23) juillet 1831. Le dixième bataillon militaire et ouvrier se révolta le premier et au son du clairon arrêta ses officiers, instaura un tribunal public pour les juger, démolit la pharmacie, le commissariat de police, et tua les chefs particulièrement haïs. Les troubles s'étendirent rapidement. Douze régiments de grenadiers-colons passèrent l'un après l'autre à l'insurrection. Beaucoup de paysans, d'artisans et de commerçants des alentours s'y joignirent. Les insurgés tuaient et faisaient passer à la bastonnade des officiers et des employés des colonies. Staraia Rousa étant à deux pas de Pétersbourg, la capitale se sentit lourdement menacée.

L'idée que se faisait le peuple des véritables causes de l'insurrection fut exprimée d'une façon imagée et exacte par l'un des individus inculpés pour leur participation au mouvement : « Que voulez-vous que je vous dise ? Pour les imbéciles, c'est du poison et le choléra ; et quant à nous, nous voudrions que votre noble clan de chèvres disparaisse ». La répression contre les colons insurgés fut d'une terrible cruauté. On condamna en tout 3639 personnes, les plus coupables furent soumis au châtiment du knout et condamnées à passer en courant entre les rangs (le nombre de verges allait ainsi jusqu'à 4000), les moins coupables furent soumis à la bastonnade. Lors de l'exécution des peines, dans

---

[238] *Ibid.*, p. 112. La circulaire est datée du 21 juillet 1831.

les seuls départements de l'apanage des colonies militaires de Staraia Rousa, 129 personnes furent battues jusqu'à ce que mort s'ensuive[239].

La crise de la société féodale, qui exaspérait la lutte des classes dans le pays, constitua le fonds social des événements décrits. Le mécontentement du peuple causé par le servage, mécontentement qui couvait depuis longtemps, éclata lorsque le fléau s'abattit sur la population. La dégradation de la situation matérielle des masses populaires apparaît nettement à travers les événements liés à l'épidémie de choléra et elle contribue aussi à expliquer la vigueur des protestations élevées contre les mesures gouvernementales. En effet, pendant la crise du système de la féodalité et du servage, la situation de la masse principale de la population — la paysannerie — alla empirant chaque année : les lots de terre diminuaient en superficie, la *barchina*, c'est-à-dire la corvée sur la terre du seigneur, devenait plus lourde, et il en allait de même des redevances en argent.

Tous les efforts de Nicolas Ier tendirent à écraser le mouvement révolutionnaire. Le rôle de la noblesse dans la direction du pays fut renforcé. Ce n'est pas pour rien que le Tsar déclara un jour qu'il gouvernait la Russie avec l'aide de 130 000 commissaires de police (tel était alors le nombre des familles nobles en Russie). Les institutions élues alors existantes, comme, par exemple, les conseils municipaux, avaient perdu presque toute importance. Par contre le rôle des fonctionnaires s'accrut dans des proportions exorbitantes. Enfin, la situation intérieure du pays avait été encore compliquée par les deux guerres de 1828-1829, les guerres russo-perse et russo-turque, qui exigèrent de gros moyens financiers et amenèrent la perte de milliers d'hommes. Tout cela contribua à renforcer le mécontentement populaire.

---

[239] Les données relatives à la punition infligée aux colons dont on disposait jusqu'ici de travail de Slezskine, ainsi que celui de N K Schilder (qui avait puisé ses données dans le premier) contenaient des inexactitudes. La documentation complète est utilisée dans la monographie de Evstatiev, déjà citée (v. p. 228 et suivantes).

Ainsi, la grave épidémie de choléra du règne de Nicolas Ier, entraînant derrière elle des dizaines de milliers de victimes, se transforma, dans le cadre de la féodalité et du servage, en un conflit social lourd de menaces. Cet événement, comme beaucoup d'autres du même genre, ébranla les assises de l'ancien régime. Les masses populaires exigeaient son remplacement par un autre, plus progressiste.

L'ANGLETERRE

DAVID EVERSLEY[240]

Contrairement à la grande épidémie qui a sévi aux iles Britanniques en 1848-49, celle de 1831-32 a peu attiré l'attention des historiens[241] et cependant, malgré un nombre de décès moins grand[242] (tout au moins pour l'Angleterre), ses conséquences ont été fort importantes.

Elle a coïncidé, et pas entièrement par hasard, avec une période d'agitation généralisée ; le sort de la Réforme électorale (Reform Bill) était alors incertain et la situation politique se trouvait de ce fait aggravée.

De plus l'indigence régnait dans le pays tout entier, soulignant clairement les rapports qui existent entre le chômage, la sous-alimentation et la maladie[243]. En résumé, l'une des répercussions de cette épidémie sur l'état sanitaire du pays a été la création d'organismes destinés à faire face à la situation, et dont on a dit

---

[240] Professeur à l'Université de Birminghan.

[241] La meilleure source pour le détail des faits, du moins dans la mesure où le témoignage médical a été utilisé, demeure C. CREIGHTON : *A history of epidemics in Great Britain*, Cambridge 1894 (désigné en ces notes par Creighton, toutes les références sont au tome II).

[242] Le total des décès dus au choléra approcha de 22 000 en Angleterre, dépassa 20 000 en Irlande, et fut d'environ 9 500 en Écosse (Creighton p. 816). Ce qui signifie (en supposant que tous les décès aient eu lieu en un an) un pourcentage de la mortalité due au choléra seul, inférieur à 1,6 % en Angleterre et Pays de Galles, supérieur à 2,6 % en Irlande et supérieur à 4 % en Écosse. Comme dans tous les cas, bien des victimes n'avaient pas une grande espérance de vie et que les fluctuations dans les coefficients de mortalité étaient encore importantes, ce n'est qu'en Écosse qu'on peut observer un effet marqué sur la mortalité. En 1849, les chiffres furent plus élevés (3 % en Angleterre, 6,2 % à Londres seulement).

[243] À Musselburgh, près d'Édimbourg, l'un des pires foyers d'infection d'Écosse, il a été dit qu'il y eut quinze cents travailleurs en chômage pendant deux mois à la fin de 1831, puis, entre le 18 janvier et le 22 février 1832, il y eut 435 cas de choléra dont 193 mortels (Creighton, *op. cit.*, p 806). À Bilston en Staffordshire où survint l'épidémie la plus sévère de l'Angleterre, et qui était en général un endroit assez sain, la dépression dans les affaires était totale au début de 1832, juste avant l'assaut du choléra (W LEIGH, *An authentic narrative of the melancholy occurrences at Bilston during the awful visitation of that town by cholera Wolverhampton…1833*). Même tableau pour beaucoup d'autres lieux. Pour les contemporains le rapport était clair.

qu'ils marquent le début de la centralisation dans l'administration[244]. La plupart des historiens considèrent que le début du mouvement de réforme sanitaire se place dans les années 1840, peut-être en raison de la publication du rapport de la commission sur l'état des villes qui date de 1844. Mais, en fait, le mouvement qui conduisit à la nomination de cette commission et les travaux d'Edwin Chadwick, si étroitement liés au progrès sanitaire, ont pris naissance en même temps que le choléra de 1831-32. Une loi sur les indigents (Poor Law), dont le contrôle de l'application est centralisé, la nomination des premiers inspecteurs d'usines, les premiers subsides accordés à l'éducation par le Gouvernement remontent tous trois aux années qui ont suivi l'épidémie. Bien qu'aucune initiative directe n'ait été prise, il est clair que l'une des grandes leçons de la catastrophe avait été de faire comprendre à tous que, dans les conditions nouvelles d'industrialisation et de développement urbain, les problèmes qui se posaient ne pourraient être résolus qu'avec l'aide de l'État.

Nous ne nous proposons pas de donner dans cette étude un compte rendu détaillé de l'histoire médicale et administrative du choléra. Nous voulons tenter de souligner son importance tant au point de vue social qu'au point de vue politique entre janvier et mai 1832, période où, à Londres, l'épidémie avait éclaté, où l'agitation qui accompagnait l'adoption de la « Réforme électorale » était à son comble, et où la désorganisation économique atteignait une sévérité sans exemple.

Les débuts de la panique.

Depuis longtemps déjà, on savait que le choléra asiatique s'était répandu en Europe et s'avançait sournoisement de plus en plus vers les côtes britanniques. Les traités sur la façon de prévenir et de guérir le choléra morbus avaient été nombreux depuis le début du siècle et, au printemps de 1831, un grand nombre de publications répétaient l'inquiétude éprouvée par le corps médical[245].

---

[244] Elie HALEVY : *A History of the English People in the nineteen
century*, vol III, The Triumph of Reform, p. 98 Halévy ne parle pas du choléra.
[245] Un certain nombre de ces anciens travaux est relié en un volume : « Cholera » au British Museum T 1403 (23). Il comprend les brochures du Dr Lichtenstaedt, de Saint-Pétersbourg, du Dr Ewertz,

Le Gouvernement se rendait compte du danger[246] et il semble qu'il ait agi, pour une fois, avant d'avoir ressenti la pression de l'opinion publique. Avant que l'alarme générale ait été donnée et alors que des cas n'étaient encore signalés qu'à Hambourg, le Conseil Privé, seul organisme gouvernemental capable à cette époque de prendre une décision concernant les questions sociales, prit la chose en main ; à son instigation, un « Conseil de Santé » fut institué par une proclamation royale, ancêtre temporaire et hésitant de l'actuel ministère de la Santé publique. Le président de ce nouvel organisme était Sir Henry Halford, président du collège royal des médecins et avec lui se trouvaient quatre autres membres du collège[247], Sir T. B. Martin, contrôleur de la marine royale, l'honorable Edward Steward, Sir J Mc Gregor, directeur général des hôpitaux de l'armée, Sir W Burnet, commissaire aux vivres, Sir W. Pym, superintendant général des quarantaines, et le secrétaire Dr Seymour, également membre du collège royal des médecins. C'était là un groupe puissant et inattaquable. Une violente controverse fut cependant soulevée en raison de l'importance des pouvoirs qui leur furent conférés.

Dans une Angleterre où régnait encore la doctrine du *laissez faire*, la peur de l'épidémie donna naissance à une machine administrative capable de donner des ordres à chaque citoyen et d'intervenir de façon décisive dans l'organisation du Gouvernement local et du commerce. Jamais un semblable organisme n'avait existé, sauf localement quand l'épidémie avait menacé les colonies Gibraltar, par exemple.

Le conseil, au début, n'eut pas à s'occuper de cas de choléra. Il s'agissait d'instituer des mesures préventives et de faire un tri parmi les nombreux conseils émanant des membres de la profession et des profanes.

---

de Dunabourg et d'autres médecins étrangers. Leur publication en Angleterre en 1831 montre la tendance. (D'autres recueillis dans Creighton, *op. cit.*, p. 794, note 2).

[246] Voir la lettre de Charles Grenville (du Conseil Privé) au Dr Walker de Saint-Pétersbourg, objet : *le choléra en Russie*, 14 janvier 1831 (British Parlamentary Papers, 1831, vol XVII, pp 627 & s.). Et également la dépêche de Lord Heytesbury, Ambassadeur à Saint-Pétersbourg (Creighton, *op. cit.*, p. 794).

[247] Brit. Parl. Papers, 1831, vol XVII, p. 647, n° 20.

Les « ordonnances et réglementations » publiées dès le début par le Conseil envisageaient la formation dans « chaque ville et village », en commençant par les régions côtières, d'un conseil local. Ces conseils devaient être composés de médecins, de magistrats, de membres du clergé, et se tenir en contact avec le Conseil central. Ils devaient prendre des dispositions pour séparer du reste de la population les personnes contaminées, surveiller la désinfection et l'ensevelissement, veiller à ce qu'une quarantaine de 20 jours soit respectée et employer toutes les mesures jugées utiles, jusqu'à la contrainte[248] pour obtenir l'obéissance à leurs arrêtés. Au bout d'un certain temps, les divers devoirs de ces conseils locaux furent consignés par le détail.

Il est intéressant cependant de noter que dès le mois de novembre, le Conseil central avait quelques doutes sur la nécessité d'une telle sévérité, peut être en raison de nouveaux rapports parvenus de l'Europe continentale : « Le Conseil s'élève contre toute contrainte exercée pour obtenir l'application des mesures préventives : de semblables méthodes, employées sur le continent, ayant invariablement entraîné des conséquences fâcheuses »[249].

La panique qui régnait dans le pays conduisit cependant, en divers endroits, à des mesures susceptibles de créer l'agitation. L'attitude officielle était sans doute influencée par les mesures prises pour le choléra des Indes, ou par les conditions régnant dans les villes de garnison. Ceci explique que l'on se soit aussi complètement appuyé sur la police et sur l'armée. « Comment parvenir à isoler une paisible ville anglaise assez complètement pour la couper du reste du pays ? ». Seule, l'armée détestée pouvait y réussir, ou à Londres, les forces de police, crées par Peel en 1829.

D'autres régions pensèrent à suivre cet exemple peu populaire, et des médecins qui avaient servi aux Indes conseillèrent de sévères précautions. Il en résulta que la population était à bout de nerfs quand parvint à Londres la nouvelle des premiers cas de choléra à Sunderland, sur la côte Nord-Est, à la fin d'octobre

---

[248] Rules and Regulations proposed by the Board of Health, 1831, British Museum 908, d 19 (10).
[249] Official papers legating to cholera, 1831, British Museum, B. S. 17-62, 14 Novembre 1831.

1831. Nous avons la preuve qu'en divers endroits les mesures préventives engendrèrent la panique. Et ces incidents, cependant, nous font voir que des tentatives avaient été faites, ce que les critiques ne voulurent pas reconnaître. Ainsi, à Sedgley, en Staffordshire, l'effort accompli pour débarrasser les maisons de leurs immondices et mettre les habitants en garde contre la maladie « augmenta l'appréhension »[250].

La capitale, déjà, était en effervescence. Le deuxième « Reform Bill » avait été définitivement rejeté par la Chambre des Lords quinze jours auparavant. Les pairs tories (particulièrement le Duc de Wellington) et les évêques étaient tout spécialement l'objet de la vindicte populaire. Quelques jours après le vote à la Chambre des Lords, le château du duc de Newcastle, à Nottingham, fut incendié et entièrement brûlé. À Derby, plusieurs personnes furent tuées au cours d'une émeute ayant pour objet de libérer des prisonniers[251]. Le 29 octobre, des troubles sérieux éclatèrent à Bristol, dirigés contre Sir Charles Wetherell, membre tory du Parlement et « Recorder » de Bristol, et contre l'évêque de Bristol ; de nombreuses personnes furent tuées ou blessées.

Sunderland, où avait eu lieu le premier cas de l'épidémie, devint bientôt la Mecque de tous les médecins du Royaume-Uni et même de l'étranger, parmi lesquels deux de Paris et un de Rouen[252].

Tout aussitôt furent entamées de grandes controverses qui devaient durer aussi longtemps que l'épidémie elle-même en Angleterre, et qui augmentèrent la tension causée par elle. L'une de ces controverses concernait l'origine de la maladie : était-elle nouvelle, ou bien s'agissait-il du véritable choléra asiatique, ou bien encore d'une sévère épidémie d'une maladie indigène bien connue, le choléra nostras, ou bien simplement diarrhée.

L'autre controverse avait trait à la transmission de la maladie : était-elle contagieuse ou non ? La réponse à ces deux questions était évidemment de la plus

---

[250] C. GIRDLESTONE: *Seven Sermons preached during the prevalence of cholera in the parish of Sedgley*, Londres, 1833, Préface.

[251] Cf. HALEVY, *op. cit.*, pp. 40-41

[252] CREIGHTON, *op. cit.*, p. 801.

grande importance. S'il s'agissait d'une affection nouvelle et grave, le Gouvernement manquerait à son devoir en négligeant de prendre des mesures rigoureuses ; si la maladie était bénigne et non contagieuse, c'était prêter le flanc à la critique et se faire accuser de tyrannie que de promulguer des ordonnances, quelles qu'elles soient.

Les décisions furent donc réservées tandis que l'on observait comment l'épidémie se répandait dans le pays. Les « contagionnistes » et les alarmistes s'efforçaient de prouver que chaque cas nouveau avait eu pour cause un déplacement d'un marin, d'un chemineau ou d'un colporteur ; leurs antagonistes assuraient qu'ils s'étaient produits spontanément. Les dangers d'une action trop précipitée furent exposés par le docteur George Hamilton Bell dans une lettre à Sir Henry Halford, président du Conseil de santé, en date du 28 octobre 1831, lorsque l'on hésitait encore à savoir si la maladie était contagieuse ou non. « Rien ne saurait être plus dangereux que, en vertu de l'autorité qu'inspire votre nom respecté, de provoquer la panique, à quelque degré que ce soit. L'inévitable résultat en serait, dès que la maladie se déclare, de priver le patient des soins indispensables à la guérison que peuvent lui prodiguer sa famille, ses amis et ses domestiques »[253].

Il continue en critiquant les instructions du Conseil concernant les hôpitaux, le nombre du personnel de ceux-ci ne doit pas demeurer aussi bas, cela entraîne leur inefficacité. L'apposition de placards sur les maisons contaminées provoquait l'isolement complet des malades et empêcherait que les nouveaux cas ne soient connus. De semblables réglementations n'avaient pas empêché à l'étranger la propagation de la maladie.

Les conséquences possibles sur le commerce et la propriété privée, et la crainte d'une réaction de la part de la population, semblent, dans bien des cas, avoir nui à la promptitude et à l'énergie des initiatives locales. À Sunderland, un nombre important de cas douteux furent déclarés ne pas être vraiment des cas

---

[253] *Papers relating to the disease called Cholera Spasmodica in India, now prevailing in the North of Europe,* 1831, etc Bristish Museum, B M 1831. Bell était l'auteur d'un traité sur « *Cholera Asphyxia or Epidemic Cholera as it appeared in Asia and more recently in Europe* », Édimbourg, 1831.

de choléra, jusqu'à ce que cinq cas mortels survenus en un très court espace de temps, réussissent à convaincre même les plus sceptiques. Le 5 novembre, dix jours après le premier décès certain, mais environ deux ou trois mois après les premiers cas douteux, le Conseil central passa à l'action et le conseil local finit par obtenir que les citoyens les plus influents reconnaissent la nécessité de prendre des mesures. Cependant, les intéressés persistaient à dire que tout allait pour le mieux et le peuple ignorant inclinait vers cette opinion. Le Marquis de Londonderry, principal propriétaire de houillères du district, inquiet de la possibilité d'une interruption d'activité des bateaux marchands, traita les rapports de « fausse alarme ». Les armateurs et les négociants, après s'être consultés, déclarèrent que le besoin d'une mise en quarantaine ne se faisait nullement sentir. Jusqu'à la fin de l'épidémie (en janvier 1832) de nombreux médecins et de nombreux habitants soutinrent énergiquement que rien ne s'était produit que de naturel[254].

De Sunderland (où plus de deux cents décès se produisirent) l'épidémie s'étendit lentement mais sûrement sur la côte Nord-Est tout entière. Dans la région de Newcastle, il y eut plus de huit cents morts pendant une période d'environ six mois, le plus grand nombre au début de 1832[255].

Deux faits principaux concernant les progrès de la maladie sont à remarquer pendant cette période. Tout d'abord, la propagation en est lente, ce qui confirme l'opinion de ceux qui ne croient pas au vrai choléra asiatique. Quatre mois après que les premiers cas aient été reconnus dans le Nord-Est, Londres n'avait encore eu à déplorer aucun décès, et cependant, toutes les communications n'avaient pas été interrompues : Londres continuait à recevoir son

---

[254] CREIGHTON, *op. cit.*, 798-790. Pour un récit détaillé de la première irruption en Angleterre, voir W. HASLEWOOD et W. MORBEY : *History and Medical Treatment of Cholera as it appeared in Sunderland in 1831* Londres, 1832 et W. F. AINSWORTH : *Observations on the Pestilential Cholera at Sunderland*, Londres, 1831.
[255] Il y a deux récits détaillés de l'épidémie à Newcastle. Il n'est pas possible, faute de place, de citer ici les descriptions locales pour chaque partie du pays : il en existe certainement plus de 50. Beaucoup d'entre elles sont mentionnées par Creighton.

charbon par mer de cette partie de la côte. Le commerce souffrait, mais n'était pas suspendu.

Un autre fait curieux est que, même là où l'épidémie se fit sentir, ses proportions demeurèrent relativement faibles. Ainsi que le fit remarquer Creighton, même lorsqu'il atteignit Londres, le choléra y causa moins de décès en un an qu'il n'y en eut à Paris dans la seule semaine du 8 au 14 avril. Ces deux faits augmentèrent l'inquiétude plutôt qu'ils ne la calmèrent, car ils donnaient plus de poids à l'opinion de ceux qui voulaient ne voir là qu'une affaire machinée, montée ou par les tories, ou par les médecins ou par les évêques. L'atmosphère était lourde d'orage.

Le choléra à Londres.

L'inquiétude débuta à Londres près d'un an avant que le choléra ne fasse sa première apparition. Dès le mois de juin 1831, deux jours après sa nomination, le Conseil de santé s'était décidé en faveur de précautions immédiates. Depuis cette date, la presse, par ses rapports quotidiens, avait entretenu l'intérêt et la crainte. Le Parlement avait été prorogé après l'échec du deuxième « Reform Bill », mais dès qu'il reprit ses séances, la réforme seule était capable de détourner les esprits de la discussion passionnée du choléra. Le Roi, dans son discours du Trône,[256] avait fait allusion à la maladie qui sévissait à Sunderland, mais sans lui donner de nom. Au cours du débat qui suivit le Discours, certains membres réclamèrent des mesures énergiques, mais le Gouvernement refusa tout autre chose que de simples précautions[257]. M. Warburton avait demandé que l'on installât un cordon de troupes autour des zones contaminées, mais Poulett-Thomson (parlant pour le gouvernement) rappela à la Chambre ce qui s'était produit à Saint-Pétersbourg et à Hambourg : les membres du Parlement voulaient-ils exiger un isolement et une mise en quarantaine stricts[258] ? Et cependant les habitants de la métropole pouvaient voir le spectre se glissant plus près de jour

---

[256] Guillaume IV accéda au trône le 8 septembre 1831.

[257] Pour la discussion, voir HANSARD : *House of Commons Debates*, vol IX, 1881-2, 15 décembre 1831, col. 308 et s.

[258] *Ibid*, col 313.

en jour. Le 12 janvier, la nouvelle parvint qu'un marin qui traversait le pays et avait demandé l'aumône près de Doncaster était mort sur place[259], et le jour suivant, l'alarme fut donnée dans le Suffolk. À l'opposé de la côte Nord-Est, l'Écosse était touchée, et la frayeur régnait dans la capitale. Au début de février, la panique était telle que la rumeur publique multipliait le nombre des cas.

Le 6 février, il fut annoncé (à tort) que le théâtre royal avait fermé ses portes et de nombreux établissements enregistrèrent une baisse des recettes[260].

Mais deux mois plus tard, les choses se matérialisèrent. Vers la mi-février, les premiers cas douteux se produisirent dans les quartiers surpeuplés entourant le port de Londres et ceux qui avaient travaillé sur des bateaux venant de Sunderland se trouvèrent parmi les premières victimes. Comme on pouvait s'y attendre, la réaction fut double. Les médecins les plus sensés apportèrent leur aide à la constitution de Conseils de santé dans la localité, mais une forte proportion de la population résista immédiatement à ces suggestions, soutenue en cela par un nombre important d'autres médecins[261]. Il faut nous souvenir qu'il n'y avait aucun précédent d'après lequel agir ni aucune entente quant aux meilleures méthodes préventives. Au contraire l'opinion se répandait, et elle n'était pas sans fondement, qui attribuait à la misère et au manque d'hygiène les causes de la maladie. De bons conseils affluèrent, venant de divers côtés. Les

---

[259] *The Times*, 12 janvier 1832.

[260] *Ibid.*, 6 février. Il était dit que les dames continuaient à aller au théâtre, moins pusillanimes que les « puissants de ce monde ».

[261] Le Conseil de Santé créé en 1831 ne fut pas la première institution à être ainsi nommée. C'est le cas d'une Commission locale à Manchester dès 1795 (M. BUER, *Health :Wealth and Population in the early days of the Industrial Revolution*, 1926, p. 200). Un autre exista à Liverpool en 1803 et un Conseil général de santé fonctionnait en Irlande au moment de l'épidémie de typhus en 1817. Dans ce dernier cas, des conseils locaux munis de larges pouvoirs furent officiellement reconnus, mais ils ne semblent pas avoir fonctionné (CREIGHTON, *op. cit.*, 267). Mais le typhus était moins sujet à provoquer la panique que le choléra.
Un Conseil de santé fut également en fonction en 1805, il établit cinq rapports relatifs aux maladies infectieuses, surtout dans leurs relations avec les garnisons à l'étranger. Il n'avait pas de pouvoir d'exécution dans la métropole. (Quelques rapports au British Museum).
Que ce dernier conseil ait été dans une certaine mesure un modèle est démontré par une lettre de C. C. Greville du Conseil Privé à Sir Henry Halford du 18 juin 1831 (British Parl. Papers, 1831, vol XVII, n° 21, p 647) « semblable à celui établi en 1805 à l'occasion de l'épidémie de Gibraltar ».

opinions officielles du Conseil central de santé étaient publiées par la « Gazette
du choléra » qui semble avoir fait son apparition vers la fin de 1831 et avoir
duré jusqu'au printemps de 1832[262]. Cette publication essayait de rassembler les
meilleurs enseignements reçus de l'étranger et recommandait avec force l'emploi de mesures préventives émanant soit des autorités locales pour l'administration de la Loi des Pauvres, soit de l'initiative privée, soit du Conseil de santé.
C'est ainsi que l'on put constater les mesures prises par la « Ayres Quay Bottle
Company » qui fit passer trois fois à la chaux les maisons de ses employés[263]. À
Limehouse, une soupe populaire avait été envisagée, ainsi qu'un dépôt de vêtements de flanelle et de machines à vapeur destinées à fournir de l'eau
chaude[264].

De plus grandes précautions étaient souhaitables, sans aucun doute, mais l'absence d'une organisation administrative locale les rendait difficiles à prendre.
La seule déjà existante était celle qui assurait l'administration de la Loi des
Pauvres et ses déficiences étaient, en 1831, passées en proverbe. Là où les autorités de la paroisse exerçaient leur juridiction, il pouvait être possible d'avoir
une certaine action, mais en règle générale, l'impuissance régnait. Les lignes
suivantes le montrent :

« le déplorable état sanitaire des chemins privés, qui ne sont pas soumis à la
surveillance de la paroisse… dans un état primitif sans écoulements, ni égouts,
dénués de tout récipient destiné à recevoir les ordures ménagères qui sont je-
tées devant les portes… si seulement ils étaient forcés d'installer des égouts,
cette dépense pourrait empêcher la construction d'un nombre plus grand de
ces misérables cabanes »[265].

Mais il n'existait pas d'obligation semblable. Le gouvernement, c'était évident,
se trouverait forcé de prendre des mesures sévères pour obtenir que l'on

---

[262] Le British Museum a seulement la « seconde édition n° 1 » et les numéros suivants. Je n'ai pas
pu trouver la première édition.
[263] *Choléra Gazette*, 2ᵉ éd., n° 1, 14 janvier 1832, pp. 8 & 9.
[264] *Ibid.*, 14 février.
[265] Lettre de W. C. Williams esq., Hon. Sec. Brompton Board of Health, to the Secretary, Central
Board of Health, 30 déc. 1831, in British Parliament Papers, 1831-32, vol XXVI, p. 477.

respectât ses recommandations. L'arrivée du choléra à Londres donna le signal d'une action plus énergique.

Le lendemain de la confirmation du début de l'épidémie dans le quartier des docks de Londres, Lord Althorp déposa à la Chambre des Communes un projet par lequel il demandait la force de la loi pour les mesures qui seraient promulguées par les ordonnances du Conseil. Des pouvoirs étendus devaient être donnés au Conseil Privé, et surtout, les difficultés financières furent résolues par une autorisation de lever de nouveaux impôts permettant la mise en exécution des mesures nécessaires[266]. Ces impôts devaient être établis sur les bases locales. Mais Sir Robert Peel, ainsi que d'autres, alla même jusqu'à proposer que les dépenses soient à la charge de l'État et que l'on y emploie les fonds publics. Cette idée était par trop révolutionnaire bien qu'elle émanât de Tories qui avaient passé la presque totalité de la semaine à s'opposer activement au Bill de Réforme et les taxes locales furent rendues légales quelques jours plus tard.

Les « ordonnances du Conseil », dont il était question, se préoccupaient surtout de la constitution et de la persistance des conseils locaux, et de leurs attributions. On insistait particulièrement sur la façon dont le pouvoir central exercerait son contrôle[267]. Les conseils locaux devaient fournir à Londres des rapports quotidiens et sans doute, s'ils n'avaient pas agi conformément aux instructions reçues, suivant les cas qui se présentaient, les autorités centrales étaient habilitées à les poursuivre en justice. Jamais d'ailleurs, de telles poursuites ne furent nécessaires, la menace suffit. En ce qui concerne Londres, des surintendants médicaux furent nommés dans chaque district et des pouvoirs étendus leur furent donnés[268]. Sur eux reposait la bonne exécution des mesures prises. Les

---

[266] HANSARD, *op. cit.*, vol X, 14 février 1832, vol 337.

[267] *Cholera Gazette*, 2ᵉ éd., pp. 178-179. Il faut insister sur le fait que tous ces avertissements et instructions n'étaient pas strictement exécutés. Quand la *Tory Quarterly Review* (vol 36, n° XCL) examina les mesures qui avaient été prises, elle critiqua leur insuffisance. Les rédacteurs pensaient que le modèle en avait été le règlement de la peste dans la garnison de Malte. Le ministère était à son niveau habituel d'incapacité. Par contre, la revue s'extasiait sur les remarquables mesures de précaution prises à Francfort-sur-le-Main et autres lieux.

[268] Official Papers relating to the Cholera Morbus published by the Central Board of Health, 1831-32, British Museum, B 17-62.

conseils de santé de chaque district devaient désigner des inspecteurs qui visiteraient chaque jour « cent maisons ou plus, suivant les cas » et se renseigneraient sur l'état de santé, les moyens de subsistance, le degré d'hygiène et de confort des habitants[269].

Là où la charité privée ne pouvait suffire, les conseils locaux avaient pleins pouvoirs pour apporter leur aide en ce qui concernait « la nourriture des indigents, les vêtements, la literie[270], l'aération des locaux, l'hygiène, l'évacuation des ordures ménagères, les habitudes de tempérance et la prévention de la panique ». En d'autres termes, les pouvoirs de l'autorité locale ainsi créée étaient considérables, bien que temporaires. Ils seraient exercés de nos jours par une demi-douzaine de ministères, par la police, les services de santé et les conseils des services sociaux[271]. Très peu fut fait, à vrai dire, dans cet ordre d'idées, en partie, à cause du manque d'expérience et en partie, parce que les progrès de la maladie ne justifiaient pas une action très énergique, mais l'idée était née. Dans quelques cas, des mesures positives furent prises, et des améliorations telles que réparation des routes, évacuation des ordures, approvisionnement en eau potable apparaissent comme les plus fréquentes. Elles étaient souvent l'œuvre des « Commissaires aux améliorations », prédécesseurs des Autorités locales[272].

Les rapports ne laissent aucun doute sur la nécessité de telles décisions. Depuis l'apparition des premiers cas à Sunderland, les médecins et les journalistes

---

[269] *Ibid.*, 14 novembre 1831.

[270] À Norwich, on parla de « couvertures épouvantails ». Cobbett, parmi d'autres, ridiculisa ces instructions pseudoscientifiques qui marquaient les tentatives des dirigeants, à cette heure de grand danger pour les riches eux-mêmes, de pourvoir les classes pauvres en nourriture convenable, vêtements et literie. Il n'y avait ni sécurité ni tranquillité pour le riche parmi la population misérable et sous-alimentée (Cobbett's Register, vol 75, n° 9, 25 février 1832). Le résultat fut peut-être qu'il mourut moins de pauvres qu'il n'en fût mort autrement. Quel tableau ! « Si la maladie n'était pas contagieuse, la vile troupe malthusienne les abandonnerait à la "loi de la Nature", mais, comme la contagion pourrait s'étendre de ceux qui travaillent pour qu'on lève les impôts à ceux qui les dévorent, le cas est entièrement différent. » (*Ibid.*)

[271] Un ordre du Conseil du 20 juillet 1832 établit l'inspection médicale des asiles pour vagabonds, etc...

[272] Pour leurs activités à Sheffield, cf. JOHN STOKES : *The History of the Cholera Epidemic of 1832 in Sheffield*, Sheffield, 1921, p. 69.

déversaient à flots leurs descriptions du type de localité où le choléra pouvait le plus aisément s'installer.

Malgré quelques exceptions à cette règle, le type général des districts suspects était si connu que, pour employer les mots d'un observateur , « on pourrait prédire à l'avance où se trouvera le nouveau foyer d'infection »[273]. Les efforts les plus sérieux en vue d'obtenir des mesures préventives furent donc faits dans les quartiers pauvres et surpeuplés. Souvent ils se heurtèrent non seulement au scepticisme des contribuables, mais à une opposition active de la part des indigents. L'obstacle principal semble avoir été que ceux qui se trouvaient forcés de participer à l'impôt spécial étaient en proie d'une part à la peur et de l'autre au désir d'échapper à toute dépense supplémentaire. Ainsi, à Stepney, dans l'est de Londres, un Conseil de santé fut d'abord accepté, puis, ensuite, rejeté par les contribuables à une réunion d'une assemblée municipale[274]. Saint-Marylebone, à Londres, était une paroisse régie par un petit nombre de riches contribuables, mais comprenant un important secteur peuplé d'indigents. Ce district devait plus tard devenir célèbre pour sa résistance à toute amélioration de l'habitat. Le Conseil de santé qui y siégeait informa sans ambages l'autorité centrale que l'on ne possédait pas de fonds pouvant être employés à des fins telles que la prévention du choléra ou les précautions à prendre contre cette maladie ; il conseillait au Gouvernement, s'il désirait obtenir un résultat, d'introduire une législation spéciale[275]. En fait, le résultat fut une ordonnance du Conseil, en date du 6 mars 1832, autorisant les conseils locaux à se faire rembourser leurs dépenses par les assemblées paroissiales qui, à leur tour, pourraient percevoir une taxe à cet effet (par ordonnance datée du 19 juillet 1832)[276].

Là où des commissaires locaux existaient déjà, le Conseil essaya de les pousser à l'action. À Exeter, entre autres, vers la fin de 1832, le Conseil demanda que les

---

[273] Mais, en réalité, ce n'était pas si facile. « Les sites bas et humides » semblaient être les plus atteints, cependant la plus sévère épidémie sévissait à Bilston dans le Staffordshire, localité située sur une hauteur escarpée et aride.
[274] British Parliament Papers, 1831-32, Vol XXVI, p 483.
[275] *Ibid.* p. 484.
[276] *Ibid.* p 489. STOKES, *op. cit.*

responsables, jusque-là assez négligents, s'occupent activement des problèmes posés par l'hygiène de la ville. Sous la menace de poursuites, il réussit, tardivement, à obtenir le nettoyage des rues[277].

Ces activités, bien que n'étant pas en elles-mêmes d'une importance capitale en ce qui concernait l'effort fait pour arrêter l'épidémie, renfermaient en tout cas d'excellents principes. On s'aperçut, par exemple, à Exeter, que les contrats passés pour l'enlèvement des ordures ménagères étaient inopérants, bien qu'extrêmement profitables aux soumissionnaires : il fallut faire exécuter ce travail sans intermédiaires[278]. De même, les efforts effrénés de nettoyage des villes — on ouvrait les conduits d'eau pour essayer de débarrasser les rues des immondices — ont clairement démontré que l'adduction d'eau était nettement insuffisante pour satisfaire aux besoins publics et privés.

Le plus grand nombre des localités aurait préféré faire payer la note au Gouvernement et, si cela avait été possible, on aurait pu voir la centralisation des services sociaux s'organiser sur des bases solides. Des suggestions furent faites de divers côtés pour émettre un emprunt destiné à exécuter un important programme d'amélioration[279].

Si l'on considère l'organisation défectueuse et les obstacles financiers, on ne peut guère être surpris de la faible importance de l'œuvre préventive accomplie. Ceux qui étaient remplis de bonnes intentions se trouvaient atterrés par la misère et le manque d'hygiène qu'ils rencontraient. Leurs appels pour des mesures plus énergiques étaient rendus moins efficaces par le manque de connaissances précises sur le développement de l'épidémie et par son comportement

---

[277] Thos SHAPTER: *The History of the Cholera in Exeter*, 1832 Londres, 1849, p. 84.
[278] *Ibid.*, pp. 88 et ss.
[279] B. P. P. 1831-32, XXVI, pp. 475 et ss. Il n'y a pas place ici pour une discussion détaillée des difficultés financières causées par la structure des pouvoirs locaux. À Exeter, comme le décrit SHAPTER, le fait qu'il y avait dix-neuf paroisses séparées, chacune autorisée à lever des contributions pour ses propres besoins, mais, pour des rayons d'efficacité, seulement un seul Conseil de santé, empêcha pendant quelque temps de faire quoi que ce soit. Le conseil paroissial pouvait lever des taxes, mais refusait de le faire pour le compte du Conseil de santé. D'autre part, dans de grandes villes, il n'y avait même pas un conseil paroissial. Le chaos qui suivit fit ressentir le besoin pressant d'une administration locale, que l'on ne rencontrera dans bien des cas que cinquante ans plus tard.

étrange. Au lieu de dévorer des rues entières dans la région des docks, où elle avait commencé, elle jouait à saute-mouton, évitant de vastes secteurs de la ville pour retomber et s'installer au nord, à Saint-Pancras et même jusque dans l'ouest. Le 2 mars, presque trois semaines après le premier cas certain, le total était seulement de cent soixante-quatorze cas, dont cent huit mortels. Au bout de six semaines, cependant, ce total était de douze-cent-treize cas, dont un peu plus de la moitié avaient été mortels. Quatre cent quatre-vingt-onze cas, sur ces douze cent treize, s'étaient produits à Southwark, sur la rive sud de la Tamise, quartier réputé pour son humidité, sa malpropreté et sa surpopulation, le plus insalubre de Londres et celui dont les statistiques de la mortalité étaient encore au début du XXe siècle, les plus déplorables de toute la ville.

Le 6 avril, presque deux mois après le début de l'épidémie, on enregistrait 2158 cas, dont la moitié mortels. Dans ces cinq paroisses, Southwark en avait eu 809, sur lesquels 390 décès ; Lambeth, quartier voisin, avait 153 cas[280].

Mais c'est surtout pendant l'été que l'épidémie s'aggrava. De mai à octobre, 10 000 nouveaux cas furent enregistrés, dont 4000 mortels. Bien que ces chiffres semblent importants, il faut les considérer en fonction de la population totale et des décès par autres maladies. Londres proprement dit avait déjà, en 1831, plus de 1 600 000 habitants, de telle sorte qu'une personne sur 160 était touchée et qu'une sur 300 mourait. Les décès provenant de toutes sortes d'autres causes étaient 10 fois plus considérables[281]. D'autre part, la propagation de la maladie n'augmenta plus d'intensité après le printemps, bien qu'il y ait eu des hauts et des bas, les nouveaux cas furent généralement inférieurs à cent par jour et quelquefois même bien inférieurs à cinquante avant la régression définitive, en novembre. Les rapports venant de province, cependant, étaient parfois bien différents, entre autres, celui de Bilston.

---

[280] Statistiques hebdomadaires du développement dans le Times, également résumés commodes des chiffres officiels dans le *Choléra Gazette*. Plusieurs des chiffres donnés ne concordent pas avec ceux de Creighton.

[281] Dans la génération précédente, les décès dus à la seule variole avaient souvent dépassé 10 % de la mortalité totale à Londres (CREIGHTON, *op. cit.*, 535).

Une autre raison qui permit à la terreur populaire de se calmer fut la fin des discussions passionnées sur la nature de la maladie, ou du moins, si elles ne cessèrent pas complètement, elles furent exposées par le corps médical en de savantes études et ne soulevèrent plus, comme au début, des controverses populaires. Au début de février un correspondant du Times, qui signe « Theta », écrit que le choléra n'a rien de nouveau et a toujours existé à l'état endémique dans les quartiers de l'est de Londres. Il s'est agi là, pense-t-il, d'une affaire concertée destinée à rapporter au corps médical d'importants bénéfices. Cette opinion fut immédiatement soutenue par d'autres médecins qui écrivirent au journal[282] et même, dans une certaine proportion, par des commentaires inclus dans l'éditorial. Le 23 février, à la Chambre des Communes, le Colonel Evans avait prétendu établir, d'après le témoignage de soixante-treize médecins, que la maladie n'était pas contagieuse. Il apparaît que quelques-uns des noms figurant sur ce document étaient inventés, mais il ne peut y avoir aucun doute sur l'importance du courant d'opinion qui était en faveur de la négative[283]. Peu à peu, cependant, ceux qui refusaient de croire à l'épidémie, tout comme ceux qui s'attendaient à la voir exterminer jusqu'au dernier habitant si les mesures les plus sévères n'étaient prises, se voyaient obligés de se rendre à l'évidence, et tout en admettant l'existence d'une maladie nouvelle, spécifique ; on devait pourtant reconnaître que son comportement imprévisible ne permettait point l'élaboration de projets destinés à la combattre — à moins d'envisager des mesures susceptibles de paralyser le pays.

La plus importante des raisons qui concoururent à calmer les esprits fut l'apaisement des passions politiques. L'acceptation définitive, par les Lords, du Bill de Réforme, en juin, amena un soulagement général, et avant que la population ait pu se rendre compte que la « Grande Loi » ne lui donnait pas accès à la Terre Promise, l'épidémie était finie.

C'est là, dans ses grandes lignes, l'histoire de l'évolution du choléra en Angleterre, et des mesures officielles prises pour lutter contre l'épidémie. Il nous faut

---

282 *The Times*, 14 février 1832 et s.
283 *The Times*, 24 et 25 février 1831.

maintenant en examiner les répercussions sur la vie économique, sociale et politique du pays.

L'incidence inégale de l'épidémie.

Dès l'apparition des premiers cas, dans le nord-est de l'Angleterre, il avait été clair que la misère était une des principales causes de la maladie. Cette observation, en soi, n'était pas neuve, mais il faut se souvenir que la variole, par exemple, n'avait respecté personne et que toutes les classes de la société en avaient souffert également. La Reine Mary en avait été victime en 1694 et de nombreux membres de sa famille avaient péri comme elle.

Le typhus était beaucoup plus largement associé au manque d'hygiène et à la surpopulation, mais cette maladie n'avait jamais beaucoup attiré l'attention du public. Pour le choléra, il en était autrement, l'épidémie s'est produite à une époque beaucoup plus préoccupée d'une analyse rationnelle des causes que des spéculations métaphysiques ou théologiques.

Les descriptions des répugnantes ruelles d'un quartier marécageux de Sunderland étaient les premières de ce genre, elles furent suivies de beaucoup d'autres, semblables en tout point. Des rues non pavées, des tas de fumier devant les portes, des sols de terre humide, des haillons, des eaux contaminées, c'était toujours la même histoire. Pour la première fois, la Grande-Bretagne se trouvait en face d'une authentique description du rapport existant entre la saleté, la misère et la maladie.

Une description contemporaine des quartiers contaminés de Manchester peut servir de spécimen et donner une idée des conditions que l'on pouvait trouver ailleurs[284] :

« La courte rangée de maisons où la maladie faisait rage, se trouve au bord de la rivière Irk, quarante pieds au-dessous du niveau de Long Mill-Gate, Allens Court étant situé entre cette rue et la rivière. Un second groupe de maisons, irrégulièrement placées, se

---

[284] H. GAULTIER (M. D.) *The brigin and progress of the malignant cholera in Manchester…* Londres, 1838. Gaultier, fortuitement, pensait que la maladie était d'origine spontanée et apparentée à la malaria.

trouve plus haut, sur la pente qui descend de la rue, et dominant la première rangée. La seule communication restant avec la rue consiste en un long passage sombre et étroit. On descend, par ce passage, jusqu'à la pente, et de là jusqu'à la rangée de maisons du bord de l'eau, par des escaliers irréguliers et très laids, et l'on se trouve alors au fond d'une sorte de puits ou de fosse, suffoqué par le manque d'air (aucune ventilation n'est possible) et à demi empoisonné par les effluves qui se dégagent des deux lieux d'aisance placés au centre du puits. La pente est couverte d'immondices, une usine de tripes est installée à une extrémité de la rangée de maisons, à l'autre, on traite les boyaux de chat. Sur le devant, juste au pied des maisons, coule l'Irk, souillée par des teintureries et des impuretés de toutes sortes. L'un des égouts les plus importants de la ville, celui de Long-Millgate et de Hanover street se déverse dans l'Irk juste en dessous d'Allens Court et un barrage placé à peu de distance a pour effet de retenir les immondices et de les rejeter vers les maisons. (Les immondices)... au moment où éclata l'épidémie étaient soumis à l'action du soleil, car les eaux étaient basses, sur l'autre rive se trouvent d'importantes tanneries... »

Telle était la vie des miséreux au cœur d'une des plus riches villes d'Angleterre. La conscience du pays en était profondément ébranlée, et cela, sans être aiguillonnée par Frédéric Engels, qui ne parlera, lui, que dix ans plus tard. Et pires encore étaient, sous certains rapports, les descriptions des asiles d'indigents, des hôpitaux et des prisons où l'épidémie était particulièrement susceptible d'éclater. Ces établissements n'étaient pas, loin de là, uniquement occupés par des criminels : un grand nombre de ceux qui cherchèrent à attirer sur eux l'attention publique soulignèrent que souvent les prisonniers avaient été incarcérés pour dettes et que les indigents hospitalisés en avaient été réduits là par la perte de leur fortune, due à la dureté des temps. Les hospices d'indigents étaient fréquemment utilisés comme hôpitaux de maladies contagieuses et l'insuffisance de leur équipement pour cet usage avait causé de nombreux commentaires qui précédèrent les révélations apportées quelques années plus tard par la commission de la loi sur les indigents. Mais si les indigents seulement étaient en danger, le problème posé n'était-il pas colossal ? Sur les 17 000 habitants de Sunderland, 14 000 étaient réputés miséreux, et parmi eux, on voyait chaque année éclater une épidémie sérieuse. Le Times qualifiait l'infirmerie de l'Hospice d'« affreux trou noir »[285].

Si le Times publiait de tels faits sans beaucoup les commenter, la Presse radicale en fit le thème central de son attaque du système responsable.

« Il n'y a pas de danger d'infection pour ceux qui sont convenablement nourris, vêtus et logés » disait « Le Réformateur Républicain et Radical »[286].

Le Gouvernement s'intéressa, naturellement, à la question de l'inégalité devant l'épidémie et alla même jusqu'à se livrer à des enquêtes en janvier 1832. Une circulaire du Conseil central de santé demanda aux médecins de remplir et de retourner au Conseil des questionnaires concernant les effets du choléra. Parmi les questions posées, l'une se rapportait à la classe sociale des personnes contaminées, à leur profession, à leur sexe, à leur âge et à leur « tempérament ». Il fut proposé de rechercher laquelle parmi les classes sociales suivantes était la plus réceptive à la maladie : médecins, clergé, infirmiers et infirmières, personnel des hospices, blanchisseuses, etc. Mais le plus grand intérêt des réponses obtenues était, évidemment, de déterminer avec précision le rapport existant entre la misère et la maladie[287]. Les réponses à ces questionnaires ne sont pas parvenues jusqu'à nous, mais il ressort d'une étude des cas signalés à North-Shields, par exemple, que tous les individus atteints, sauf un, étaient des travailleurs manuels. Sur 21 personnes, 2 sont désignées comme mendiants, 1 comme miséreux, 5 comme ivrognes.

En face de semblables témoignages, l'unanimité fut vite faite, mais les différences d'opinions subsistèrent quant aux remèdes à y apporter. Le Times affirmait « que les vraies causes de la maladie étaient la pauvreté, un niveau de vie

---

[285] *The Times*, 10 février 1832, rapport de M. MAJENDIE. Les chiffres furent localement contestés, mais non pas la substance. À Bethnal-Green, 6000 personnes étaient secourues par la paroisse, desquelles 1100 étaient dans un Workhouse de 370 lits (HANSARD, 13 février 1832, col 269).

[286] *The Republican and Radical Reformer*, n° 1, vol. II, avril 1832, p. 17. Dans un numéro plus récent (mai 1832, p. 76) il était dit que le choléra avait eu du bon à Paris en réprimant les caprices de la haute société, donnant les « superfluités de l'opulence aux pauvres » et ainsi de suite.

[287] *Cholera Gazette*, 14 février 1832, pp. 24 et ss.

trop bas, l'insuffisance de vêtements, la saleté des rues et des habitations, à quoi il fallait ajouter des habitudes intermittentes d'intempérance »[288].

Certains tendaient à exagérer ces habitudes d'intempérance : il serait si commode de pouvoir prouver que seul l'enracinement dans le vice pouvait causer le choléra. Cette opinion se répandit largement[289]. Les moralisateurs professionnels et le clergé, et même les meneurs de la classe ouvrière, virent dans les événements une excellente occasion pour prêcher la moralité, la sobriété et la vertu.

Un curé du Pays Noir constate avec satisfaction « une diminution considérable de l'ivrognerie ». Plusieurs débits de bière avaient fermé leurs portes, faute de clients, « les combats de taureaux avaient presque cessé, la prison de Stafford était vide, la sanctification des dimanches était plus fidèlement observée, le nombre des baptêmes et des mariages religieux augmentait : l'épidémie a donné à beaucoup la conviction qu'ils ne doivent pas continuer à vivre ensemble sans être mariés »[290].

D'autre part, on pouvait aussi prouver que l'incertitude où l'on se trouvait du lendemain, ignorant si le mal allait vous frapper ou non, rendait insouciant et que l'ivrognerie allait en augmentant. L'eau-de-vie était considérée comme une panacée, même par certains médecins, et les miséreux n'avaient guère besoin d'encouragements pour s'y adonner[291]. Il semblait, en fait, que la misère, le vice et la maladie fussent noués en un enchevêtrement malthusien.

---

[288] *The Times*, éditorial du 16 février 1832.

[289] Voir, par exemple (STOKES, op cit, B P P 1831-32, XXVI, 479 (objet : les vagabonds) ; *The Republican*, n° 30, 7 janvier 1832. Le journal radical préconisait l'usage du gin et du tabac (sur l'opinion d'un médecin de Sunderland). Il y eut des attaques contre les Juifs malpropres, danger en puissance pour la communauté, mais le Times les défendit, comme étant aussi propres que la Loi le leur ordonnait (18 février 1832).

[290] G. GIRDLESTONE : *Seven Sermons preached during the prevalence of cholera in the parish of Sedgley*, Londres, 1833.

[291] T. SHAPTER : *History of Cholera at Exeter*, p 241. Shapter pensait que la contagion atteignait surtout ceux « qui n'avaient pas de travail établi, dont les mœurs étaient irrégulières, et dont les conditions matérielles de vie étaient très insuffisantes » (*op. cit.*, p 222).

L'irrégularité avec laquelle se propageait l'épidémie, et le désir de voir la population garder son calme, suscitèrent un accroissement de l'effort de charité dans certaines régions ; dans d'autres, les riches ne firent rien.

Le Gouvernement désirait naturellement encourager cet effort charitable et l'une des excuses pour refuser d'accorder des crédits spéciaux, fut que l'on craignait de provoquer la cessation de l'aide privée.[292] Un écrivain satirique commentant dans le « Poor Man's Guardian » le discours du Trône écrivait : « Il vaut mieux en cette occurrence, prévenir que guérir, Messeigneurs, dit William, et consacrer quelques livres à des œuvres de *charité*, pour soulager la misère qui entraîne la maladie, plutôt que d'en donner des centaines à nos médecins »[293].

En de nombreux endroits, des souscriptions furent ouvertes afin d'augmenter les sommes procurées par l'impôt spécial et de subvenir ainsi aux frais d'assistance. Dans certaines villes, l'une remplaça simplement l'autre. À Stepney, les contribuables ouvrirent une souscription volontaire, mais refusèrent de verser quoi que ce soit au Conseil médical qu'ils traitaient d'« affaire combinée de toutes pièces »[294]. Mais quelques districts étaient si pauvres que même une souscription était hors de question. Ainsi le curé de Balfour (près de Glasgow) écrivit au Conseil de santé, disant qu'il lui était impossible d'ouvrir une souscription. Sa paroisse comptait 2000 habitants, tous tisserands, qui gagnaient chacun 5 shillings par semaine. Les quelques « héritiers » (propriétaires) fortunés ne voulaient rien faire à moins d'y être forcés[295]. Cette lettre fut imprimée par le Conseil. Quel choc cela dut être pour les apôtres du *laissez-faire*, si satisfaits d'eux-mêmes, que d'apprendre l'existence en Angleterre de travailleurs peinant dur pour élever leurs familles avec un gain de 5 shillings par semaine, tandis que leurs employeurs et leurs propriétaires refusaient de les aider à moins d'y être forcés.

---

[292] HANSARD, Vol. X, 14 février 1832.

[293] *Poor Man's Guardian*, n° 25, 10 décembre 1831. Voir aussi le même journal, n° du 19 novembre 1831, p. 170 « Bénie soit l'épidémie qui suscite une telle charité, puisse-t-elle ne pas nous quitter avant que chacun soit pourvu jusqu'à l'hiver ».

[294] *The Times*, 17 février 1832.

[295] British Parliament Papers, 1831-32, vol. XXVI, p. 482.

Il était donc naturel que cette épidémie devienne l'occasion d'une nouvelle attaque généralisée contre le système social et économique. William Cobbett, qui ne croyait absolument pas que le choléra soit une maladie nouvelle, écrivait :

« Je crois que cette maladie est peut-être plus répandue que dans la plupart des périodes antérieures de notre histoire, car elle est généralement causée par la misère et le manque d'hygiène, et la population est plus pauvre et plus sale qu'elle ne l'a jamais été auparavant »[296].

C'est cet aspect politique du choléra de 1831-32 que nous devons envisager maintenant.

Le choléra et la politique.

Nous avons déjà signalé que le début du choléra en Angleterre avait coïncidé avec l'agitation populaire généralisée au sujet de la réforme électorale. La réaction immédiate de la population fut d'accuser le parti tory d'avoir monté l'affaire pour faire échouer la réforme. Les preuves de cette attitude sont nombreuses et souvent amusantes. Un grand nombre de membres du corps médical ayant eux aussi, du moins dans les débuts, refusé de croire à la réalité de la chose, semblable opinion n'avait rien de saugrenu. Le nom officiellement employé pour désigner la maladie était « choléra morbus », le nom populaire devint « choléra humbug », la « fumisterie » du choléra. Le mot et la persistance avec laquelle il fut employé semblent indiquer que la paternité en revient à Cobbett. De nombreux périodiques se consacrèrent très sérieusement à dénoncer la « fumisterie ». La *Gazette des Réformateurs* croyait posséder des preuves abondantes de l'existence d'un complot Tory, et après avoir adressé ses remerciements à la presse médicale (au journal médical et chirurgical de Londres, organe de la Société médicale de Westminster), elle provoqua d'un ton triomphant les Tories, leur demandant de procurer au pays une autre distraction, une comète, par exemple[297]. Le même journal les accusait d'adresser au Ciel des

---

[296] Cobbet's Register, vol 75, n° 9 (25 février 1832), col. 513 et ss. Le paragraphe date de « Huddersfield » (19 février).

[297] *Reformers Gazette*, n° XLIV, 1832, pp 213 et ss.

prières pour la continuation de l'épidémie, tout en ne contribuant que très modérément aux souscriptions :

Donnez beaucoup — vous l'éviterez

Ne donnez rien — vous vous mettez en danger

Donnez 5 livres — c'est parfait

écrivait « L'anti-fumisterie »[298]. Il y avait toujours quelque chose, la Révolution Française, un complot, une épidémie. Quels imbéciles sont ces médecins. Et voilà un cas typique de choléra : une jeune femme souffrait de douleurs au ventre, le médecin dit « c'est le choléra », il va chercher ses instruments, revient, et c'est un enfant[299].

On imprima une complainte anonyme intitulée « la fumisterie du choléra » et quelques citations nous semblent indiquées ici[300]. Le refrain en était :

On me raconte maintenant que c'est du boniment

Jamais plus vous n'entendrez les gens crier,

ayez pitié de moi, je vais mourir,

J'ai le choléra morbus

Et les couplets :

Cette nation longtemps a supporté ses misères,

Le peuple a été abandonné,

On dit que la réforme

A attrapé le choléra morbus

Le docteur Grey et le docteur Brougham des hommes riches,

Et Russell lui ont administré une bonne purgation,

On dit que le Bill est maintenant en parfaite santé,

---

[298] *Ibid.*, n° XLII, 18 février 1832, p 190

[299] *Ibid.*, XLIII, p. 208. Voir aussi : *Figaro in London* Vol I, 1832, n° 12, 25 février, p. 45. Quant aux Tories : rien ne peut nous sauver sauf le choléra ! (disent-ils).

[300] *Cholera Humbug, the arrival and departure of cholera morbus*, printed by J.V. Quick, Clerkenwell British Museum, c 116 i 2-33.

Il n'a pas le choléra morbus.

En tant qu'homme, mon opinion

Est que le commerce est depuis longtemps stationnaire

Il y a dans le pays des milliers d'hommes qui meurent de faim,

Et c'est ça, le choléra morbus,

Par pitié, n'ayez pas peur, ni grands, ni humbles

Le choléra ne viendra pas par ici

Et s'il y vient, ce sont les Tories qui appellera, etc, etc

Cobbett a reproduit une affiche posée à Lambeth, un des foyers de la maladie, et si elle n'a pas été composée par lui il a dû, du moins, l'inspirer :

LA FUMISTERIE DU CHOLÉRA !

Habitants de Lambeth, ne vous laissez pas effrayer par les rapports, honteusement faux, annonçant que le choléra asiatique a atteint Londres.

Une bande d'acteurs, tous mourant à moitié de faim, de garçons d'apothicaires et de tripoteurs, des fonds des paroisses, font de leur mieux pour effrayer la population et l'obliger à se lancer dans des dépenses énormes. Un système ininterrompu d'impôts, de privation de nourriture et d'intempérance est exercé depuis longtemps, il a maintenant atteint son point maximum, la maladie en est le résultat normal[301].

Une autre version de la théorie de la « fumisterie » était l'idée que le choléra était un « *job* » organisé par certains médecins. « *Job* », dans le langage du temps, signifiait toute combinaison, occupation ou transaction qui ne pouvait supporter l'examen, tant au point de vue de la raison que de celui de la loi ou de la morale. Le trafic des sièges parlementaires constituait un « *job* » et aussi des douzaines de sinécures, de bénéfices et de commissions ainsi que l'emploi de ceux qui consacraient leur temps à ce trafic. Le Conseil central de santé et ses ramifications, dont l'utilité était si largement contestée, constituaient une cible idéale pour les « dénonciateurs du *job* ». Dès la nomination de médecins à ces

---

[301] Cobbet's Register, vol. 75, n° 9, col 523.

conseils, la rumeur circula qu'ils touchaient 20 livres par jour pour combattre (d'autres disaient pour trouver) la maladie. En fait, le taux normal semble avoir été de 7 shillings 6 pence par jour[302]. Seul le médecin-chef du conseil semble avoir reçu les hauts émoluments dont il est question, et cela suffisait pour faire croire que du moment que quelqu'un touchait de pareilles sommes, il n'y avait aucune raison pour que cela s'arrête un jour. Il en était de même des centaines de livres et de brochures publiés par le corps médical, ils contenaient presque tous les mêmes remèdes et avaient une grande vogue, ils se vendaient facilement pour 1 ou 2 shillings. Un correspondant du *Times* parlait du « Profit tiré de cette terreur du choléra par le corps médical, qui n'a évidemment aucun intérêt à exposer son absence de fondement »[303].

Même les éditeurs et les imprimeurs de la *Gazette du choléra* étaient accusés d'avoir trouvé là un « excellent petit fromage ». Quant aux membres du Conseil, on pensait, naturellement, qu'ils n'étaient pas différents de tous les membres de tous les conseils des amateurs de sinécures aux frais de la nation. Le *Times* lui-même est là-dessus tout à fait d'accord avec ses correspondants les plus virulents. Ceux-ci étaient pour la plupart des étrangers à la profession médicale, ou des médecins de campagne aigris, exerçant dans des régions encore épargnées par l'épidémie et dont le scepticisme se doublait d'une certaine jalousie lorsqu'ils songeaient aux honoraires empochés par leurs confrères citadins. « Le brouhaha », pensait le *Times,* aurait cessé depuis longtemps sans l'activité des » sportifs » du Conseil de santé, qui se plaisent à dénicher à grand-peine quelques cas normaux, sans les âpres discussions médicales et sans la désorganisation du commerce grâce à laquelle, selon un membre du Parlement, plus de 20 millions de livres sterling de marchandises sont bloquées[304].

Un certain dimanche, les bureaux du *Times* essayèrent d'obtenir des nouvelles du Conseil général de santé, mais ne purent toucher personne. « Tout le monde était-il en vacances ? » demandèrent-ils le jour suivant ? Ou bien les savants

---

[302] HANSARD, 5 mars 1832, col 115 ; *Poor Man's Guardian*, 25 février, n° 37
[303] *The Times*, (14 février 1832).
[304] *Ibid.*, 24 février 1832.

médecins couraient-ils la banlieue, à la recherche de promeneurs souffrant de troubles intestinaux, afin de pouvoir, le lundi, fournir des chiffres impressionnants[305] ?

L'impression que le choléra était une histoire montée de toutes pièces par les Tories était encore fortifiée par la crainte de la force armée[306]. Dans l'esprit populaire, l'armée était indissolublement liée au duc de Wellington, considéré comme le plus réactionnaire des Membres du Parlement opposés à la Réforme électorale, et comme le principal partisan de mesures de répression pour maintenir l'ordre dans la population[307]. La suppression possible des libertés personnelles, de la liberté de parole et du droit d'assemblée, etc., troublait également la classe moyenne. « Je n'ose m'en remettre à ma plume pour exprimer l'indignation que je ressens lorsque j'apprends que les citoyens anglais seront passibles d'amendes et d'emprisonnement, pour avoir négligé d'exécuter les prescriptions de médecins à la mode », écrivait un correspondant du *Times*[308].

Depuis longtemps des discussions entre juristes avaient cherché à décider si, sans nuire aux privilèges du Parlement, il était permis de reproduire les discours prononcés aux séances. La question revint à nouveau sur le tapis quand Hume publia le discours de Perceval sur le Jeûne général. Il fut menacé d'une action en justice, mais le Gouvernement se rendit compte de l'état des esprits et l'affaire fut abandonnée. Pendant un temps, on considéra que toute réunion devrait être interdite. Hume remit l'une d'elles à une date ultérieure, à titre de précaution, mais d'une façon générale on s'obstinait à n'en décommander

---

[305] *Ibid.*, 27 février 1832.

[306] Une des propositions les plus saugrenues faites au gouvernement fut d'entourer la capitale de 22 pièces de canon qu'on ferait tirer de temps en temps, car « ces décharges purifieraient l'air et détruiraient les animalcules par l'influence du nitre et du soufre ainsi explosés ». On pouvait difficilement imaginer mieux pour pousser à bout les nerfs déjà à fleur de peau des Londoniens — d'autant plus que chacun aurait été immédiatement persuadé que les canons étaient là, en réalité, pour tirer sur le peuple (*A letter to the President of the Council on preventing extension of cholera in London*, by W. HUNT, Londres, 1832 British Museum T 1403 (11)).

[307] « L'hôtel du duc de Wellington est si étroitement gardé qu'un étranger à Londres demanda s'il renfermait la "peste" ! Pas exactement, lui fut-il répondu, seulement un Anti-Reformer » (Figaro, in London, I, 7)

[308] *The Times*, 16 (février 1832).

aucune. Si les réunions sont répréhensibles, disait-on, pourquoi ne pas dissoudre la Chambre des Communes[309] ?

Un des aspects particuliers de l'indignation soulevée contre les « trafiquants du choléra » fut l'accusation d'hypocrisie portée contre l'Église d'Angleterre et les autres confessions chrétiennes qui incitaient le peuple à prier pour obtenir la pitié du Ciel, mais demeuraient très tièdes en ce qui concernait les mesures à prendre pour diminuer leurs souffrances. Les cibles principales de ces accusations furent les Évêques à qui l'on pouvait reprocher non seulement leur indifférence à la misère populaire, mais aussi leur opposition à la Réforme électorale[310]. L'archevêque Howley composa une prière spéciale à l'occasion du choléra où il était surtout question de culpabilité, d'amende honorable et où l'on implorait la miséricorde divine. Le peuple ne pensait pas avoir quoi que ce soit à se faire pardonner, c'étaient les classes supérieures qui avaient péché, et elles n'attrapaient pas le choléra.

> *« Et maintenant, notre opinion est que la prière[311] ci-dessus constitue le plus parfait exemple d'hypocrisie qui ait jamais été conçu par des scélérats au cœur dur, qui eux se vautrent dans un luxe qu'une "loi" cruelle leur a permis d'acquérir aux dépens de la misère et de la faim des moins favorisés. Non, nous pourrions presque, si nous n'étions pas plus chantables que les évêques, implorer Dieu pour leur châtiment et le prier d'envoyer vers eux le choléra "morbus", l'ange destructeur "au doigt accusateur, car, à quel moment, dans leur orgueil et la dureté de leur cœur", se sont-ils montrés justes et miséricordieux ? Est-ce quand ils ont refusé d'accepter les récentes mesures si modestes réclamées par la*

---

[309] Autres exemples d'insinuations facétieuses (*Le Figaro in London*, vol I) « Il n'y a rien de vrai dans la rumeur malveillante selon laquelle les ordonnances du Conseil de Santé en vue de renforcer la régularité des mœurs ont été conçues pour une application personnelle à Sir Charles Wetherell » (contre qui eurent lieu les émeutes de Bristol). « Si de grands amas de fange et de corruption provoquent la maladie, pourquoi ne pas dissoudre la Chambre des Communes ? ». « Les vomitifs sont un bon remède, une dose de discours de Peel est recommandée ». « Une langue sale est un mauvais signe — il nous faut surveiller le député de Preston », etc., etc.

[310] Cf. HALEVY, *op. cit.*, p. 42. Si les vingt-et-un évêques qui votèrent contre la loi en octobre 1831 avaient voté pour, elle eût passé.

[311] La prière se trouve *in extenso* dans beaucoup de publications. Cf. *Poor Man's Guardian*, 12 novembre 1831, pp. 159 et ss., où on relève ces commentaires.

loi de Réforme ? Mais attention, nous allions l'oublier, ne disent-ils pas : "Qu'ils aient une meilleure nourriture (veulent-ils nous la donner ?), qu'ils ne travaillent pas autant, qu'on leur donne un peu de temps libre afin qu'ils puissent veiller aux soins de propreté, que l'on construise des hôpitaux pour eux, et qu'ils meurent d'une mort paisible". Le Pasteur Irving[312] dit que le choléra morbus va entraîner la fin du monde. Cela toucherait sérieusement les évêques : si nous ne travaillions plus, ils mourraient de faim ».

Le couplet suivant résume le sentiment général

Une cure pour le choléra

90 pour cent de l'impôt du dixième,

90 % des taxes.

La totalité des biens de la Couronne,

La totalité des biens de l'Église

à mélanger aux Sessions « courtes » du Parlement

au suffrage universel et au scrutin secret, et à donner aux travailleurs

Le médicament est à prendre immédiatement[313].

Une proposition du même ordre, mais plus précise, se trouve également dans l'ordre du jour d'une réunion de l'Union Nationale des classes ouvrières, à la Rotonde de Blackfriars, le 21 novembre 1831 : « Avantages qu'il y aurait à distribuer entre les pauvres et les misérables les immenses revenus des Évêques, afin d'éviter le fléau si redouté ». On proposa même, à cette réunion, de régler le service funèbre des évêques[314].

---

[312] Le Rév Edouard Irving était un prophète de la Colère et du Jugement qui avait une grande audience pour une large part dans la haute société. Son mouvement était un courant de l'enthousiasme religieux qui remua le pays au temps de la grande misère.

[313] *Poor Man's Guardian*, 26 novembre 1831.

[314] *Ibid.*, 19 novembre 1831, p. 176. La véritable résolution votée sur la motion de M. Johns (*Poor Man's Guardian*, 26 novembre, p 182) se lit comme suit : « Considérant, avec les sentiments les plus amicaux, la conduite récente des évêques, nous ne pouvons arriver à aucune autre conclusion que celle de leur folie ; aussi, qu'on les enferme dans des asiles, de sorte qu'ils ne puissent pas suivre l'exemple de Castlereegh (suicide), mais que quotidiennement ils augmentent la sainteté de leur vie… et puis qu'on redistribue leurs revenus ».

Quand Althorp présenta à la Chambre sa loi sur le choléra, l'un des Membres souhaita que l'on fît figurer dans le préambule quelques phrases attribuant le fléau au Tout-Puissant et demandant sa bénédiction afin d'empêcher qu'il ne se répande davantage. Il fut durement attaqué par Joseph Hume, qui qualifia le passage en question d'affecté, de sot et d'hypocrite. Un jour de Jeûne ne suffisait-il pas ? Mais le passage fut inséré et contribua à l'irritation de beaucoup devant les mesures prises. Tout semblait montrer que le Gouvernement et les classes dirigeantes cherchaient à échapper à leurs responsabilités[315].

Pour être juste envers le clergé, il faut cependant remarquer que l'on trouve de nombreux exemples d'efforts héroïques accomplis par des prêtres de campagne dans les régions les plus touchées (dans le sud du Staffordshire, par exemple) pour venir en aide aux malades, de même les curés de paroisses montrent souvent une grande compétence dans l'administration des Conseils de santé locaux, ou encore on entendait des sermons dans lesquels les prédicateurs ne flétrissaient pas les vices des indigents, en les rendant responsables de la colère de l'Éternel, mais où ils montraient une sincère et chrétienne confiance en la miséricorde de Dieu pour ses enfants affamés et misérables.

---

[315] HANSARD, vol. X, 15-16 février 1831, col 392 et ss.

Le jour de Jeûne.

L'indignation populaire devait atteindre son comble lorsqu'il fut question de consacrer un jour entier à la prière et au jeûne afin de conjurer le danger qui menaçait la métropole. Cette suggestion semble avoir été due à l'archevêque ; en tout cas, elle fut adoptée avec enthousiasme par le Gouvernement.

Le Roi signa le 6 février une proclamation fixant au 21 mars la journée de jeûne. Un cri retentit aussitôt, comment les indigents pourront-ils jeûner ? La nuit qui suivit la proclamation, l'Union Nationale des Classes Ouvrières tint un meeting à Finsbury au cours duquel ces résolutions furent arrêtées :

> *« Les participants à ce meeting espèrent qu'au jour fixé pour un jeûne général (ou avant, si la population le juge convenable) tous ceux qui profitent de siné-cures, tous les gens en place et les oppresseurs, qu'ils appartiennent à l'Église ou au Gouvernement, ceux qui vivent maintenant dans le luxe et la dépense, grâce aux impôts arrachés à l'industrie affamée, se verront forcés de dégorger leurs gains malhonnêtes, produits de leurs rapines, et devront, couverts d'hu-miliation, en faire l'offrande à cette nation patiente qui souffre depuis si long-temps »*[316].

Très rapidement, un certain nombre d'organisations décidèrent d'observer à leur façon le jour de jeûne. « Célébrons la Fête de la Liberté, le jour du jeûne de la Folie, proclamait le *Poor Man's Guardian*, pour montrer aux classes inutiles et oisives que nous ne nous abaisserons pas plus longtemps devant l'hypocrisie et la tromperie »[317]. « Partons-nous par milliers à la rencontre des saints hypo-crites, sur le chemin de l'église », disait Henry Hetherington. *Le Figaro à Londres* mentionnait dans « une Extraordinaire enquête » :

> *« Trouvé mort récemment, un évêque absolument épouvanté. Cause du décès, il voyait venir le Jeûne Général ».*

---

[316] *Poor Man's Guardian*, n° 35, 11 février 1832.
[317] *Op. cit.*, n° 36, 18 février.

Si les riches pensaient que le choléra pouvait être évité par le jeûne, les travailleurs répliquaient qu'une bonne nourriture le tiendrait plus efficacement en échec. Des collectes furent faites dans diverses localités afin de fournir à chacun un bon repas le jour fixé. Plus ce jour approchait, plus le ton de la presse radicale devenait insultant et menaçant : « Pour nous qui jeûnons tous les jours parce que nous y sommes forcés, c'est un soufflet en plein visage que de nous parler de jeûne ».

Des caricatures, des parodies d'hymnes et de prières furent imprimées et circulèrent par milliers ; la plupart contiennent des allusions aux évêques, à la loi de réforme et au manque de nourriture. Cobbett signale la résolution prise par l'Église Baptiste Générale, Worship Street, Finsbury Square, de ne pas observer le jour de jeûne, pour les raisons suivantes :

> *« Bien que l'Église, en tant que telle, soit peu désireuse d'entrer dans des considérations politiques, elle ne peut faire autrement que de considérer le jeune prescrit comme émanant de personnes qui prétendent posséder une supériorité évangélique qui par leur opposition formelle à tout progrès national ont contribué à entretenir l'ignorance, cause du vice, et qui maintenant, cherchant à humilier la nation entière, représentent comme un châtiment divin la misère et la maladie dont ils sont les premiers responsables »[318].*

Les dispositions prises pour une protestation étaient principalement aux mains des organisations ouvrières. Ainsi, à Salford, la Société Coopérative dominée par des idées de Robert Owen, fit des préparatifs pour une fête[319]. À Londres, l'organisation était dirigée par les chefs bien connus du parti radical ouvrier, William Benbow, William Lovett, Henry Hetherington, et d'autres. L'Union Nationale des classes ouvrières placarda des affiches quelques jours avant le

---

[318] Cobbett's Register, 24 mars 1833, col. 800. En contraste le nauséabond sonnet « pieux » in Quarterly Review, vol 37, N, XCIV (juillet 1832), priant pour le secours contre la « Pestilence de la Révolution », etc.

[319] *Poor Man's Guardian*, 25 février 1832. Le n° du 31 mars contient des reportages sur des manifestations à Carlisle (où il y eut une procession avec des pommes de terre — « cause du choléra » — et du bœuf et une miche — « remède du choléra »), sur un banquet à Coventry et un meeting à Manchester.

jour de jeûne, demandant à la population de se rassembler à 11 heures du matin à Finsbury Square. Le gouvernement répliqua par des affiches où il demandait que l'on n'obéisse pas à cette injonction[320]. Au jour dit, l'évêque de Chichester prêcha à l'Abbaye et l'Évêque de Londres à Saint-Paul (devant des rangées de chaises à moitié vides, mais la nef bondée de gens debout, empêchés de s'asseoir, car ils n'avaient pas soudoyé les bedeaux. Ce qui amena le *Times* à demander si une différence moins criante de traitement dans les églises entre les riches et les pauvres ne serait pas un bon moyen de développer la religion parmi la classe ouvrière.) Cependant la foule se rassemblait au nord de la Ville. À 11 heures, on estimait à 20 000 le nombre de personnes massées à Finsburg Square. D'après les mêmes sources de renseignements, environ 100 000 se seraient éventuellement rassemblées dans le voisinage. Pour montrer leur solidarité, disait Hetherington. Parce qu'on leur avait promis du pain et de la viande, qui, d'ailleurs, ne leur furent pas distribués, disait le *Times*. À midi, un cortège s'était mis en route, conduit par le Comité. D'autres groupes s'étaient organisés séparément : le Comité des Trade-Unions à Windmill Street, etc. Si l'on en croit leurs meneurs, tout se passa avec ordre, mais le *Times* assura que quelques accrochages s'étaient produits avec la police et qu'il y avait eu des blessés des deux côtés. La police étant (pour la première fois dans son histoire) armée de coutelas, tel aurait certainement été le cas si la foule n'avait pas obéi aux ordres donnés. Quoiqu'il en soit, il semble que tout se soit passé avec assez de calme sur la plus grande partie du parcours à travers la ville vers l'ouest, les rues étant barrées à Temple Bar par la police, le cortège prit par Chancery Lane, au lieu d'aller vers Westminster ; à Holborn, nouveau barrage, mais il finit par atteindre Tottenham Court Road en passant par Guilford Street (là où se trouve maintenant l'Université de Londres). Il y eut là, tous les documents s'accordent pour le dire, une échauffourée avec la police, car les autorités étaient bien décidées à empêcher le cortège d'arriver jusqu'à l'ouest de la ville, mais très vite — on avait à peine fait appel à la force — les manifestants se dispersèrent pour se rendre aux lieux de réunion prévus, où avaient généralement été organisés des

---

[320] Le récit qui suit a été extrait du *Poor Man's Guardian* du 24 mars et du *Times* du 22 mars. Ils diffèrent, mais pas essentiellement. Les autres journaux donnent des récits hautement colorés.

déjeuners. Le grand jour s'était passé sans bagarres sérieuses. Mais la population de Londres n'a probablement jamais, au cours du siècle, été plus près de la révolte, bien plus près certainement qu'elle ne le fut au moment de la fameuse « marche sous la pluie » de Kennington, en 1848.

Le résultat de l'échauffourée de Howland Street fut que Benbow et quelques autres membres du Comité furent poursuivis comme responsables des troubles, ils passèrent en jugement aux sessions de Mai du Middlesex.

Si, à ce moment-là, le sort de la Réforme électorale avait semblé inquiétant, l'audience aurait fort bien pu se terminer par une émeute. Mais Lord Grey avait été chargé la veille de former le Gouvernement et la confiance était revenue, la séance se déroula donc assez calmement devant la Cour. Benbow et ses compagnons plaidèrent avec passion la défense de la liberté et dévoilèrent sans ménagements la situation du pays. Ils furent tous remis en liberté et ainsi se terminèrent les conséquences du « Jour de Jeûne ». Mais suivant la coutume du temps, un compte rendu de l'audience fut publié par les accusés et cet incident constitue un important chaînon de la lutte contre l'oppression et la corruption[321].

Bien que le « Jour de Jeûne » constitue indubitablement le point culminant des troubles causés par le choléra, il y eut un grand nombre d'autres incidents qui se produisirent un peu partout dans le pays, montrant combien l'opinion publique était remuée.

Ces petites émeutes eurent des causes diverses, la plus commune provenait des efforts faits par les employés des Conseils de santé, ou par la police, pour séparer les malades de leurs familles ou de leurs amis, et de leur intervention aux enterrements.

Un incident de ce genre se produisit près de Grosvenor Square et il fit l'objet d'une interpellation à la Chambre, car il semblait jeter le doute sur l'efficacité

---

[321] *A correct report of the Trial of Messrs Benbow, Lovett and Watson as the leaders of the « Farce » day procession*, Londres (J. Watson), 1832 Goldsmiths Library. Un autre récit l'appelle « Fats » day (publié par Benbow, même année, également Goldsmith Library).

des mesures sanitaires prises par le Gouvernement. D'après les faits qui furent rapportés, un médecin aurait constaté le décès d'une Irlandaise et aussitôt le mari réunit chez lui une troupe de compatriotes afin d'empêcher les autorités de venir enlever le corps. Puis, le mari mourut aussi, ce qui n'empêcha pas la foule de continuer à bloquer l'entrée de la maison. Les fonctionnaires chargés d'exécuter les décisions de la loi sur les indigents désiraient savoir s'ils étaient autorisés ou non à employer la force[322].

Des émeutes plus sérieuses eurent lieu à Glasgow vers la même époque. L'une d'elles fut causée par la mort d'une vieille commère ivrogne, survenue dans les Gorbals, repaire bien connu de la misère et de la maladie[323]. À la suite de cette mort que l'on supposait due au choléra « 1500 à 2000 mécréants fous » se ruèrent sur le médecin. À Exeter des troubles se produisaient fréquemment au cours des enterrements, car on prétendait que les malades étaient enterrés vivants ou assassinés. La hâte que montraient les entrepreneurs de pompes funèbres était jugée suspecte, même par les gens paisibles[324]. Quelques instigateurs de troubles furent traduits en justice, mais on les laissa en liberté en se contentant de leur adresser un avertissement, ce qui montre bien, dans cette époque dénuée d'indulgence, que les classes dirigeantes craignaient que des désordres ne deviennent insurmontables et n'osaient pas employer la manière forte.

Il est évident que devant une telle incertitude quant à la nature de la maladie, et de telles divergences d'opinions au sein du corps médical, les autorités civiles ont probablement agi avec précaution, de crainte qu'il ne s'agisse d'un coup monté. Les rumeurs étaient nombreuses, on allait jusqu'à dire que les

---

[322] HANSARD Vol X, col 1017, 2 mars 1832. Question de M. Dawson. Le ministre de l'Intérieur (Lamb, plus tard lord Melbourne) autorisa dans ce cas l'action de la police.

[323] *Loyal Reformer's Gazette*, Glasgow, n° XLVII, 24 mars 1832, pp. 262 et ss. Le journal déplorait l'événement, mais blâmait les autorités qui, décidées à trouver des victimes, s'acharnèrent sur les ivrognes. Dans la ville d'autres désordres suivirent l'interdiction des visites aux alités, etc. Dans un numéro ultérieur, il était dit que choléra et désordre cessèrent quand la Réforme électorale fut votée.

[324] SHAPTER : *Choléra in Exeter*, pp. 236 et ss. Il y a dans cette œuvre un bois gravé représentant une émeute du choléra.

médicaments prescrits contenaient du poison, afin que les médecins puissent avoir des cadavres à disséquer. La dissection était une opération lucrative dans ces temps d'« Hommes de la résurrection »[325].

À Manchester, eut lieu une émeute, un homme étant accusé d'avoir décapité un cadavre dans un « but scientifique[326] ». La même chose se produisit en Écosse où de véritables « batailles du choléra » étaient livrées. À Paisley, la foule s'attaqua aux maisons des médecins et des « chirurgiens », démolit le corbillard, livra un assaut à l'hôpital et aux malades. Les tombes furent inspectées, mais toutes, sauf trois étant occupées, cette moyenne fut considérée comme satisfaisante. Par contre des acclamations éclatèrent devant la maison d'un chirurgien, M. Stewart, que l'on croyait (à tort) ne pas souscrire à l'aide du choléra[327].

Le choléra.
Le commerce et le travail.

Nous avons montré comment les difficultés politiques du moment se sont trouvées inextricablement mêlées à l'épidémie et à ses conséquences. Il en a été de même au point de vue économique. Le choléra n'a pas arrêté le commerce, celui-ci languissait déjà ; le chômage important et la peur passive, tout comme les mesures actives provoquées par la maladie, aggravèrent la situation, ou du moins, firent croire qu'elle allait s'aggraver. En outre, le Gouvernement fut accusé de ne pas prendre de précautions suffisantes pour le cas où le commerce serait touché :

« Le choléra est enfin arrivé, et c'est à notre glorieuse Constitution que nous le devons, c'est en effet une maladie qui s'attaque seulement à la misère et à la pauvreté et celles-ci règnent ici en maîtresses grâce à la richesse et au luxe du petit nombre qui a en main

---

[325] Pour un tableau de ces temps de ravisseurs de cadavres, et de l'effet du choléra sur la vie d'une petite communauté, voir Aileen SMILES : *Samuel Smiles*, Londres, 1956, ch. III.
[326] *The Republican and Radical Reformer*, 15 septembre 1832, p 55.
[327] Cobbett's political Register, vol 76, 7 avril 1832. Le récit de l'émeute de Paisley était tiré du *Glasgow Chronicle*.

la Constitution (et le Gouvernement ne veut pas prendre de précautions), car les précautions nuiraient au "Commerce"[328] ».

L'accusation était en partie injustifiée, non seulement des efforts furent faits pour imposer une quarantaine aux bateaux marchands, côtiers et autres,[329] mais dans d'autres régions du pays le commerce intérieur aussi avait été touché. Ainsi, en Écosse, le trafic des passagers et des marchandises fut arrêté sur les canaux du Forth, de la Clyde et de Monkland[330]. À Londres, on ferma la Bourse du charbon, sauf pour les affaires officielles (et cette interdiction semble d'ailleurs avoir affecté le commerce)[331]. Très rapidement, il devint évident que, soit en raison des décisions officielles, soit pour d'autres causes, le commerce déclinait de manière appréciable.

Aux Communes, les membres représentant les intérêts du commerce discutaient furieusement les mesures de prudence. Hume lui-même espérait qu'il n'y aurait pas d'interdiction frappant les échanges commerciaux : il craignait, et à juste titre, qu'une telle mesure n'ajoute la famine à l'épidémie, et le meilleur moyen de prophylaxie étant la bonne nourriture, cela n'avancerait à rien d'en priver la population[332].

La Cité constata l'arrêt de son activité. L'argent devint rare, car la navigation étant arrêtée, les paiements dus de l'étranger n'arrivaient plus (on peut penser qu'une certaine proportion de capitaux émigrèrent).

La Banque d'Angleterre, comme à l'habitude, mit la tête sous l'aile, et refusa tout prêt, même contre d'excellentes garanties. Le taux d'intérêt s'éleva. Le commerce des denrées coloniales sur les marchés devint très languissant[333]. Les renseignements venant des villes de province montraient le même manque d'activité dans le commerce avec l'Amérique. Les salaires furent diminués et il fallut

---

[328] *Poor Man's Guardian*, 18 février 1882, p 281.

[329] Par les ordres du Conseil du 8 juin 1831, 29 octobre 1831. (Ce dernier mettait en garde contre les dangers de la contrebande.)

[330] CREIGHTON, *op. cit.*, p. 806.

[331] *The Times*, 16 et 20 février 1832.

[332] HANSARD, 13 février 1832, col 267 et ss.

[333] *The Times*, 17 février 1832.

augmenter les allocations[334]. Dans d'autres régions le chômage était le résultat direct de l'épidémie, car les gens aisés fuyaient les villes, ceux qui travaillaient pour leur procurer leurs amusements, leurs moyens de transport, ou pour les servir, se trouvaient sans emploi, ce qui fournissait un éloquent commentaire des inégalités régnantes[335]. Le ralentissement du commerce pouvait en partie être directement attribué à cet exode des villes, car les riches marchands ne pouvaient que difficilement traiter des affaires du fond de leurs retraites campagnardes. Le Roi, cependant, donna le bon exemple en refusant de quitter la capitale[336].

Les effets à long terme du choléra de 1831-32.

Les événements que nous avons décrits ici s'étendirent sur un espace de temps assez court. L'agitation fut presque entièrement concentrée sur les 2 ou 3 mois du début de 1832, où les difficultés économiques et le sort du Bill de Réforme avaient déjà créé l'inquiétude. Mais les répercussions, bien que leur origine soit difficile à retrouver, furent considérables. Il est devenu habituel de faire remonter les débuts du mouvement de réforme sanitaire en Angleterre aux premiers temps de la vie active d'Edwin Chadwick. Chadwick, en 1832, était encore très jeune, il venait de se faire connaître en devenant le candidat de Bentham pour le poste de Secrétaire de la Commission de la Loi des Pauvres, et les événements de cette année-là eurent certainement une grande influence sur l'orientation des travaux qu'il entreprit.

Les discussions sur les statistiques de la santé publique de l'époque et la façon dont elles étaient interprétées facilitèrent l'institution de la déclaration d'État Civil en 1837, et le travail du Bureau Général d'État Civil s'en trouvera modifié.

---

[334] *Stokes, op. cit.*, p 182. Stokes imprime aussi des réflexions selon lesquelles l'épidémie n'atteignit jamais les villes d'eaux, qui, en conséquence, eurent une saison fructueuse (*op. cit.*, p 89, du *Sheffield Mercury* and *Hallamshire advertises*, 19 mai 1832).

[335] SHAPTER, *op. cit.*, p 67.

[336] Correspondance du comte Grey, ed. HENRY, Earl Grey, vol II, p 225: « Le Roi ne redoute pas le choléra et ne fuira point devant lui ».

L'obligation de déclarer les cas de choléra fut le début du système des statistiques médicales (bien que celles-ci ne fussent définitivement organisées qu'en 1899). À Londres, et dans beaucoup d'autres villes, le développement des hôpitaux et des dispensaires en 1832 fut le point de départ d'un mouvement qui affecta le système de Santé Publique tout entier. Dans les endroits où il existait des commissaires aux améliorations, leurs travaux se trouvaient vivement mis en relief par les descriptions des quartiers touchés par le choléra.

Là où les commissaires n'existaient pas, la peur qu'avait laissée l'épidémie faisait naître le désir d'en nommer.

Il faut bien dire, cependant, que tous ces changements ne furent pas très énergiques, et qu'il fallut une autre grande épidémie de choléra, presque vingt ans plus tard, pour que soient assimilées les notions les plus élémentaires sur les mesures à prendre. Mais, mesuré à l'échelle du développement social, un intervalle de vingt ans n'est que peu de chose. L'« État de la Commission des villes », qualifié en 1844 de « grand entrepôt d'où les réformateurs de l'hygiène publique tirent leurs armes », avait été une création de la première épidémie, et une grande partie des documents utilisés par les Commissaires provenaient des rapports établis en 1831-32.

Et surtout, un certain nombre de notions élémentaires furent comprises, du moins par une minorité de gens éclairés. Construire sur des terrains marécageux, en bordure de rivière et courant des risques d'inondation, à proximité d'égouts ou d'émanations pernicieuses provenant d'usines, c'était créer des centres d'infection dont tôt ou tard riches comme pauvres auraient à souffrir.

Permettre que la masse de la population sombre jusqu'à un niveau de misère désespérée où le vice ne pouvait se distinguer de la pauvreté et où toute fierté était abolie, où le corps était affaibli jusqu'à ne plus présenter la moindre résistance à la maladie, c'était offrir un terrain de choix à toute nouvelle épidémie. Ceux qui avaient prêché à la nation les bienfaits moraux d'une nouvelle répartition des moyens d'existence, la création de Service Sociaux, et la nécessité de supprimer le chômage, pouvaient désormais citer à l'appui de leurs thèses les conséquences désastreuses de la négligence de ces principes enregistrés.

En 1832, la Grande-Bretagne avait connu la peur, même si les résultats de la loi de Réforme n'avaient pas donné ce qu'en espéraient ceux qui l'avaient ardemment défendue, même si la nouvelle Loi des Pauvres encore à venir devait apporter aux miséreux une dégradation plus cuisante que ce qu'ils avaient connu jusque-là, cette année 1832 marque le commencement d'une Réforme.

Les grandes figures des années 30 et 40 ne sont ni Malthus ni Lauderdale, mais Chadwick, Kay Shuttleworth et Southwood Smith, Shaftesbury et Sadler, Owen et Engels. Du point de vue médical, l'histoire du choléra de 1831-32 est peut-être sans grand intérêt ; du point de vue de la politique et des sciences sociales, elle marque le début d'une ère nouvelle.

© 2024 CH3 PRESS, France
pour la présente édition
ISBN 978-2-487404-10-6
Dépôt légal novembre 2024